Drei Sommer in Tirol • Band 2

Ludwig Steub

„Drei Sommer in Tirol"

Zweiter Band
„Oberinntal und Pustertal"

Edition
TIROL

Dieses Buch ist eine in heutige Schrift und Sprache
gebrachte Auflage der Originalausgabe
des Jahres 1871, herausgegeben vom Verlag der
J. G. Cotta'schen Buchhandlung in Stuttgart.

Die Deutsche Bibliothek – CIP-Einheitsaufnahme

Steub, Ludwig: Drei Sommer in Tirol : Band 2 : Oberinntal und
Pustertal/Ludwig Steub. –
3., neubearbeitete Auflage. –
Innsbruck: Edition Tirol 1996
ISBN 3-85361-002-1

ISBN 3-85361-002-1

© **PROLOGO Innsbruck**

Satz, Layout und Lithos: PROLOGO GMBH Innsbruck
Druck und Bindearbeiten: Athesia-Tyrolia Innsbruck
Gedruckt in Österreich/Printed in Austria/Imprimé en Autriche

Inhalt

Oberinntal und Pustertal

Medratz im Stubaital, Aquarell von Franz Karl Zoller.

Maria Waldrast im 18. Jahrhundert.

I.

Sellrain – Lüsens – Stubai

1842

Wir haben bisher einen guten Teil des unteren Inntales gesehen und wenden uns nunmehr dem oberen zu. Wir werden da zunächst die nördlichen Täler, Sellrain, Lüsens und Stubai, das Lechtal und Paznaun durchwandern, nach diesen Landeck und Imst betrachten, dann aber die beiden Richtungen verfolgen, welche ins Etschland und nach Meran führen. Zuerst wird ein Gang durchs Ötztal an die Reihe kommen und später eine Fahrt über „die obere Straße", über die Heide und durchs Vinschgau nach dem etschländischen Eden.

Aus dem schönen Dorf Axams ziehen wir bei einbrechender Dämmerung davon, um im Bad zu Sellrain über Nacht zu bleiben. So dunkel es wird, so ist gleichwohl zu bemerken, daß die Gegend sehr bevölkert, denn die Häuser am Weg gehen nie aus und unten vom Tobel herauf glänzen viele freundliche Lichter, ebensowohl als von den Halden herab, auf deren Höhe St. Krein (St. Quirin), ein Kirchlein, grau verschleiert winkt. Man konnte sich während des nächtlichen Ganges auf Sellrain freuen, auf die gute Unterhaltung mit den Badegästen. Allerlei Manns- und Weibsbilder, die unterwegs gefragt wurden, waren der Meinung, es gebe deren noch genug, „wolter viele", und so schien es ganz billig, sich auf einen vergnügten Abend gefaßt zu machen. Unterdessen ging der Weg in einen Wald und es wurde immer finsterer. Ich langte endlich an und war der einzige Fremde im Haus – die Badegäste waren schon alle davon, wie es scheint, ohne daß es die Sellrainer bemerkt hatten. Drum waren auch alle die zweiundzwanzig Zimmer unerleuchtet und der Abend verlief sehr still. Die Sellrainer Gegend ist übrigens beständig mit zahllosen Tisch- und Leintüchern, Hemden und dergleichen Zierrat behängt, da sehr viele Innsbrucker Haushaltungen ihre Wäsche hier besorgen lassen.

Andern morgens kam ich ins einsame Dörfchen Gries, welches am Ufer der kiesreichen Mellach liegt, rings umgeben von Gerstenfeldern und steilen Jochen, an denen sich grüne Matten hinaufziehen. Gegen Mittag bricht der Ferner Kogel in die Höhe, ernsten Anblicks, scharf gespitzt, mit einzelnen Feldern ewigen Schnees bedeckt. Es ist still und klein jenes Dörfchen und die Landschaft macht wieder den Eindruck, als wäre man an der Welt

Ende, aber doch liegt noch anderthalb Stunden tiefer im Gebirge, im Grieser Tal, ein anderes Kirchdorf, St. Sigmund genannt, aus dem ein vielgespriesener Alpenweg auf die Bergwiesen von Kühtai und weiter am Stuibenbach fort über den Ochsengarten nach Au und Sautens am Eingang des Ötztales führt. Er wird viel begangen, von Landleuten und Gebirgswanderern, ist aber fast eine kleine Tagreise. Taia, Tai heißt übrigens im Oberinntal eine Alpenhütte.

Eine seltene Überraschung auf diesem Weg bietet oben in der Höhe von Kühtai, 6347 Wiener Fuß über dem Meer, ein altes landesfürstliches Jagd- und Lusthaus mitten in einem Kranz grüner Bergspitzen und nackter Felsen. Es ist ein echt gebirglerischer Gedanke der ehemaligen Herzoge, ihr Sanssouci, Fantaisie, Favorite, Hermitage oder wie man's nennen will, in die samtenen Triften dieser Hochalpen zu verlegen. Einst zogen hier Scharen von fröhlichen Jägern dahin auf schnaubenden Gäulen. Ihre farbigen Federbüsche wehten damals zwischen dichten Wäldern von Fichten, Tannen und Zirben, die jetzt ausgehauen sind, und der muntere Klang der Hörner widerhallte lustig von den grünen Halden. – In dem Bauhof, der noch erhalten ist, wohnten dermalen schlichte Hirten. Im ersten Stock sind noch schön getäfelte Prunkzimmer. Jetzt stehen sie jedem Gast offen, der bei den wirtlichen Älplern zuspricht. Das Haus bietet eine angenehme Wohnung dar, die Luft ist erquickend frisch, das Wasser leicht und kristallhell, Kost und Wein über alle Erwartung gut und billig, die Betten sind rein gehalten, die Leute zuvorkommend freundlich. Für Bergsteiger ist's ein herrliches Revier; der Jäger findet seine Gemsen, der Angler in zwei künstlich angelegten Seen die trefflichsten Forellen.

Ich ging indessen nicht nach Kühtai, sondern wandte mich gegen Mittag und zog an der Mellach hin gegen Lüsens, einen schönen Alpenweg dem Bach entlang, der oft von hohen Wänden eingeengt in tosenden Fällen niederstürzt, oft wieder, wenn die Landschaft breiter wird, sanft und zahm durch die Wiesen läuft. Auf halbem Weg von Gries nach Lüsens rieselt das Magdalenabrünnlein, von einer Bildsäule der Heiligen, die daneben steht, so benannt, wo auf hölzerner Bank zu rasten und aus dem frischen Born der Durst zu löschen ist. Von da nach einer kleinen Stunde erreicht man eine sanfte Anhöhe und nun tut sich Lüsens auf, eine schöne smaragdene Alm, weit und geräumig, feiner, glatter Wiesboden, von dem glitzernden Bächlein durchirrt, an dessen anderem Ende, seltsam anzusehen in der stillen, menschenleeren Einöde, ein städtisches, mit einem Türmchen geziertes Haus steht, aus Steinen erbaut und sauber geweißt, eine

Sommerfrische der Herren im Stift zu Wilten. Die Landschaft hat in ihren Tiefen eine schmucke Reinlichkeit, die schmeichelnd ins Auge fällt; in den Höhen aber zeigt sich ein großartiges Wesen, das zu dem geleckten Wiesengrund und dem niedlichen Landsitz einen wundervollen Gegensatz bildet. Da steigt auch der Ferner Kogel auf, der ungeschlachte Kogel, von seinem breiten Felsenfuß übersichtlich bis an die ragende Spitze, und daneben ist der Lüsenser Ferner ausgebreitet und hängt kraus und wollig, wie ein Widdervlies zu Tal.

Das Sommerfrischhaus zu Lüsens ist laut lateinischer Inschrift über der Tür erbaut im Jahr 1780, nachdem der Wildbach das alte Gebäude zerrissen hatte. Nebendran wird in etlichen kleinen Gartenbeeten Gerste und Gemüse angebaut, wohl mehr zur Augenweide als zum ausgiebigen Ertrag. In dem unteren Stockwerk hausen die Wirtschaftsleute, während im oberen einige Zimmer und eine Kapelle hergerichtet sind für die Stiftsherren. Jetzt war von mehreren, die in früheren Monaten dagewesen, nur noch einer übergeblieben, Pater Lorenz, ein artiger, alter Priester, der mich gutherzig willkommen hieß und gegen billiges Entgelt an seinem Mittagessen teilnehmen ließ.

In der ersten Auflage folgte hier ein Auszug aus dem Bericht über die erste Besteigung des Ferner Kogels, welche Professor Karl Thurwieser im August 1836 unternommen hat. (Neue Zeitschrift des Ferdinandeums, 6. Bändchen, S. 44 u. ff.) Diese Schilderung war eine der wenigen aus der Zeit, ehe die Kletterei im großen begann und mochte damals ihre Stelle wohl verdienen, ist aber jetzt beseitigt worden, da die Zeitschriften der Alpenvereine seitdem solche Wagnisse schon in Unzahl beschrieben haben.

Das Lüsenser Jöchl, welches 8862 Fuß hoch nach Stubai hinüberführt, scheint keines von denen zu sein, über die man gerne geht. In Innsbruck war nur wenig Kunde darüber einzuziehen, doch lautete diese eher günstig. Ich wollte mir daher den Weg nur beschreiben lassen und keinen Führer mitnehmen, aber Hans Krapf, der Schaffner zu Lüsens, hatte die Güte, hievon keine Notiz zu nehmen und mich fast wider meinen Willen zu begleiten, was mir später auch keineswegs leid war. Der erste Aufweg ging über Wiesengrund. Schön war die Ansicht des Ferners, dessen Auslauf bald zu unseren Füßen lag. Als wir etwa anderthalb Stunden gestiegen waren, wurde die Landschaft öde, hochjochartig, tauernmäßig. Wir sahen auf den fernen Grat und auf die Schneefelder, die darum herlagen. Lange Zeit traten wir auf steilgelagertes, rutschendes Geröll, auf braune Platten, die nach Umständen übereinander fortschossen, unter den Tritten aber zusammenknackten.

Nachdem der mühsame Gang über diese knatternden Kacheln zurückgelegt, kamen wir auf körnigen Sand, der sich in jäher Halde zum Joch hinaufzog. Der Sand aber gab bei jedem Schritt nach und wer einmal ins Gleiten kam, dem war wohl schwer zu helfen. Hans Krapf sah auch meine Not und trat vorausgehend mit Behutsamkeit die Schritte ein; manchmal reichte er mir auch die Hand, und wenn's ihm dünkte, daß von unten besser zu wirken sei, so kehrte er um und schob mich aufwärts. In dieser Art kamen wir denn doch zuletzt glücklich auf das Joch, einen schmalen, zwischen wilde Höhen eingekerbten Sattel, der so schneidig ist, daß man sich darauf setzen und die Füße beiderseits rittlings zu Tal hängen kann. Die Aussicht ist nicht zu rühmen; sie geht nicht in die Tiefen von Stubai und von der Talebene von Lüsens ist gar nichts mehr sichtbar. Das Horn, das sich in nächster Nähe nördlich erhebt, ist die Villerspitze, die vor Zeiten, als man die Berge noch mit dem Auge und nicht mit dem Barometer maß, für eine der drei höchsten im Lande galt, wie der alte Reim besagt:

Der Hager in Gschnitz
Und die Villerspitz
Und die Martinswand
Sind die höchsten im Land.

Auf der anderen Seite des Joches nach Stubai hinabzugehen, ist eine sehr einfache und gefahrlose Sache. Es zeigt sich bald ein Bach, der zum Führer wird. Nach einstündigem Gang, immer rasch zu Tal, war ich in Oberiß, einer kleinen Ansiedlung von Sennhütten. Eigentlich hatte ich den Weg verfehlt, da ich nach Alpein gewollt, um den Ferner zu sehen. Um dahin zu gelangen, wäre vom Joch aus rechts zu gehen gewesen; ich war geradeaus gegangen.

Die Sennhütten zu Oberiß sind meist gemauert und gut eingerichtet. Die Wasserkraft wird hier zum Butterrühren benützt; ein Arm des Baches treibt kleine Räder, an welche das Butterfaß gelegt wird, sodaß sich der Inhalt von selbst „schlegelt". An anderen Orten sieht man solche Rädchen mittels einer Schnur die Wiege schaukeln, die drinnen in der Stube steht. Ein Wirtshaus ist nicht auf der Alm, doch findet sich eine Kaser, wo allenfalls Wein und Brot zu haben. In dieser traf ich vier Gäste, drei erwachsene Sennen und einen Knaben, dazu die Sennerin und ihren jüngeren Bruder. Die Männer saßen auf der Bank, die sich um die Feuerstelle herzieht, halb im Rauch verhüllt, schmauchten und plauderten, die Sennerin ging ab und zu und redete wenig. Sie war ein sehr schönes Mädchen, fast zu schön für diese Einsamkeit. Um den Alpeiner Ferner zu erreichen und wieder bei Tag zurückzukommen, war's zu spät, blieb also nichts übrig, als bis zum Morgen zu warten. Ich war etwas besorgt, daß das Hirtenmädchen sich die Einlagerung verbitten würde, aber der eine der Gäste sprach mir Mut zu, sagte, das komme öfter vor, und die Sennerin sei überhaupt nicht so „schiech" als sie tue. Dies begleitete er mit einem ironischen Lächeln, was die Alpenmaid dadurch bestrafte, daß sie ohne ein Wort zu sagen aufstand und davonging. Bald hatten auch die Sennen ihren Branntwein ausgetrunken und gingen fort, sodaß ich mit dem Mädchen, das wieder herbeigekommen, und ihrem wenig sichtbaren Bruder allein blieb. Ich habe ohne Ruhm zu melden ihrem schönen Mund nicht dreißig Worte zu entlocken gewußt, von allem andern, was die scherzhaften Reden des Senners andeuteten, ganz zu schweigen.

So saß ich also mir selbst überlassen, im leichten Rauch des Herdes auf der hohen Bank, trank ein paar Gläser Wein und nährte mich von Brot und Käse. Meine Augen beschäftigten sich mit Kübeln, Pfannen, Milchschüsseln, Butterfässern und einer Menge unbeschreiblichen Plunders, der ringsumher stand, lag und hing. Die Luft war kühl und das Herdfeuer daher sehr erquickend.

Die Nacht war noch nicht ganz hereingebrochen, als das Mädchen aufstand und mir bemerkte, es sei Zeit zur Ruhe zu gehen; sie seien schläfrig, die Nacht vorher habe eine Kuh gekälbert und sie um allen Schlaf gebracht. Ich überließ mich ihr mit völliger Hingebung, wohin sie mich auch führen würde. Sie aber leitete mich aus der Hütte und hinten an den Heustadel hin, zu dessen Dachraum eine Leiter emporging. Hier solle ich hinaufsteigen, oben werde ich warmes Heu und eine Decke finden. Gute Nacht!

Unterm Dach fand ich wirklich warmes Heu genug und nach einigem Tappen auch eine wollene Decke. Ich grub mir mein Lager in das weiche Bett und nahm die Decke über mich, recht eigentlich bis an die Ohren herauf. Es war nämlich kalt im Speicher, da zwischen Dach und Seitenwand ein handbreiter offener Raum für den nötigen Luftzug gelassen war. Obgleich es noch früh an der Zeit, so kam doch bald ein süßer Schlummer über den müden Wanderer.

Mitten in der Nacht erwachte ich. Ein langer gleißender Lichtstreif floß über mich hin und im ersten Taumel glaubte ich, die Decke brenne. Ich fuhr auf und sah durch eine Dachspalte in den lieben Mond, der da herein seinen harmlosen Glanz ergoß. Ich öffnete die Tür und trat hinaus an die Leiter. Unendliche, tiefe Bergeinsamkeit im verklärenden Mondenschimmer! Die stillen Alpenweiden, die starren Schroffen, die hohen Joche mit den glänzenden Schneefeldern, alles so lautlos und feierlich! Nur der

Bach, der tosende, sprach sein Wort in dieser Stille, und zwar zehnmal wilder als am hellen Tag.

Als ich in der Früh die Decke abgeschüttelt und die Tür geöffnet hatte, war alles neblig, um und um, die Bergspitzen sämtlich verhüllt, selbst die niederen Weiden nicht frei. Gleichwohl hoffte ich, die Luft würde ihren Trübsinn noch zeitig lassen und machte mich auf, dem Bach entlang gegen Alpein zu gehen, da ich denn, einmal in solcher Nähe, nicht gerne wieder abziehen wollte, ohne den Ferner gesehen zu haben. Ich kam bis an den hohen Bergvorhang, wo der Steig steil aufwärts geht. Dort ist ein brüllender Wasserfall, der stäubend in ein Felsengrab springt, um sich in grauenvollen Wirbeln wieder daraus loszureißen. Als ich mit wonnevollem Grausen das Bild beschaute, begann es zu regnen. So kehrte ich zurück zu meiner lieben Sennerin.

Das Mädchen war noch so trutzlig wie am Abend vorher. Ich dachte, wir würden uns jetzt bei dem trüben Regen durch Gespräch die Zeit vertreiben und unsere Ideen friedfertig austauschen, allein sie hatte genug an den ihren und wollte nichts von den meinigen. Drum setzte ich mich allein ins Kämmerlein, zog meinen Bleistift heraus und schrieb an meinem Tagebuch, während das Wasser draußen plätschernd von den Schindeln lief.

So wartete ich bis zehn Uhr, und da hörte zwar der Regen auf, aber die Nebel saßen noch immer fest im Tal und es schien nicht, als wenn sie sich verziehen wollten. Deswegen mußte ich mich leider mit den bereits gesehenen Fernern trösten und den schönen von Alpein sich selbst überlassen. Also ging ich – und niemand gab mir das Geleit, nicht einmal bis zur Tür – bergabwärts, einen sehr gangbaren Weg, kam noch durch ein Dorf von Sennhütten und dann wieder in ständig bewohnte Gegenden, wo hübsche Häuser, steinerne und hölzerne, eines über dem anderen an den Halden hinauf standen, umgeben von Gerstenfeldern, die eben gemäht waren, bis herab nach Neustift, das in einem milden Tal liegt, im grünen Laub der Bäume, die sich an dem Fernerbach hinziehen, wie die Weiden an den Lechkanälen bei Augsburg. Wer sich hier umdreht, der sieht im Hintergrund des Tales den wilden Pfaffen, dessen höchste Spitze, das Zuckerhütl, 11.100 Fuß hoch, und die erhabenste ist im Stubaier Gebirge.

Da ich nicht gern einen Zug verschweige, der irgend einen mißfälligen Schatten mildern kann, so erwähne ich auch mit Vergnügen, daß mir der Wirt von Neustift anvertraute, das Mädchen auf der Alm zu Iß sei eine besonders brave und rechtschaffene Person. Aber gar soviel wenig reden tut sie – meinte ich. Ach, sagte der andere, sie würde schon freundlicher sein, wenn sie besser bei Ihnen bekannt wäre. Ich dankte ihm herzlich für diese Beruhigung.

Im vorigen Jahrhundert lebte hier herum Franz Penz, ein Priester, der aber nicht allein die Seelen auferbaute, sondern auch Kirchen und Pfarrhäuser. Er war ein Bauernsohn aus dem kleinen Tal Navis, das bei Matrei in das Wipptal mündet. Kaum hatte ihn der Bischof zum Priester geweiht, als er so verläßliche Zeichen seines inwohnenden Meistertums an den Tag legte, da ihm seine geistliche Obrigkeit immer an solche Orte als Seelsorger stellte, wo zugleich auch Bauten zu führen waren. Er löste alle diese Aufgaben zur Zufriedenheit seiner Vorgesetzten wie der beteiligten Gemeinden, erlangte so allmählich große Anerkennung und starb 1772 in Ehren als Pfarrer zu Telfes, wo er eben ein Kloster bauen wollte. Man zählt vierzehn Kirchen und acht Pfarrhäuser, deren Bau er geleitet. Die Kirchen, die ich von ihm gesehen, und so auch die große Kirche zu Neustift, sind helle, reinliche Säle in mildem Zopfstil gehalten, sehr aufgeklärte Räume, ohne alle Mystik der Andacht, ohne alles helldunkel, das der deutsche Beter braucht, um mit unserem Herrgott reden zu können. „Man könnte sie", sagt ein witziger Skribent, „wenn es die Heiligkeit des Ortes zuließe, ohne mühselige Umänderung auch zu Tanzböden, Zweckessen, Ausstellungen usw. verwenden." Es ist landesüblich, sie zu bewundern, sie werden indessen nicht jeden überraschen. Überdies liegt die Vermutung nahe, daß der Pfarrer Penz auch einer von denen gewesen, welche die alten ehrwürdigen gotischen Kirchlein, statt sie zu stützen und zu erhalten, niedergerissen, um ihre eigenen Kunststücke an die Stelle zu setzen. Ihm, als Mann des vorigen Jahrhunderts, wird man das noch lieber verzeihen, als den traurigen Baumeistern, die zu dieser Zeit in den Alpen hantieren und neuen Inventionen obliegen. Ich für meinen Teil meine wähnen zu dürfen, daß den grünen Alpen nichts besser stehe, als die Gotik des deutschen Mittelalters. Es ragt nichts schöner auf dem Felsenschopf, es lockt nichts heimlicher im engen Tal, als die spitzbogigen, spitztürmigen Kirchlein, die unsere Väter erbaut. Bis einmal der Genius neue Bahnen gebrochen hat, möchte es drum viel geratener sein, dieses Alte bescheiden nachzuahmen, als erbärmliche Originale zu geben.

Fulpmes ist das größte Dorf in Stubai und das Herz des Tales. Hier sind nämlich die weitberühmten Eisenschmiede, und die ganze Ortschaft hat ein vulkanisches Gepräge. Über diese Industrie der Stubaier hat sich ein Aufsatz im ersten Band der Zeitschrift für Tirol und Vorarlberg sehr belehrend verbreitet. In welchem Jahrhundert zu Fulpmes jenes Gewerbe angefangen, ist jetzt nicht mehr zu ergründen. Gewiß gaben die Eisengruben, die in der Nähe betrieben wurden, die erste Veranlassung dazu. Jetzt sind diese längst eingegangen und nur noch Spuren alter Betriebsgebäude vorhanden, nebst vielen verschollenen Erzanbrüchen in dem Gebirge und etlichen Urkunden aus dem fünfzehnten Jahrhundert, die sogar von Goldbergwerken in der Fulpmer Alpe sprechen. Aber die hephästische Kunst hat sich bei den Fulpmern erhalten, obgleich sie nunmehr ihr Eisen weit herauf aus Kärnten und der Steiermark beziehen müssen, da das tirolische für sie teils zu teuer, teils zu schlecht ist. Die Handelschaft der Stubaier nahm übrigens ganz denselben Verlauf, wie die der Grödner. Allererst trugen etliche Schmiede, die in der Nähe keinen Absatz fanden, ihr Geschmeide auf dem Rücken von Ort zu Ort in den heimatlichen Bergen und in der benachbarten Fremde. Dieses hausierende Geschlecht ist nach der Volkssage von fabelhafter Leibesstärke gewesen. Am Ende des siebzehnten Jahrhunderts leuchteten darunter besonders drei Brüder, Thomas, Martin und Georg, die Tanzer von Neustift, hervor. Georg Tanzer soll einmal vor dem Mauthaus zu Schaffhausen mit acht Zentnern Eisen angekommen sein, die er soeben allein aus Stubai herausgetragen hatte. Der Rat zu Schaffhausen ehrte seine Tugend durch Verleihung lebenslänglicher Zollfreiheit und ließ ihn auf dem dortigen Mauthaus aufmalen. Thomas, der andere Tanzer, trug acht Zentner Salz von Hall nach Neustift; Martin, der dritte, übertraf aber seine beiden Brüder noch an Stärke; er konnte einen beladenen Frachtwagen heben und von einer Seite auf die andere schieben. Da er mitunter ein Viehdieb war, so nahm er ein schlechtes Ende, indem er eines Tages auf der Gallwiese bei Innsbruck von vielen Menschen und Hunden gefangen und nach gefälltem Urteil gehängt wurde.

Anfangs also gingen die Stubaier mit dem Tragkorb, mit der Kraxe, in die Welt. Aus der Kraxe entstand mit der Zeit ein Wagen, dessen erste Erscheinung man ins Jahr 1680 setzt. Nach diesem fanden es einige vorteilhafter, das Schmiedehandwerk in der Heimat ganz aufzugeben und sich bloß der Handelschaft zu widmen, was dann wieder zur Errichtung von Handelsgesellschaften führte, die ihre Unternehmungen mit zusammengeschossenen Kapitalien betrieben. Man hat Nachrichten, daß diese Gesellschaften in der Zeit des siebenjährigen Krieges sich besonders vermehrten und hervortaten.

Endlich am Anfang dieses Jahrhunderts fand man, daß der Aufwand, den die wandernden Bevollmächtigten auf ihren Reisen zu machen hatten, wegen wachsender Teuerung der Lebensmittel und abnehmender Sparsamkeit von Jahr zu Jahr steige, und um diesen Nachteil zu steuern, löste man die Gesellschaften auf und errichtete in Fulpmes Warenlager, aus denen die Abnehmer des In- und Auslandes, zumal die zahlreichen Stubaier Handlungen, die sich in Süddeutschland niedergelassen, ihren Bedarf erheben konnten.

So sind denn die Stubaier Schmiede jetzt in denselben Zuständen, wie die Grödner Schnitzler und sind auch von den gleichen Anfängen ausgegangen. Ehemals zogen jährlich bei dritthalbhundert Menschen ins Ausland, die dann nach kurzer Abwesenheit wieder in die Heimat zurückkehrten. Der Gewinn, den der Handel abgeworfen, wurde auf den Ackerbau und auf Erweiterung der angestammten Feldungen verwendet; daher dann im höheren Alter ein otium cum dignitate, Ruhe und Wohlstand, daher übrigens auch wie in Gröden, ein paar Menschenalter lang ungeheuer hoher Preis des Bodens. Heiraten mit Ausländerinnen gestattete die Sitte nicht, gänzliches Aufgeben der Heimat verbot die Sehnsucht nach dem Tal. So kehrten sie von ihren Wanderungen immer sicher wieder, legten das feinere Gewand, das sie im Ausland getragen, wieder ab, und waren Tälerer wie vorher. Daher auch zu jenen Zeiten, wie in Gröden, wie im Lechtal, wie im Engadin Bauersleute genug, die mit französisch und italienisch renommieren konnten und am Sonntag nach dem Essen das städtische Tarockspiel betrieben. Jetzt da sich die auswärtigen Eisenhandlungen alle von dem Mutterländchen abgelöst, sind diese ausländischen Züge in der Physiognomie des kleinen Tales wieder lange verwischt. Die jetzigen Verleger sind übrigens feine artige Leute, die manche Reisen gemacht haben und Sprachen sprechen, aber dafür auch ganz als Städter leben. Im Pfurtscheller'schen Verlag wurde ich mit viel Freundlichkeit herumgeführt.

Was Viehzucht und Ackerbau betrifft, ist der Stubaier unermüdlich und seinen Fleiß überwindet weder Schwierigkeit noch Gefahr. Jedes Plätzchen, das eine Pflege zuläßt, ist benützt; um eine Handvoll Heu klettern die Männer den Ziegen nach auf die steilsten Schroffen, nicht abgeschreckt durch Verstümmelung oder Tod, was die Stürzenden so oft erleiden. Die Mäher, die auf den jähen Bergwiesen arbeiten, binden sich mit Stricken zusammen, um sich vor dem Fall zu schützen und die Holzhauer fällen ihre Bäume unbekümmert um den tiefsten Abgrund, von dem ihren Fuß nur unsicheres Gestrüpp trennt. Um eine Spanne Raum zum Ackerbau zu gewinnen, trägt der Bauer die Erde auf dem Rücken an den steilen Abhängen hinauf; spült der Regen dieselbe herab oder verführt sie der Wind, so beginnt er im Frühjahr seine Arbeit von neuem, wenn er auch weiß, daß sie der

Herbst wieder zerstört. So kämpft er auch ewig mit dem Wildbach. Wenn ihm dieser seine Felder wegreißt, so hat er zwar nur das traurige Nachsehen, wenn das Wasser sie aber bloß mit Sand und Felsblöcken überschüttet, so geht er ruhig an die Arbeit und räumt die Gries- und Schotterlage geduldig ab. Diese schichtet er in Haufen, gräbt dann die darunterliegende gute Erde aus und wirft sie ebenfalls auf Haufen. In das Loch, das so entsteht, wird der Schotter versenkt und dann die Erde darauf gelegt – eine Mühewaltung, die man das Wenden heißt. Selbst Felder, die das Wasser davon getragen, sind zuweilen wieder hergestellt worden. So hatten die Hofbauern zu Auten schon vor vielen Jahren einmal ihre Äcker alle und einen guten Teil ihrer Wiesen durch eine Überschwemmung eingebüßt; nur dürrer Kiesboden war zurückgeblieben. Um diesen wieder ergrünen zu lassen, suchten die Leute an den Bergen herum soviel fruchtbare Erde zusammen, um die öde Fläche zu überdecken. Und wo der Greuel der Verwüstung Mitleid und Trauer erregt hatte, da sproßten bald nachher wieder schöne Saaten. Die Verheerungen, die der Ruetzbach anstiftet, sind übrigens erschrecklich. Was er in den Jahren 1772, 1776 und 1789 getan, steht noch in düsterem Gedenken. Der Schaden wurde damals auf 400.000 fl. berechnet. Im Jahr 1807 brach ein Unglück herein, welches das Dorf Fulpmes mit völligem Untergang bedrohte. Ein Ungewitter mit Wolkenbruch, das am dreißigsten August vorüberzog, schmolz nämlich die Schneelawinen, die sich seit mehreren Jahren in der Schlicker Alm ober dem Dorf angelagert hatten. So wurde das Schlicker Bächlein, sonst ein friedliches Mühlwasser, zum tobenden Strom, wütete zwölf Tage lang, zerriß dreizehn Brücken und einundzwanzig Gebäude, beschädigte etliche vierzig durch die Felsenstücke, die es an ihre Mauern schleuderte und ließ einen Schaden zurück, der sich auf mehr als 100.000 fl. belief.

In Stubai kommen alle Feldfrüchte vor, wie sie in Nordtirol gebaut werden, außer Mais und Weizen. Äpfel und Birnen gibt's nur zu Telfes am Eingang des Tales, Kirschen noch zu Neustift. Ein anderes Erzeugnis des Tales ist die Stubaier Sulze, welche aus den edelsten Bergkräutern verfertigt wird. Sie gilt als ein treffliches Heilmittel für Brustkrankheiten.

Von Fulpmes steigt man nach Mieders hinauf, das hoch über dem Ruetzbach und seinem walddunkeln Rinnsal liegt. Es ist der Sitz des Landgerichtes und erfreut sich einer Badeanstalt, die von den Innsbruckern etwa ebenso für die ihrige angesehen wird, wie die Bozner Ratzes als ihr Leibbad betrachten. Man findet da gemächliche und reinliche Sommerwohnung und im Wirtshaus zur Traube einen guten Tisch. Es ist in den schönen Monaten des Jahres ein sehr heiterer Aufenthalt, denn die Innsbrucker führen keinen Trübsinn aus. Am ersten September 1842, als ich in der Traube zu Mieders anlangte, war die Saison freilich schon vorüber. Man wußte indes viel zu erzählen von dem vergnügten Leben, das die Badegäste geführt, noch mehr aber von dem Fest, das tags zuvor in der Nähe stattgefunden hatte, als Erzherzog Stephan, damals in Tirol reisend, den Grundstein legte zur Hauptbrücke an der neuen Straße, welche in den letzten Jahren erbaut worden ist, um den schlimmen Steig am Schönberg zu umgehen. Es soll der keckste Bogen in Europa werden von 138 Fuß Spannweite. Alle Ohren waren noch voll von dem schmetternden Lauffeuer, das die welschen Arbeiter, die dabei beschäftigt, durch Verbindung einer Unzahl von Böllern zustande gebracht hatten.

Der Name Lüsens (urk. Melusina) ist rätisch, Stubai dagegen (urk. Stupeja) aus dem römischen Familiennamen Stupejus hervorgegangen, wie Matreium, Matrei, aus Matrejus. Sonst noch in beiden Tälern ziemlich viel romanische Namen, deren zwei Dutzend in der Rät. Ethnologie S. 192 aufgeführt sind, darunter auch Praxmar, pra de casa major, der Ursitz der in Tirol und Bayern weitverbreiteten Praxmarer. Gleirsch ist übrigens, wie schon Herbsttag S. 251 bemerkt, nicht collurs, sondern (val de) glaries, Griestal, und Tschangelair nicht campo de collura, sondern campo de glaria. Hinzu fügen wäre noch Pinnes, (val de) pines, Fulpmes, val pinosa? Daß die Serlesspitze in Stubai Sonnenstein heißt, könnte daran erinnern, daß aus lat. sol, soliculus grödnerisch suredl geworden, dessen Plural suredles jenes Serles erklären möchte. – Pfurtscheller kommt von forcella, Gabel, Bergjoch.

Die Stefansbrücke auf der um 1840 ausgebauten Brennerstraße.

Die Eisenbahnstation Gries am Brenner auf einer kolorierten Lithographie um 1870.

Die Eisenbahnstation Brennerhöhe, wie sie sich kurz nach der Fertigstellung um 1870 zeigte.

II.
Die Waldrast
1870

Da alles auf der Welt vergänglich ist, so nahm auch die heurige Sommerfrische zu Brixlegg ihr Ende. Doch hatte ich noch einige Zeit übrig, die ich im Pustertal und im Etschland verleben wollte.

Vorerst fuhr ich also nach Innsbruck und kehrte im Goldenen Adler ein. Dort kam mir in Erinnerung, daß ich noch nie auf der berühmten Waldrast gewesen, und um dieses alte Versäumnis gutzumachen, ging ich eines Morgens mit zwei Freunden von Innsbruck aus über Wilten den Berg Isel hinan auf der schönen Landstraße, von deren Rand so herrlich auf die Hauptstadt und das Inntal hinunter zu sehen ist. Nach einer kleinen Stunde steigt rechts ein Sträßchen ins nahe Mittelgebirge hinauf und nach kurzer Zeit finden wir uns auf einer grünen Hochebene, in welcher uns zwei Dörfer wetteifernd erwarten, Mutters und Natters, beide gut gebaut und behaglich. Die Wirtshäuser und die Bauernhöfe sind hier wohnlich eingerichtet für die Sommerfrische, und die Innsbrucker halten daher in der schönen Jahreszeit diese Dörfer immer mit vielen Familien besetzt.

Dieses Mal sprachen wir erstlich in Mutters zu und setzten dann unseren Gang ins Stubaital fort, einen unbeschwerlichen, reizenden Pfad, der lange durch einen lichten Lärchenwald geht. Am Weg liegen nur einige Häuser, welche einen Weiler bilden, der Kreith genannt wird.

Hier war vor wenigen Tagen ein Lindwurm gesehen worden. Wir haben schon anderswo erwähnt, daß die Sage von diesem Tier in den Alpen noch immer lebendig ist. In den bayerischen Gegenden heißt es der Tatzelwurm, und der Forstwart von Rupolding will schon einmal einen solchen gesehen, der Wirt von Zell am Miesenbach auch einen erschlagen haben. Hier in Kreith sahen vorübergehende Bauern einen großen Wurm aus einem Stadel herausgucken, dessen Schwanz weit über die andere Seite des Gebäudes reichte. Sie liefen atemlos ins nächste Dorf, nach Telfes, und sammelten die Kühnsten, welche sich bewaffneten und das Ungetüm aufsuchten, aber es nicht mehr fanden. Zwei Metzger, die zu anderer Zeit vorbeigingen, erblickten, durch ihren Hund aufmerksam gemacht, den Drachen ebenfalls, wie er seine drei Köpfe höchst bedrohlich unter dem Stadel hervorstreckte. Obgleich sonst beherzte Männer, ergriffen sie gleichwohl mit ihrem Hund die Flucht. Von Telfes aus wurden dann mehrere Kriegszüge gegen diesen Lindwurm unternommen, allein er ließ sich nicht mehr sehen. Was es eigentlich gewesen, kam nicht an den Tag.

In Telfes traten wir in eine altertümlich ausgetäfelte Wirtsstube, in welcher aber außer schlechtem Wein kein Labsal zu finden war. Wir setzten daher unseren Wanderstab bald wieder fort, nach Fulpmes, dem nächsten Dorf, welches wegen seiner Eisenwerke einigen Ruhm genießt und auch im Ausland bekannt ist. Hier steht ein großes schönes Gasthaus am Weg, das dem Herrn Karl Pfurtscheller gehört, welcher aus einer Familie stammt, die, wie es scheint, sehr kunstliebend ist. Wir wollen keinen besonderen Wert darauf legen, daß in der Bauernstube zu ebener Erde noch die Groschenbilder aus den Befreiungskriegen, die sonst so selten geworden, an den Wänden hängen, die Schlacht am Montmartre, der Einzug der verbündeten Monarchen in Paris u. dgl.; aber auf den großen Saal im oberen Stock machen wir gerne aufmerksam, auf den Saal, der reich und voll mit patriotischen Bildern geziert ist, kolorierten sowohl als Kupferstichen und Lithographien. Da finden sich Ansichten von Landschaften, Darstellungen von Tiroler Trachten, Schützenfesten, kriegerischen Aufmärschen, Heldentaten, die Porträts der Männer aus dem Jahre 1809, die berühmtesten Feldherren des Kaiserstaates und allerlei andere anziehende Werke der Kunst. Ich war lange beschäftigt, alle diese Schaustücke zu betrachten und fand es wirklich recht erquickend, dem heiligen Josef und der heiligen Philomena, der heiligen Katharina, Barbara, Kreszenzia u. a., die uns in Tirol überall so aufdringlich begleiten, endlich einmal auf ein Stündlein ausgekommen zu sein.

Außer den Bildern war aber fast nichts zu genießen, als der Wein. Wir hätten uns wohl noch etwas mehr gewünscht, allein frisches Fleisch war nicht vorrätig und ein Fisch nicht zu haben, weil der Fischer fortgegangen und den Schlüssel zum G'halter niemand wußte. Das Brot war alt, der Käse steinhart. Ersteres kommt alles von Innsbruck, da in Fulpmes sich noch kein Bäcker niedergelassen, und zwar nur zweimal in der Woche, sodaß es die meiste Zeit altbacken ist. Der Zug der Reisenden berührt diese Talseite nur wenig. Es ist, sagte die Kellnerin, nicht der Mühe wert, sich einzurichten. Indessen, wenn uns Herr Karl Pfurtscheller, zugleich auch Eisen- und Geschmeidewarenhandlung, ein junger gebildeter Mann, wenn er uns auch durch seine Küche nicht zu ergötzen wußte, so tat er doch sonst für unsere Unterhaltung und Belehrung, was in seinen Kräften stand. Er führte uns freundlich in seinen Werkstätten herum, die mir vor achtundzwanzig Jahren sein Vater gezeigt, und gab uns alle gewünschten Aufschlüsse. Die Arbeit wird von Männern und Weibern, Buben und Mädchen betrieben, gewährt einen hübschen Ertrag, bringt aber nur ganz ordinäre Ware hervor, Messer, Gabeln und Löffel zu den billigsten Preisen.

Hammerschmiede sind bekannt von innen und außen, und verdienen kaum näher beschrieben zu werden. Wer Schillers Gang zum Eisenhammer kennt – und wer sollte es nicht? – hat schon den besten Teil der poetischen Motive vorweg. Daß das Wasser braust, die Räder knarren, die Schlote rauchen, die Hämmer „pumpern" – wer wüßte es nicht?

Es sind zwei Firmen, die jetzt des Tales Wohlstand und überhaupt den ganzen Eisenhandel repräsentieren, Pfurtscheller, die wir schon genannt, und Höllrigl. Letztere hat dem Betrieb einen neuen Schwung gegeben, seitdem sie aus einem Stück gepreßte und silberblank verzinnte Küchengeräte herzustellen begann.

Nunmehr hätten wir eigentlich nach Mieders gehen sollen, weil dies der Hauptort des Tales, Sitz eines Bezirksgerichtes und vielleicht auch noch anderer Behörden, sowie eines vielbesuchten Bades ist. Allein es war leicht auszurechnen, daß dann die Waldrast an jenem Tag nicht mehr zu erreichen sein würde, und da wir diesen Zweck höher stellten, so ließen wir die Stubaier Hauptstadt diesmal unbesucht, gingen bei Fulpmes über den Bach und alsbald den Wald hinauf. Damit war denn das Stubaital durchschritten. Es näher zu beschreiben, wollen wir lieber unterlassen - grüne Talflur, ragende Hörner, nahe Gletscher – der Leser mag sich die Szene jetzt selbst weiter ausmalen oder auch das vortreffliche Buch über „Die Stubaier Gebirgsgruppe" zur Hand nehmen, welches die Herren Barth und Pfaundler zu Innsbruck 1865 herausgegeben haben.

Die Geschichte des Tales scheint sehr still verlaufen zu sein. Schlösser und Burgen sind da nie gestanden, also auch keine romantischen Trümmer übergeblieben. Die wenigen Merkwürdigkeiten finden sich nicht auf weltlichem, sondern auf geistlichem Gebiet. Tinkhauser erzählt z. B. von einem Schwärmer, Paul Lederer, welcher behauptete, aus übersinnlicher Eingebung Gebete zu wissen, die so kräftig seien, daß sie auch bei lasterhaftem Lebenswandel vor der Verdammnis schützten. Dieses neue und angenehme Dogma hatte sich bei den Stubaier Bonvivants der damaligen Zeit großen Beifalls zu erfreuen. Paul Lederer fand bald mehrere Anhänger, wurde aber, da er trotz der Ermahnungen des Seelsorgers von seiner Lehre nicht lassen wollte, inhaftiert. In der Haft versprach er Besserung; aber als er wieder freigelassen war, fing er abermals zu predigen an, wurde dann des Landes verwiesen und als er sich gleichwohl wieder auf tirolischem Boden ertappen ließ, im Jahre 1621 zu Innsbruck enthauptet.

Also hinauf zur Waldrast. Der Weg ist nicht unbequem, aber lang, fast langweilig. Die Zacken der ungeheuren Serlesspitze, die auch Sonnenstein genannt wird, erheben sich nachbarlich in den Abendhimmel. Sie hatten wir immer zur Rechten auf unserem ganzen Weg.

Wir schritten fort und fort – allmählich dämmert es, wobei die Zacken wundervoll im Abendschein glänzten; dann wurde es finster. Der Weg, bei Tag gewiß nicht zu verfehlen, gab in der Dunkelheit gleichwohl zu einigen Bedenken Anlaß. Doch fanden wir uns glücklich zurecht, waren aber ganz zufrieden, als wir in schwarzer Nacht die Höhe erreicht hatten. Dort steht als Wahrzeichen eine kleine Kapelle, die wir dankbar begrüßten, denn jetzt schien das Ziel nicht mehr weit zu sein. Alsbald sahen wir auch in nicht großer Ferne ein Licht schimmern. Es ging wieder abwärts und aus der Finsternis trat allmählich zur Linken eine ansehnliche Kirche, zur Rechten ein ansehnliches Wirtshaus. Erstere zu besuchen, sparten wir auf den nächsten Morgen, in letzteres traten wir sogleich freudig ein, fanden zwar keine Gäste, die wir auch nicht vermißten, aber auf dem Herd ein flackerndes Feuer und lauter freundliche Menschen darum her, nämlich den Servitenpater Anton, Marie, die Schaffnerin, und mehrere muntere Dienstboten.

Ach, wie schön war dieser Empfang, zumal da uns Marie alsbald Forellen und Schweinebraten versprach, sozusagen die erste Nahrung an diesem Tag. Auch Kartoffeln mit frischer Butter wurden gereicht, und neben eiskaltem, bergfrischem Wasser ein edler Wein, der zuletzt in einem trefflichen Glühwein überging. Nur etwas wärmer hätte die große Stube sein können, allein den Ofen zu heizen, schien noch nicht an der Jahreszeit. Während wir in bester Stimmung schmausten, setzte sich Herr Anton, der Servitenpater, zu uns; später auch, nachdem alle Pflichten in der Küche erfüllt waren, Marie, die Schaffnerin, welche in Matrei zu Hause ist, ein zierliches, stilles, fast melancholisches Wesen. Sie zeigt, wie leicht aus der tirolischen Weiblichkeit ohne Erziehungsinstitute und Bildungsreisen angenehme Erscheinungen hervorgehen. Die Herren Serviten von Innsbruck dünkten mir aber in der Auswahl ihrer Vertrauenspersonen fast noch glücklicher als die Herren Benediktiner von Fiecht. Wir plauderten fort bis um elf Uhr und suchten dann reichlich gelabt die guten Betten auf.

Vor dem Winter zieht Pater Anton nach Innsbruck, Marie nach Matrei, und dann bleiben auf dieser Waldrast, welche 5100 Fuß über dem Meer liegt, nur drei Menschen – der Kurat, sein Koch und der Knecht im Wirtshaus. Dieser geht alle acht Tage mit Schneereifen, zuweilen allein, zuweilen mit einem Maulesel, den gefährlichen Weg nach Matrei hinunter, um die Lebensmittel für die nächste Woche heraufzuholen. An Werktagen sind die drei Einsiedler meist sich selbst überlassen und mögen sehen, wie sie ihre Zeit miteinander hinbringen – an Sonn- und Feiertagen aber fehlt es bei trockener Witterung selten an Besuch. Die Landleute aus der Nachbarschaft scheuen nämlich auch im Winter den rauhen Weg nicht, wenn das Herz sie drängt, auf der Waldrast ihr Gebet zu verrichten. In der Tat ist dieser Ort auch der christlichen Andacht von jeher lieb und teuer gewesen. Das Marienbild, eine fünfundzwanzig Zoll hohe Statue von Lärchenholz, soll zuerst in einem Baum gewachsen, von frommen Hirten am Ostersamstag 1407 entdeckt und in der Kirche zu Matrei aufgestellt worden sein. Später sah ein armer Holzhacker im Traum eine hohe Frau in weißem Kleid mit dem Kindlein auf dem Arm, welche ihm bedeutete, daß er für das Bild eine Kapelle auf dem Serlesberg erbauen solle. Die Kapelle entstand und wurde bald eine blühende Wallfahrt. Erzherzog Leopold stiftete hier 1621 ein Kloster, das seine Tante Anna Katharina, die Erzherzogin, welche die Serviten aus Italien nach Innsbruck verpflanzt hatte, diesem Orden übergab. Von da an blieb es die Hof- und Leibwallfahrt der hohen Herrschaften zu Innsbruck. Der Kardinal Andreas von Österreich verehrte dahin zwei silberne Leuchter, die Prinzessin Maria, als sie ins Kloster ging, ihr goldgelbes Haar; Claudia von Medici schenkte ihren prachtvollen Brautrock zu einem Meßgewand, ihr Gemahl einen Tabernakel, in welchem das Wallfahrtsbild aufgestellt wurde; Erzherzog Sigmund Franz sein silbernes Brustbild usw. Noch Maria Theresia bedachte den heiligen Ort mit reichen Spenden.

Ohne Rücksicht auf so viele fürstliche Aufmerksamkeiten hat aber Kaiser Joseph II. die Wallfahrt 1785 gleichwohl aufgehoben. Die Weihgeschenke wurden verkauft, das Gnadenbild in die Kirche nach Mieders versetzt und die Gebäude abgebrochen, damit sie nicht liederlichem Gesindel Obdach bieten sollten. Übrigens glaubten, wie Tinkhauser sagt, selbst fromme und gutgesinnte Männer, daß die Aufhebung der Wallfahrt wegen der vielen Mißbräuche, die sich eingeschlichen, notwendig gewesen sei.

Aber das Volk ging noch immer hinauf zur Waldrast, obgleich das Bild unten zu Mieders im Exil war.

Nach sechzig langen Jahren kamen auch die Serviten von Innsbruck wieder auf den Berg, betrachteten sich die Stelle und fanden, daß da gut wohnen sei. Fromme Gaben waren bald zur Hand und so stellten sie die Kirche wieder her, und trugen im Jahr 1846 das Gnadenbild wieder von Mieders nach der Waldrast. Es war ein Freudentag für die ganze Gegend; mehrere Tausende von Andächtigen begleiteten den feierlichen Zug.

Es ist bekannt, daß der Jesuit Balde eine etwas schwulstige Ode auf die Waldrast (Silva quietis) gedichtet, und daß Herder diese übersetzt hat.

Die jetzige Kirche ist einfach; auch die Votivtafeln sind nicht sehr zahlreich. Nebenan steht die bescheidene Wohnung des Kuraten und an diese stößt eine Ruine – einst ein Flügel des Gebäudes, welches unter Joseph II. niedergerissen wurde. Übrigens sollte man glauben, ein Ort, der soviel gefeiert, verehrt und besungen worden, müßte auch sonst durch seine Lage, durch seine schöne Aussicht, durch irgend etwas besonderes vor anderen hervorragen, allein dem ist nicht also. Das Heiligtum liegt einsam auf einer grasigen Halde, zwischen Fichtenwald und Alpenmatten. Sein einziger Schmuck ist die Serlesspitze, die in kahler Erhabenheit über ihm aufragt; sonst ist eigentlich nichts zu erschauen. Der Blick geht weder in das Stubaital hinab, noch ins Wipptal oder in die Schlünde der Sill. So kann man immerhin sagen: auf der Waldrast sieht man zwar nichts, doch verdient sie gesehen zu werden.

Der Weg nach Matrei hinunter ist viel kürzer, auch unterhaltender, als der andere, der aus dem Stubai herafführt. In einer Stunde hatten wir jenen freundlichen Marktflecken erreicht und kehrten in der Rose ein, wo ich zu meiner großen Freude den freundlichen Wirt wiederfand, der Anno zweiundvierzig mit mir auf der Tuxer Kirchweih gewesen.

III.

Das Lechtal

1842

Wir wanderten jetzt den Lechrain hinauf über Steingaden, das welfische Münster, und sehen zur Rechten die Stadt Füssen liegen, gekrönt von einer ehemaligen Feste der Bischöfe von Augsburg. Zur Linken steht auf waldiger Felsenecke die Burg von Hohenschwangau, wie ein goldener Pokal auf grünsamtenem Kredenztisch. Der Pilger eilt sehnsüchtig in das Schloß so voll von Wundern, wo die deutschen Sagen farbig von allen Wänden leuchten. Davor flutet der liebliche Schwansee, wo die poetischen Vögel hochfärtig auf und ab rudern, und drinnen in dem düster-schönen Winkel des Gebirges glänzt der blaue Alpsee. Weiter oben im Hochwald fällt die Pöllat von rotem Felsenkamm in ihre Zauberschale, und nahe dabei ragen die Ruinen von Alt-Schwangau aus dem Fichtendunkel, weithin sehend über die Ebene und auf ferne längst gebrochene Burgen. Wenn wir alles dies betrachtet, ziehen wir nach Füssen, dem schmucken Städtchen, das mit Mauern und Türmen eingefangen am Lechstrom liegt, eigentlich noch im Flachland – aber gleich dahinter erheben sich in ansehnlicher Mächtigkeit die rätischen Alpen.

Wenige hundert Schritte oberhalb Füssen führt die Straße am Lechfall vorbei. Der junge Strom aus Tirol kommt voller Eile ganz blau daher und stürzt sich lilienweiß in den tiefen Kessel. Drunten treibt er sich hellgrün herum, und flutet in langsamen Wirbeln wieder fort. Die Einfassung bilden zu beiden Seiten steile Felsenschöpfe. Auf dem diesseitigen steht ein eisernes Kreuz zur Erinnerung, daß hier einst St. Magnus über den tosenden Sturz gesetzt, um sich vor heidnischen Verfolgern zu retten. Denselben Sprung soll etliche Jahrhunderte früher Julius Cäsar zu Pferde gewagt haben.

Bald darauf steht man an der Grenze von Bayern und Tirol, die das weiße Haus oder die österreichische Zollstätte bewacht. Eine Palisadenwehr zieht von der nahen Bergwand quer herunter zum Lech und schließt das Tal ab.

Wenn man aus diesem Gehöfte tritt, fängt es schon etwas zu älpeln an. Der Lech, ungemein frisch und munter, schlingt seine blauen Arme um die zahlreichen Sandbänke, mit denen sein Bett eingelegt ist. Anfangs füllen Straße, schmaler Rain und Fluß das Tal aus, von welchem waldige Halden schroff in die Höhe steigen – allmählich aber öffnet sich ein erquickender Einblick in das innere Gelände, das uns in heiterer Bergpracht willkommen heißt. Die Kirche von Vils erhebt sich aus dem Tannengebüsch und verrät den Ort, wo das kleinste Städtchen Tirols mit kaum sechshundert Einwohnern sich geschämig verbirgt. Weite Wiesbreiten füllen den Talgrund, heimliche gebirglerische Wohnhäuser stehen am Weg, von den Halden tönen Herdenglocken und von den Berghöhen locken grüne Alpenweiden. Die blau und weißen, die gelb und schwarzen Grenzpfähle, an denen wir vorübergegangen, scheiden auch in manchen Stücken Sitte, Tracht und Sprache umsomehr, weil sie auch Gebirge und Ebene scheiden. Treten wir zu Pinswang ins Wirtshaus, so ist zu vernehmen, daß wir zu Füssen das letzte Bier getrunken, wenigstens das letzte gute, und uns fürderhin sicherer an den Wein halten werden. Auch ihrem Brot wissen die Pinswanger schon andere Formen zu geben als die Füssener. Die Tracht zeigt sich zumal verändert an den Häuptern des Frauengeschlechts. Jetzt tritt nämlich der tirolische Brauch ein, die Haare zu scheiteln, rückwärts in zwei Zöpfe zu flechten und die Zöpfe als zierlichen Rahmen des Antlitzes über dem Vorderhaupt aufzunesteln. Diese Weise läßt sehr schön, wenn ein schöner Mädchenkopf mit schönen Flechten gesegnet ist. Auch die Sprache wird bald rauher, zumal in den Kehllauten. Schönes Wetter und schöne Mädchen und alles was schön ist, heißt von jetzt an „fein". Fein und unfein sind Lieblingswörter der Tiroler.

Reutte ist ein großer ansehnlicher Flecken, reichlich versehen mit stadtmäßigen Häusern. Er scheint ziemlich spät entstanden zu sein, denn die erste urkundliche Erwähnung fällt ins Jahr 1441. Seit Hohenschwangau wieder ein Wallfahrtsort geworden, ist auch Reutte während der schönen Jahreszeit mit Fremden angefüllt. Die große Tour aller Hochzeitsreisenden aus Schwaben geht seit mehreren Jahren über München nach Salzburg und von da über Innsbruck nach Hohenschwangau. Dabei fährt man ungern am Posthaus in Reutte vorüber, wo es, wie weit und breit bekannt, einen hochgeschätzten Wein und überlegene Forellen gibt. Auch solche, die im Flachland draußen alt geworden und auf ihrem Lebensgang wenigstens einmal einen Blick ins Hochland zu tun wünschen, sammeln sich gern in diesem Flecken, dessen vorgeschobene Lage den Besuch so bequem macht. Überdies lockt die Freundlichkeit des Ortes selbst, die Trefflichkeit der Verpflegung und die Schönheit der Gegend, die in den Niederungen so mild, in der Höhe so groß erscheint. Auch ist am ganzen Saum des Gebirges wohl schwerlich ein Ort zu treffen, von welchem aus schönere und bedeutsamere Lustfahrten anzustellen wären. Den Lech hinab zieht Füssen und Hohenschwangau; links im kleinen Seitental winkt das schon genannte Vils mit dem sehenswerten Turm von Vilseck, welchen schauerliche Sagen umflüstern, und mit der stolzen Ruine Falkenstein, die auf hohem Felsengrat weit hinaus ins Flachland sieht. Dicht bei Reutte liegt das viel ältere Breitenwang, in dessen Kirche noch jetzt der Marktflecken eingepfarrt ist. Dies ist das Dorf, wo im Jahr 1137 auf der Heimfahrt aus Welschland Kaiser Lothar der Sachse starb. Noch wird das Häuschen gezeigt, in dem der hohe Herr seinen letzten Seufzer aushauchte. Jetzt ist es wieder neu gebaut, doch hat man von der alten Hütte wenigstens etliche Balkentrümmer aufbewahrt, welche die Raritätenliebhaber wohl bald als Splitter in die weite Welt verführt haben werden. Immerhin geht kein Wanderer vorbei, ohne in die Räume zu treten, wo am dritten Christmond jenes Jahres die Kaiserin Richenza, Herzog Heinrich der Stolze von Bayern, die Herzoge von Franken und Kärnten, Erzbischof Konrad von Magdeburg und der Bischof von Regensburg samt anderen Fürsten, Herren und Äbten den sterbenden Kaiser umstanden. Auf dem Schloß zu Hohenschwangau ist die Begebenheit in einem schönen Gemälde vergegenwärtigt.

Von Breitenwang ist es eine Viertelstunde zu den schönen Fällen des Stuibenbaches, der aus dem Plansee kommt, der Plansee selbst aber ist ein Bild von reizender Bergeinsamkeit. Dort findet sich am linken Gestade eine Quelle, die das Kaiserbrünnlein heißt, weil sich Ludwig der Bayer öfter daran gelabt haben soll, als er von seiner Stiftung zu Ettal aus in diesen Gegenden zu jagen ging. Auch Kaiser Max oblag dort sehr oft dem edlen Weidwerk.

Ferner führt gegen Süden eine Heerstraße ins obere Inntal, zuerst zur alten Bergfeste Ehrenberg, welche jetzt zerstört ist. Der Schloßhauptmann, der in der Feste saß, war in früheren Jahren der Landvogt über das ganze Lechtal und wurde dieses auch bis in unser Jahrhundert herein die Herrschaft Ehrenberg genannt. Dieses Gebiet brachte übrigens Meinhard II. an die Grafschaft Tirol, als er 1259 zu München Elisabeth, Konradins Mutter, heiratete, welche es von ihrem ersten Gemahl, Konrad IV. von Hohenstaufen, als Widerlage erhalten hatte. Es ging später als Pfandschaft durch verschiedene Hände, bis es 1523 der Landesfürst, Erzherzog Ferdinand, seinem Günstling Don Gabriel Salamanca als Heiratsgut seiner Braut, der Gräfin Elisabeth von Eberstein, verlieh. Aber der habsüchtige, bodenlos verhaßte Spanier mußte sich schon im unruhigen Jahr 1525 vor der Volkswut aus dem Land flüchten und so fiel die Herrschaft wieder dem Landesfürsten zu.

In den folgenden Zeiten wird die Feste Ehrenberg sehr oft genannt und deswegen hat in unseren Tagen Pater Justinian

Ladurner auch ihre Geschichte geschrieben. Sebastian Schertlin von Burtenbach, der Bundeshauptmann der Schmalkaldner, nahm sie 1546 zwar im ersten Anlauf, allein da er schon tags darauf mit seinem Kriegsvolk nach Ulm hinunter gerufen wurde, so ging die leichte Eroberung auch bald wieder verloren. Als Moritz von Sachsen sechs Jahre später seine bekannte Razzia über Füssen nach Innsbruck unternahm, um Karl V. abzufangen, zog er an dem Schloß vorüber, ohne ihm ein Leid zu tun. Als er in Innsbruck erfahren, daß ihm der Kaiser bereits über den Brenner entwischt, fuhr er auf dem Inn nach Passau, seine Landsknechte aber schickte er unter Führung des Herzogs von Mecklenburg und des Landgrafen von Hessen wieder über den Fern zurück, wobei dieselben nach damaliger Weise alles mit Mord und Brand verwüsteten und ein entsetzliches Elend hinter sich ließen. – Im Dreißigjährigen Krieg 1632 kam Herzog Bernhard von Weimar heran, besetzte das nahe Reutte und beschoß die Feste; allein die Besatzung, durch die Anwesenheit des Landesherrn, Erzherzog Leopold, angefeuert, wehrte sich mutig und zwang den Feind wieder abzuziehen. – Als Kurfürst Max Emanuel 1703 seinen Feldzug nach Tirol unternommen und die Landeshauptstadt glücklich erreicht hatte, sandte er auch einen Heerhaufen über den Fern heraus, um Ehrenberg zu nehmen. Dies gelang auch, jewohl erst nach scharfer Beschießung. Nachdem aber der Kurfürst das Land wieder geräumt hatte, war auch Ehrenberg nicht mehr lange zu halten. Der bayerische Kommandant, Freiherr von Haydon, wurde, weil er die Festung zu früh übergeben habe, bald darauf zu Mittenwald enthauptet.

Im Jahr 1717 lagert sich ein schweres Geheimnis in die Burg, welches bis heute noch nicht enträtselt ist. Damals nämlich wurden mehrere vornehme Personen als Gefangene dort eingebracht und die Festung sofort mit solcher Strenge bewacht, daß niemand mehr hinein und niemand mehr hinaus gelassen wurde. Dieser Zustand dauerte einige Monate, aber Name und Stand der Gefangenen ist nie offenbar geworden. Später wollte man erfahren haben, einer derselben sei der Sohn des Zaren Peter I. von Rußland gewesen.

Bald darauf ging man daran, die Stärke der Festung bedeutend zu erhöhen, ließ große Bauten ausführen und verwendete nach des Volkes Sage drei Millionen Gulden hinein. In dieser erneuerten Herrlichkeit war sie einige Jahrzehnte gestanden, als Kaiser Joseph I., der in Tirol alle diese kleinen Klausen und Grenzfesten aufhob, den ganzen Bau verkaufen ließ. Für das Schloß wurden 1783 siebzehnhundert Gulden erlöst und dasselbe sofort bis auf die nackten

Mauern niedergerissen. Jetzt mahnen nur noch die schweigsamen Trümmer an die lauten Tage, die einst hier vorübergegangen.

Durch die Ehrenberger Klause geht die Straße in das Alpental von Lermoos, aus dem sich die riesige Wand des Wettersteins erhebt, und zuletzt über den prächtigen Fernpaß mit seinen düsteren Seen und dem malerischen Gemäuer von Sigmundsburg, das jetzt so geisterhaft auf seinem einsamen Felseneiland trauert. Der Fern ist hier die alte Landmark zwischen den Leuten in motanis, die mit der Zeit sich nach dem Schloß im Etschland Tiroler nannten, und den Bewohnern des Lechtales. Noch heutzutage sagen die Ehrenberger, wenn sie über den Fern reisen: wir gehen ins Tirol, und ebenso haben die Inntaler, wenigstens in früheren Zeiten, von der Gegend um Reutte immer so gesprochen, als läge sie in Schwaben. Gleichwohl ist der Fernpaß keine strenge Stammesscheide, denn auch die Oberinntaler in den Gerichten Telfs, Silz und Imst und die weiter oben um Landeck, im Stanzertal und gegen Mals hinauf scheinen vollbürtige Schwaben zu sein, die mutmaßlich gerade über den Fern hinüber ihren Weg in jene Gegenden gefunden haben.

Eine andere Hochlandsfahrt läßt sich von Reutte aus unternehmen ins Tannheimer Tal. Es ist dies eine idyllische, etwa vier Stunden lange Landschaft, voll schöner Wiesen und anmutiger Dörfchen, auch mit einem kleinen See geziert. Die Landstraße zieht mittendurch, muß aber, um in diese Höhe zu gelangen, bei der Gacht lang und mühselig emporklimmen und steigt dann, wenn das Tal zu Ende ist, gegen den bayerischen Flecken Sonthofen zu wieder eben so tief hinab. Das Tannheimer Tal gilt in der Gegend als eine landschaftliche Liebenswürdigkeit, zu deren Besuch der Einheimische den fremden Reisenden unablässig aufzufordern pflegt. Zumal wird dann auch der Bergweg über die Aschauer Alpen mit in Vorschlag gebracht, wo der rüstige Wanderer bei gutem Wetter herrliche Augenfreuden und nebenbei auch manche kleine Unterhaltung in den Sennhütten erleben kann. Bequemer ist es allerdings durch den wilden, ehedem befestigten Paß der Gacht hinaufzusteigen, durch denselben, den ich einmal mit etlichen Herren von Reutte hinaufstieg, um ins Nesselwängle zu einer Hochzeit zu gehen. Diese wurde übrigens gefeiert zwischen einem braven Handelsmann, der lange in einem angesehenen Haus des Bregenzerwaldes gearbeitet hatte, und einer vermögenden Tochter des Dorfes, die viel Anstand und Bildung zeigte. An Gästen fehlte es nicht – waren doch solche aus dem Bregenzerwald herbeigekommen und Geistlichkeit wie Beamtenschaft des Bezirkes reichlich vertreten. Der Luxus des

Tafelzeugs, die leckeren Speisen und die feurigen Weine erlaubten nicht daran zu denken, daß man in einem Tal bei armen Hirten weile, während der fröhliche Tanz nach dem Mahl kaum vermuten ließ, daß man schon in jenem Tirol sei, wo, wie bekannt, jetzt sogar bei den Hochzeiten jede solche Kurzweil abgestellt ist.

Ehe wir von Reutte hinaus ins Lechtal wandern, wollen wir den Reuttenern noch das Lob nachrufen, daß sie, an eine der Pforten ihres Vaterlandes gestellt, alles aufbieten, um dem Wanderer beim Eintritt ein einnehmendes Bild von dem freundlichen Wesen der Tiroler beizubringen. Hier weiß man nichts von der deutschen Vornehmheit, die immer eines zweiten Menschen bedarf, um mit einem dritten bekannt zu werden. Den Brauch sich vorstellen zu lassen, nehmen die Tiroler erst allmählich in den besuchteren Orten an. Durchschnittlich fährt man am besten, jeden Unbekannten wie einen alten Freund zu behandeln. Es ist nirgends leichter Bekanntschaften zu machen als in diesen Gebirgen. Allerdings ist das wohlwollende Entgegenkommen von Seite der Eingeborenen zum Teil auch der Neugierde zuzuschreiben, welche die gebildeten Stände ebenso kitzelt wie den Bauer. Die ersten Fragen gehen daher gewöhnlich über die Richtung der Reise, die damit verbundenen Zwecke, worauf dann die Untersuchungen der Person des Fremden immer näher rücken, die Fragen immer verfänglicher werden, bis er zuletzt zum Geständnis getrieben seinen Namen und seinen Stand, allenfalls auch den seiner Eltern und Geschwister und nächsten Blutsverwandten einbekennt. Wer sich in längerer Erfahrung überzeugt hat, daß alle Ausflüchte nichts helfen, wird einsehen, daß es viel besser ist, bei der ersten scharfen Frage gleich offen und redlich herauszugehen und sich mit den freundlichen Forschern ungefähr in ähnlicher Weise abzufinden, wie weiland Franklin mit seinen Landsleuten. Da das Land von Jahr zu Jahr mehr bereist wird und die Einheimischen sich den Fremden, wenn sie es wert sind, gerne verbindlich zeigen, so ist das Streben, über deren Persönlichkeit ins reine zu kommen, gewiß sehr erklärlich, und es soll daher hier nur erwähnt, nicht getadelt werden. Bei den Landleuten ist's freilich in der Regel nur ein naiver Vorwitz ohne alle Hintergedanken. In Vorarlberg läuft der Bauer, wenn er mitten im Acker arbeitet, an den Saum heraus, um zu fragen: wo kommen die Herren her? und kehrt dann, wenn er's erfahren, wieder neu gestärkt zu seiner Pflicht zurück. Der bajuwarische Nordtiroler, zumal der Inntaler, ist weniger untersucherisch, und gleicht darin dem bayerischen Bauern, der in seiner tiefen Gemütsruhe durch solche Neugier sich auch nur selten aufregen läßt. Der deutsche Südtiroler dagegen steht in diesem Stück dem Vorarlberger am nächsten. Es dürfte schwer sein, eine Unterredung mit ihm abzuschließen, ohne daß er nach eingeholtem Verlaub die Frage gestellt: wo bleiben Sie zu Haus? oder schlechtweg: wo bleiben Sie? Das heißt: wo sind Sie seßhaft? wo ist Ihre Heimat?

Nun also ins Lechtal. Nach den natürlichen Grenzen möchte man diesen Namen wohl auf all das Talgelände legen, welche der Lech von seinem Ursprung bis zum Sturz bei Füssen, wo er ins Flachland tritt, bespült, allein der landesübliche Sprachgebrauch läßt das Lechtal nur vom Tannberg bis Weißenbach reichen, also erst auf tirolischem Boden anfangen und zwei Stunden ober Reutte aufhören. Wenn man aber von den reichen Lechtalern spricht, meint man gar nur die Einwohner der zwei inneren Dörfer Elbigenalp und Holzgau.

Die Gegend bis Weißenbach nimmt noch Teil an den Reizen der Landschaft von Reutte. Nachher wird das Tal öde und einförmig. Der Strom rinnt zwischen hohen Bergreihen daher durch niederes Fichtengebüsch und unfruchtbares Heideland. Zwei ärmliche Dörfchen stehen in weiten Zwischenräumen am Weg. Erst bei Elmen, drei starke Stunden ober Weißenbach, wird die Talebene offener, weiter und schöner. Von Stanzach nach Elmen gehend, sieht man rechts in ein Tal hinein, das der gemsenreiche Hochvogel schließt, 8100 Wiener Fuß über das Meer emporsteigend, die höchste Spitze in den allgäuischen Bergen. Von den Stanzachern ist zu erwähnen, daß sie ganz und gar das städtische Sommerfrischwesen angenommen haben und während der heißen Jahreszeit auf die Alpe Fallerschein im Namloser Tal ziehen, wo ihnen in lieblicher Kühle des Hochgebirges zur bequemen Aufnahme achtundvierzig Sennhütten bereitet sind. Nur einige Wächter bleiben dann unten im Dorf zurück und etliche mit zu vielen Kindern gesegnete Weiber.

Bald ober Elmen, nämlich bei Häselgehr, beginnt die Häuserpracht des Lechtales. Hier oben also in der Alpenhöhe liegen auf beiden Ufern des schnellen Baches Elbigenalp und Holzgau, Dörfer, von denen bis jetzt die wenigsten Touristen erzählt haben – Dörfer oder besser Städte, wo unbemerkt von der Welt, durch seltene Betriebsamkeit und seltenes Glück märchenhafte Reichtümer zusammengebracht worden und Familien entstanden sind, die halbe Millionen besaßen. Diesen oberen Lechtalern hat nämlich die Natur ein eigenes Talent für den Schnittwarenhandel verliehen, und darauf vertrauend, gingen sie, oft ohne lesen oder schreiben zu können, dem Lauf der Wasser nach, kamen am Rhein hinunter bis Holland und schifften bis New

York, taten sich überall hervor, errichteten überall ihre Lager, erwarben Hunderttausende, und kehrten ehemals mit den Dukatensäcken, wie die reichen Grödner und die Engadiner, wieder ins grüne Wiesental zurück, um dort ihre alten Tage zu verleben und auf dem Friedhof der Heimat bei ihren Vätern einzugehen in die ewige Ruhe. So entstanden weit hinten im Gebirge auf grünen, offenen Fluren, zu denen der Zugang durch unscheinbare Alpendörfchen führt, jene prächtigen Häuser, jene stattlichen Gassen, die dem Fremden, der da nichts mehr als Sennhütten erwartet, so überraschend entgegentreten. Nach landesüblichem Brauch spricht man nur von Elbigenalp und Holzgau, aber dieses sind Gesamtnamen für eine Unzahl kleinerer oder größerer Häuserhaufen, die rasch aufeinanderfolgend unter den Einheimischen wieder wie die Gassen einer Stadt alle ihre eigenen Namen führen. Die Zahl der Insassen mag etwa dreieinhalbtausend Seelen betragen, welche in sechshundert Häusern wohnen. In etlichen wenigen walten noch die alten reichen Herren, die beim Abendtrunk von New York und Baltimore erzählen, wo sie ihre Lehrjahre zugebracht, und dabei gelegentlich holländisch, französisch und englisch sprechen. Sie sind ein Bild vergangener Tage, denn die Herrlichkeit der Lechtaler ist im Abnehmen. Die jüngeren Söhne, die in den Niederlanden oder jenseits des Ozeans zu eigenem Hauswesen gekommen, haben die Gewohnheit der Wiederkehr vergessen und sind in der Heimat fast verschollen. Deswegen wird der alte Reichtum nicht mehr aufgefrischt, und andererseits fehlt's auch nicht an Gelegenheiten, wo er sich zerbröckelt. Ehemals wollte nämlich ein Lechtaler nur eine Lechtalerin heiraten und umgekehrt, aber als die jungen Männer aus dem Ausland nicht mehr heimkamen, legten die Mädchen des Tales ihr Vorurteil ab, und nun mehren sich die Fälle, wo österreichische und bayerische Beamte und praktische Ärzte die blonden Erbinnen von Elbigenalp und Holzgau als glückliche Gattinnen aus dem Gebirge herausholen, in die weite Welt führen und den verstaubten atlantischen Schätzen ein neues Feld eröffnen. Gleichwohl ist in diesen Dörfern noch immer ein überraschender Wohlstand zu finden, der sich an Feiertagen in der Pracht der Kleider, in den festlichen Mahlzeiten, in der Fastnacht durch großartige Maskenzüge kund gibt, dessen Fortdauer aber auch durch den regen Fleiß und das sparsame Leben an den Werktagen hinlänglich gesichert scheint.

Elbigenalp war in seinen ersten Zeiten nach St. Mang zu Füssen eingepfarrt. Das Stift sandte zur Sommerszeit an Sonn- und Feiertagen einen Priester ab, der den Älplern die Messe las und darnach wieder heimkehrte. Dies dauerte so lange bis sich ein ständiger Pfarrer hier oben niederließ, was aber gewiß schon im vierzehnten Jahrhundert geschehen war. Das Dorf ist also nicht von gestern her und hat darum auch seine Altertümer, nämlich zwei Kirchen auf seinem Friedhof, wovon selbst die jüngere, die jetzige Pfarrkirche, mit spitzigem roten Kirchturm schon ehrwürdig ist, während die andere, St. Martin geweiht, ehemals Pfarrkirche, für die älteste im Tal gilt. Sie war 1459 schon einer Ausbesserung bedürftig. Der alte Taufstein von 1411 mit seiner schwer zu enträtselnden Inschrift, der jetzt in der Hauptkirche zu sehen ist, stand ehedem wahrscheinlich in diesem älteren Gotteshaus.

Elbigenalp hat schon viele tüchtige Leute hervorgebracht. Wir nennen zuerst einen Bekannten, den Herrn Anton Falger, der da im vorigen Jahrhundert geboren, im Jahr 1808 nach München kam, mit dem bayerischen Heer die Feldzüge von 1813 und 1814 durchmachte, damals auch Paris betrachtete und später bei der bayerischen Steuerkataster-Kommission Graveur wurde. Von 1819 bis 1821 hielt er sich zu Weimar auf, bei der Lithographie für das Bertuch'sche Institut beschäftigt, im Jahr 1832 aber ging er dem Brauch der Väter getreu nach Elbigenalp zurück, um dort seine Tage zu beschließen. Er hat eine stattliche Lechtalerin zur Frau genommen und besitzt in seinem Dorf zwei schöne Häuser, wovon das eine blaßblau getünchte, welches er bewohnt, mit seiner eleganten Haltung und dem Ziergärtchen vor dem Eingang ein villenartiges Ansehen hat. Weil er die Kraft seiner Jugend dem Ausland gewidmet, so will er wenigstens seine späteren Jahre dem Vaterland, zunächst dem Tal weihen, in dem er das Licht der Welt erblickte. Er wirkt da ungestört von aller Nebenbuhlerschaft für die ästhetische Erziehung der Lechtaler, und sein Haus selbst scheint ein Museum, eine kleine Akademie lechtalischer Künste und Wissenschaften. Herr Falger hat viele architektonische Bilder und mehrere Karten gestochen, welch letztere zwar nicht ganz angenehm ins Auge fallen, aber sich durch Genauigkeit auszeichnen. Als Zeichner hat er vieles aus seiner Nachbarschaft aufgenommen, und wenn eine der umliegenden Kirchen ein Gemälde braucht, so ist es Herr Anton Falger, der es umsonst verfertigt. Eine Lieblingsaufgabe scheinen ihm Totentänze für Kirchhöfe zu sein, wenigstens habe ich deren auf der Pilgerschaft durchs Lechtal mehrere von seiner Hand gesehen. Sein teures München, in dem er so schöne Tage erlebt, wird dabei gern im Hintergrund aufgemalt, als eine Stadt, von welcher es schwer zu scheiden, sei's nun lebend oder tot. So habe ich zu Elmen auf dem Kirchhof eine hübsche Bürgerstochter mit der Riegelhaube und dem silbernen

Schnürmieder erblickt, welcher der tänzelnde Tod auf seiner Geige ein schauerliches Lied vorspielt, während sie ihn bittet:

Laß mich noch leben in der Stadt,
Wo man soviel Vergnügen hat.

Die Stadt aber, wo man soviel Vergnügen hat, ist keine andere als jenes München an der Isar, wie es die beiden dicken Frauentürme und die Theatiner und der Petersturm unwidersprechlich dartun.

Außerdem verwaltet Herr Falger auch die Historie seines Tales. Er hat bis jetzt in vier Heften alles zusammengetragen, was er darüber aus mündlichen und schriftlichen Quellen erheben konnte. Auf diese Sammlungen setzte er seinen Namen und schrieb mit bescheidenem Humor dazu: Früher Graveur, jetzt Bauer zu Elbigenalp. Nach seinem Tod sollen diese Schriften der Gemeinde übergeben werden. Herr Falger hat bei seinen Arbeiten insbesondere viel Mühe darauf verwendet die Auswanderung aus dem Lechtal von ihren Anfängen an historisch darzustellen. Er besitzt eine Aufzählung der im Jahre 1699 in die Fremde gegangenen Maurer, welche besagt, daß es deren schon damals 644 waren. Maurerei scheint also der erste Erwerbszweig der Emigration gewesen zu sein und diese sich erst später auf feinere Geschäfte geworfen zu haben. Seit Menschengedenken war sie nun, wie schon oben bemerkt, hauptsächlich auf den Schnittwarenhandel gerichtet, und es haben sich damit, nach Herrn Falgers Zusammenstellung, in dem Zeitraum von 1780 bis 1820 an dreihundert Personen unter 156 Firmen beschäftigt. Mehrere dieser Betriebsamen sind, wie schon erwähnt, bis nach Amerika gekommen. Christian Sprenger von Untergiblen z. B. lebt noch heutzutage als der Herr eines der größten Handlungshäuser in New York. Ein Sohn seiner Schwester, Josef Anton Schnöller, der mit ihm 1811 über den Ozean geschifft, ist gegenwärtig eben daselbst Stadtpfarrer.

Indessen haben die Lechtaler nicht allein in der Neuen Welt gewirkt, sondern auch unser altes Europa hat ihnen manchen Ehrenmann zu verdanken und sogar einen künstlerischen Namen von hohem Ansehen, nämlich den Maler Josef Koch. Dieser ist zu Obergiblen am 27. Juli 1768 – nach anderen 1770 – geboren, in einem Häuschen, das ich gleichwohl nicht genau erfragen konnte, denn die Obergibler scheinen von der späteren Berühmtheit ihres Landsmannes nur sehr spärliche, bald wieder verschollene Nachrichten eingezogen zu haben. Kochs Vater war von Lermoos gebürtig, ein armer Zitronenhändler, der eines Tages auf der Wanderschaft zu Koblenz eine wohlgestalte und gut erzogene Rheinländerin heiratete. Später ließ er sich zu Obergiblen nieder und lebte da mit elf Kindern behaftet in großer Dürftigkeit. Der junge Genius, von dem die Rede, besuchte die Schule zu Elbigenalp und fiel dem Lehrer, der ein ehemaliger Waldbruder war, bald dadurch auf, daß er alle seine Schulpapiere mit Gestalten überzog. Später, als Blasius Hueber, der berühmte Bauer von Perfuß, das Lechtal aufnahm, wurde Josef Koch, damals neun Jahre alt, sein emsiger Gehilfe. Freilich mußte er danach wieder Schäfer werden, aber auch am Krabach, wo er seine Herde hütete, fuhr er fort in Rinde und Sand zu zeichnen. 1782 brachte ihn seine Mutter nach Dillingen, um ihn dort studieren zu lassen. Von da kam er nach Augsburg, wo der Weihbischof von Umgelder sein Beschützer wurde. Dieser sandte ihn zur weiteren Ausbildung nach Stuttgart in die Karlsschule, wo er bis 1792 verblieb. Es gefiel ihm aber nicht sonderlich in jener berühmten Akademie. Er wurde als Gehilfe zur Theatermalerei und anderen ähnlichen Arbeiten verwendet, die ihm wenig behagten. Auch unter den Lehrern war keine Einigkeit mehr, da die einen die Ideen, die damals von Frankreich herüberkamen, mit Begeisterung aufnahmen, die anderen sie mit Widerwillen verwarfen.

Koch sehnte sich aus der Akademie heraus und da er um Entlassung nicht bitten wollte, weil er sie doch nicht erhalten hätte, so entfloh er heimlich und ging nach Straßburg. Er hatte diese Stadt schon vorher in den Ferien besucht und einige Freunde gewonnen, die ihm nun sehr herzlich entgegenkamen. Auf der Rheinbrücke schnitt er sich den statutenmäßigen Haarzopf ab und sandte ihn durch Post an die Akademie.

Aber das damalige Leben in Straßburg wollte dem jungen Lechtaler auch nicht gefallen. Seine Freunde waren alle Jakobiner und wurden ihm täglich unerträglicher. Er ging wieder davon, und zwar im Herbst 1793 nach Basel.

Etwas später lernte er in Neuchâtel einen Engländer kennen, Dr. Nott, der sich von da nach Neapel begab und bald auch seinen jungen Freund dahin beschied. Dieser folgte unverzüglich, wanderte im Winter zu Fuß über den Gotthard und eilte ohne Aufenthalt in jene herrlichen Gefilde.

Drei Monate später begab er sich nach Rom, wo ihm eines Tages Lord N., ein anglikanischer Bischof, begegnete, den er einmal bei seinem Gönner gesehen hatte. Dieser fragte, ob er nicht derjenige sei, der für Dr. Nott gearbeitet habe. Als dies Koch bejahte, fragte der Bischof weiter, ob er nicht auch für ihn zu malen Lust hätte. Der junge Künstler ging auf den Antrag gerne ein und hatte wohl anhaltende Bestellungen zu hoffen, allein Se.

Lordschaft war täglich betrunken und da auch die Dienerschaft mit dem ehrlichen Deutschen unehrlichen Handel treiben wollte, so brach dieser die Verbindung wieder ab.

Damals ging Josef Koch täglich mit dem Holsteiner Karstens und dem Stuttgarter Wächter um. Er bekennt von beiden Künstlern viel gelernt zu haben. Ein paar Jahre wohnte er auch mit Thorwaldsen zusammen.

Im Jahr 1805 nahm er ein italienisches Mädchen, Cassandra Ranaldi von Olevano zur Frau. Unter dem französischen Regiment in Rom fühlte er sich aber immer unbehaglicher. Die Hinrichtung seines Landsmannes, Andreas Hofer, erfüllte ihn mit Erbitterung. So beschloß er Rom zu verlassen und begab sich 1812 mit seiner Familie nach Wien. Dort blieb er bis zum großen Kongreß im Jahr 1816.

Aber seine Arbeiten wollten in Wien keinen Anklang finden; es mangelte an Bestellungen. Es war ihm nicht gegeben, mit dem Portefeuille herumzulaufen und sich und seine Zeichnungen zu empfehlen.

In Wien verkehrte er übrigens viel mit Friedrich von Schlegel und den beiden Humboldt. Als der Frieden abgeschlossen war, ging er nach Rom zurück, wo er am 12. Jänner 1839 starb.

In Rom lebte der Künstler ganz seiner Kunst. Von früh bis spät saß er, mit dem Pfeifchen im Mund, vor der Staffelei oder beim Zeichentisch. Abends ging er etwas lustwandeln und setzte sich dann für ein Stündchen in einen Künstlerkreis.

Koch war ein sehr unterrichteter Mann; nebst dem Italienischen sprach er das Französische ganz geläufig. Die heilige Schrift und Dante begeisterten und nährten ihn vor allen anderen Büchern. Die Divina Commedia lag meistens aufgeschlagen auf dem Tisch; mehr als dreißigmal hatte er sie durchstudiert, und immer Neues gefunden. Bemerkenswert ist, daß auch der alte P. Kochem bei ihm in hohen Ehren stand.

Einmal, im Jahr 1834, trat er auch als Schriftsteller auf und schrieb eine sehr sarkastische Broschüre: „Moderne Kunstchronik oder die Rumfordische Suppe."

Er lebte höchst einfach und sparsam, konnte aber doch nie etwas erübrigen, ja in seinem höheren Alter hat er mit seiner Frau und drei Kindern eher Not gelitten, bis ihm Kaiser Ferdinand eine Pension von jährlichen sechshundert Gulden bestimmte, welche der müde Greis aber nicht mehr lange genießen konnte. Die Tochter heiratete in den dreißiger Jahren einen talentvollen Maler aus Bayern, Herrn Michael Wittmer. Als ich 1836, aus Athen zurückkehrend, diesen in seinem Atelier zu Rom besuchte, kam ein gebücktes, altersschwaches Männchen herein, dessen Augen aber noch geistvoll leuchteten. Es begann zuerst die Arbeit seines Schwiegersohnes, soweit sie an diesem Morgen erstanden war, wohlwollend zu kritisieren und nachdem es damit zu Ende, fragte es, wo ich herkomme und wo ich hingehe, redete auch längere Zeit mit mir, anspruchslos, aber witzig und satirisch, nach seiner Art. Drei Jahre danach war er schon in die andere Welt gegangen.

Josef Koch hat sehr viel gezeichnet und radiert, auch viele Bilder gemalt. Seine Erzeugnisse sind in die weite Welt zerstreut worden. Das Museum zu Innsbruck bewahrt vier seiner Meisterwerke, Booz und Ruth, Macbeth und die Hexen, Apollo unter den Hirten und den Tiroler Landsturm, eine Allegorie auf den Krieg von 1809, voll schlagender, ursprünglicher Gedanken. Dieses Bild hatte der Minister von Stein bestellt; er gab es aber wieder zurück, weil er es größer zu haben wünschte.

Ein anderer namhafter Lechtaler war Josef Anton Lumpert, Herrn Falgers Oheim, der im Jahr 1757 zu Köglen bei Elbigenalp geboren, im Jahr 1837 als wirklicher Bürgermeister der Haupt- und Residenzstadt Wien verstorben ist. Man rühmt den reichen Schatz von Kenntnissen und Erfahrungen, den hellen Verstand, den immer geraden und festen Charakter dieses Mannes. Ihm zu Ehren haben die Wiener eine Gasse ihrer Stadt die Lumpertsgasse benannt. Auch noch andere Lechtaler werden angeführt als Würdenträger in der Kirche, als Lehrer an höheren Anstalten, als Beamte; doch würde es zu weit führen hier alle ihre Verdienste aufzuzählen.

Auf Herrn Falger zurückkommend, bemerken wir noch, daß er auch der Naturgeschichte vielen Fleiß widmet. Er hat ein Zimmer seines Hauses für derartige Sammlungen bestimmt, und es finden sich dort Mineralien, Versteinerungen, Konchylien und andere einschlägige Gegenstände in reicher Zahl. Nebenbei wird man auch durch eine Münzsammlung überrascht. An den Wänden hängen eine Menge Zeichnungen und Gemälde verschiedenen Inhalts. Als besteigenswerte Höhe in der Nachbarschaft rühmt Herr Falger die Wetterspitz, die bei Holzgau liegt. Die Wetterspitze erhebt sich 8829 Wiener Fuß über das Meer und bietet eine unermeßliche Aussicht. Doch bemerkt Herr Falger, der Weg sei rauh und man müsse „gut gestiefelieret" sein, um nicht mit nackten Füßen wieder zurückzukommen. Er selbst hat den Berg schon mehrere Male bestiegen.

Es ist eine sehr befriedigende Wahrnehmung, daß Männer wie Herr Falger, die sich der Erforschung und Aufbewahrung heimischer Memorabilien widmen, in den tirolischen Tälern nicht selten sind. Freilich fehlt noch viel, daß jedes Tal seinen Sammler hätte, aber es scheint nur an der Überzeugung zu gebrechen, daß diese nächstliegenden Dinge erheblich genug seien, um sich anhaltend mit ihnen zu beschäftigen. Keine Zeit hat aber den bewahrenden Griffel notwendiger gehabt, als die gegenwärtige, wo das alte Volksleben teils von selbst abstirbt, teils mit Gewalt zugrunde gerichtet wird. Es scheint ein dunkles Bewußtsein vorzuwalten, daß der tirolische Bauer bestimmt sei, noch im Laufe dieses Jahrhunderts als ein ganz anderer dazustehen, als er im vorigen war. Daher mag's kommen, daß die meisten dieser Talschriftsteller in den letzten dreißig Jahren aufgestanden sind, gerade noch zur rechten Zeit, um der früheren Zustände eingedenk sein zu können. Für Sitten und Gebräuche, Sagen und Meinungen, für das allgemeine Kostüm der Lebensweise werden ihre Arbeiten in kommenden Jahren unentbehrliche Quellen sein.

Der Weg von Elbigenalp nach Holzgau oder lechtalerisch zu reden: in die Holzgäu, zieht wechselreich an Häusern, Mühlen, Kapellen, Gärten und Feldern vorüber. Hie und da öffnet sich ein Seitental, aus welchem weiße Gebäude glänzen und ein rauschender Bach strömt. Links und rechts stehen hohe Berge, über welche beschneite Hörner herüberblicken. Um Holzgau herum zeigt sich viel Feldbau, freilich was Getreide betrifft, bei weitem nicht zureichend für den Bedarf, sowenig als anderswo im Lechtal, dessen Haupterzeugnis sonst der Flachs ist. Die schönen Häuser liegen wie zu Elbigenalp in kleinen Weilern zerstreut umher. Auch hier wie dort stehen auf dem erhabenen Friedhof zwei Kirchen verschiedenen Alters nebeneinander. In der jüngeren, aber größeren, der jetzigen Pfarrkirche, ist ein Gemälde aufgehängt zum Andenken an die Bußpredigten, welche die Liguorianer im Jahr 1841 hier gehalten haben. Die lieblichen Lechtalerinnen, prunkend im Sonntagsstaat, sind da kniend mit Büßermienen verewigt, die ihren Reizen keinen Eintrag tun. Ein junger, bleicher, anziehender Liguorianer predigt voll heiligen Eifers den schönen Sünderinnen Bekehrung. Es scheint fast eine Schalkheit des Malers, daß er gerade die Mädchen dem Jüngling gegenüberstellt. – Außerhalb an der Kirche finden sich zwei schöne Grabsteine, welche der in seinem Vaterland geschätzte Bildhauer Reinalter zu Bozen gemeißelt hat. Sie sind zum Andenken der Gebrüder Ignaz Anton und Franz Schueler, welche sich als Handelsleute zu Amsterdam große Reichtümer gesammelt hatten und zu Holzgau, in ihrem Geburtsort, gestorben sind.

Die Holzgauer gelten für noch wohlhabender als die Elbigenalper. Vor fünf Jahren starb der reichste von ihnen, Georg

Huber, dessen Vermögen aber von den Wirtshausgästen nicht genau geschätzt werden konnte. Aus dem Fenster zeigte man ein schönes, etwas angewittertes Haus, das der Jungfrau Elisabeth Maldoner gehört, welche jetzt als die vermögendste Person in Holzgau angesehen wird und mehrere hunderttausend Gulden besitzen soll.

Von Holzgau bis Steeg, dem letzten Dorf in der Ebene des Lechtales, führt der Weg durch schroffe Wände hin, die das brauchbare Erdreich sehr beengen. Schön ist der Fall des tosenden Schreiterbaches, der an einer zur Linken gelegenen steilen Halde herunterstürzt.

Zu Steeg nahm ich damals meine Nachtherberge in einem sehr guten Wirtshaus. Man tischte mir Forellen auf, vortreffliche Forellen aus dem Lech, der vor den Fenstern brauste. Diese zarten Fischchen finden sich fast in allen tirolischen Alpenbächen und sind eine höchst dankenswerte Gottesgabe in den unbesuchten Bergtälern, denn wenn aller Fleischvorrat ausgegangen ist, so trifft der müde Wanderer in der schlichtesten Herberge noch frische Forellen und genießt dabei obendrein den Vorteil, sie nicht als Leckerbissen, sondern nur als Hausmannskost bezahlen zu müssen.

Von den Lechtalern im allgemeinen zu sprechen, so sind dieselben schwäbischer Abkunft und reden daher auch einen schwäbischen Dialekt, der indessen dem bayerischen schon viel näher liegt als der allgäuische. Im Vergleich zu dem schwäbischen am Lechrain und bei Kempten klingt er ziemlich rauh und hart. Es fehlt ihm nicht an Eigentümlichkeiten, sowohl grammatikalischen als lexikalischen. Für Vater und Mutter z. B. wird wie im Bregenzerwald Atte und Omme gebraucht, und für gegangen, geschossen, gesessen sagt man mit unerlaubter Analogie: gegangt, geschoßt, gesitzt usw. Die Talsohle am Lech weist von Reutte bis Steeg nur deutsche Ortsnamen, auf dem Gebirge dagegen finden sich auch romanische. Bei der Zähigkeit, mit welcher diese vordeutschen Namen an Grund und Boden haften, ist es ein ziemlich sicherer Schluß, daß da, wo jetzt keine mehr zu finden, auch in alten Zeiten keine waren. Nun kommt aber die Erscheinung, daß die Höhen mit vordeutschen, die Niederungen dagegen mit deutschen Namen besetzt sind, noch an mehreren Stellen vor, immer jedoch, wie im Paznaun, im Ötztal, in Verbindung mit der Sage, daß der Talgrund See gewesen. Wir können diese Analogie wohl ohne Gefahr auch auf das Lechtal ausdehnen und wie an anderen Orten behaupten, daß die Ebene erst zugänglich geworden, als die Deutschen in das Land drangen. Daraus ergibt sich denn der Satz, daß die Bewohner der am Bach gelegenen Orte auf einem Boden sich niedergelassen haben, der früher keine Ansiedler hatte, während die Hirten von Madau, Gramais, Bschlabs usw. in ursprünglich romanischen Dörfern sitzen.

Die Männer im Lechtal führen keine Bauerntracht mehr, sondern kleiden sich wie die Bürger in den Städten. Die Frauen haben da nicht ganz gleichen Schritt gehalten, vielmehr sich ihre eigenen Moden geschaffen, die indessen bis auf weniges ziemlich neuen Ursprungs scheinen. Die reicheren Weiber tragen, wie noch manche Bürgersfrau im übrigen Tirol, einen langhaarigen Männerhut, die „minderen" eine Art Bärenmütze. Der Wohlstand bricht sowohl in den kostbaren Stoffen zutage aus, als auch in dem reichen Geschmeide, in goldenen Brustketten, Ohrgehängen, Sackuhren, Fingerringen.

Die Manieren der Lechtaler schienen mir sehr lobenswert. Ich fand auf den Wegen, in den Häusern, wo ich des öfteren einfallenden Regens wegen unterstand, und in den Herbergen eine körnige Freundlichkeit, viel Freude an dem Fremden, die volle gebirglerische Neugier, im ganzen ein höchst gefälliges Wesen. Zu diesen Bemerkungen bin ich freilich nur unter den mittleren Leuten gekommen, denn mit den lechtalischen Geldfürsten führte mich mein Stern nicht zusammen. In der Nachbarschaft sind indes die Herren Bauern von Elbigenalp und Holzgau nicht besonders beliebt. Zumal in Reutte gelten sie als spröde und geldstolz. Die Lechtaler wissen dies auch, machen sich aber nicht viel daraus. Herr, sagte mir ein Gesprächsfreund, was kümmert uns das! Kommen wir hinab, so können wir immer noch fragen, was kostet ganz Reutte? Dieses Bewußtsein des eigenen Wertes hat die Lechtaler schon lange zu dem Wunsch geführt, sich unabhängig von Reutte und ein eigenes Landgericht zu Elbigenalp zu sehen. Sie wollen dazu auch eine historische Berechtigung haben, denn bei dem Weiler Seesumpf, zwischen Elbigenalp und Holzgau, stand ehemals ein schloßartiges Gebäude, der Dingstuhl genannt, wo in grauer Vorzeit für das ganze Lechtal Gericht gehalten wurde.

Die Wanderzüge und Heimfahrten der Lechtaler sind also schon vor geraumer Zeit abgekommen. Da sich nun der Wohlstand durch gewinnreiche Unternehmungen im Ausland nicht mehr erhöhen läßt, so ist der Eifer, ihn durch Feldbau und Viehzucht wenigstens zu erhalten, nur desto größer. So führt denn jetzt der reiche Lechtaler ein ebenso mühevolles Leben wie der arme. Er erklimmt mit seinen Steigeisen die höchsten Berge und bleibt Tag und Nacht auf seinen Mähdern, um das Futter zu sammeln, das ihm während dieser Zeit auch als erwärmende Liegestätte dient. Dabei nährt er sich mit einem Brei von Ziegenmilch oder noch einfacher mit Käse und Brot, und trinkt frisches Berg-wasser dazu. So ist derselbe Reiche auch unten im Tal vor Anbruch des Tages auf seinem Acker und bleibt bis zum späten Abend bei der Arbeit. Er düngt, sät und mäht selber. Auch im werktäglichen Haushalt zeigt sich kein Unterschied zwischen Reich und Arm. Milch und Erdäpfel, zuweilen geräuchertes Rind-fleisch, ist die gleiche Speise der Wohlhabenden und der Dürfti-gen; von feineren Lebensgenüssen haben sie sich nur den Kaffee eigen gemacht. Die unverwüstliche Heimatliebe der alten Lechtaler ist wie die der Grödner und der Engadiner schon viel-fach bewundert worden. Es verriet in der Tat eine eigene Kraft der Entsagung, wenn der holländische Handelsmann nach langen Jahren zu Elbigenalp oder Holzgau angekommen, allen Freuden der großen Welt den Abschied gab, und wieder ganz ein Lechta-ler wurde, wenn er seinen Amsterdamer Surtout von sich warf und in den häuslichen Wollkittel schlüpfte, um mit der weißen Schlafmütze auf dem Haupt und der Tonpfeife im Mund den Rest seiner Tage daheim zu verdämmern, sei's nun am Ofen sitzend, oder im angestammten Gärtchen leisen Trittes lustwandelnd und über die Staketen auf die Fluren schauend, in denen er als Knabe gespielt. Dieser stille, idyllische Spätherbst des Lebens entwickelt zumal für den, der ihn mit den Augen eines Großstädters betrachtet, seinen eigenen poetischen Reiz; die Nachbarn im Gebirge, insbesondere die Gebildeten, haben aber eine ganz ver-schiedene Ansicht der Sache aufgestellt. Nach ihrer Meinung gereicht es den Lechtalern lediglich zum Vorwurf, daß sie nach einem Leben, dessen schönster Teil auf den großen Weltmärkten dahingegangen, sich in die dumpfe Stille ihrer Dörfer zurückzo-gen, um dort ohne alle Anregung, ohne stärkende Gesellichkeit, ohne Bildungsmittel in ruhiger Verschollenheit abzuwelken. Es ist richtig, daß nicht alle, oder vielleicht die wenigsten, wie Herr Fal-ger zu Elbigenalp, sich geistige Schätze erworben hatten, die sie nützlich anlegen und mit deren Pflege sie sich würdevoll beschäf-tigen konnten. Indessen ist dabei zu bedenken, daß in einem Leben, während dessen sich der mitgegebene Mutterpfennig oft in hunderttausend Gulden umwandelte, auch nicht viel Zeit übrig-blieb, um nebenher noch für standesgemäße geistige Erwerbungen zu sorgen. Wollen wir daher den wenigen alten Herren ihre Ruhe und ihren Frieden neidlos gönnen und nur Gutes reden von denen, die dahingegangen.

Volkslieder lassen sich im Lechtal selten hören, denn die Lechtaler sind nicht sangeslustig. Für das Kirchweihfest werden einige Ausgaben gemacht und es geht ziemlich still vorüber; sehr beliebt dagegen sind die Faschingsbelustigungen mit Mummerei und Tanz. Die langen Maskenzüge, welche die Elbigenalper in den Jahren 1829, 1849 und 1868 aufführten, hat Herr Falger sogar in Kupfer gestochen. Im Dezember vorigen Jahres habe ich auch an Herrn Falger geschrieben und ihn gebeten, mir freundlich anzugeben, was an meiner Schilderung des Lechtales etwa zu verbessern oder ihr zuzusetzen wäre. Herr Falger, der 1791 geboren und jetzt also achtzig Jahre alt ist, erwiderte sofort eigenhändig und teilte mir mehrere Bemerkungen mit, die ich hier in bunter Reihe folgen lasse: „Die meisten Lechtaler Händler, die ehedem ins Ausland gingen, hatten gar schlechten Schulunterricht genossen, weil früher Lesen, Schreiben und Rechnen etwas Seltenes war. Mein Schwiegervater hat auch erst in Westfalen in nächtlichen Stunden schreiben und rechnen gelernt, sich aber doch bei 40.000 fl. erworben. Übrigens war er auch sehr fleißig und sparsam." Ferner warnt Herr Falger, das Bernhardstal ja nicht wieder zu vergessen. Dieses liege ganz nahe bei Elbigenalp und sei eine sehr sehenswerte Klamm mit einem Wasserfall und ganz wunderlichen Schichtungen des Felsens. Eine Stunde weiter komme man auf eine Alpe, welche schöne Versteinerungen biete. Im Jahre 1850 habe der König von Sachsen, Friedrich August II., das Bernhardstal besucht und auch unsere Münchner Geognosten, wie Herr Gümbel, Schafhäutl und Winkler, hätten sich dort schon fleißig umgesehen. Herr Falger war auch so gefällig mir einen Auszug aus seiner Chronik des Lechtales zu übersenden. Die Ereignisse, welche dieses Jahrbuch berichtet, sind allerdings nur gewöhnlicher Art, wie Hungersnot und Pest, Überschwemmungen, Bergstürze und Lawinen; in den letzten Jahrhunderten auch Stiftungen für Kirche und Schule. Zum Jahr 1809 bemerkt Herr Falger, der bekanntlich etwas Bavaromane ist: „Revolution in Tirol. Das Lechtal mußte sieben Kompanien stellen, von 18 bis 60 Jahren alles zum Dienst. Die Ordnung war ganz schlecht und alles für nichts, nur Schulden und Unehre gemacht."

Als hohe Ankömmlinge werden erwähnt im Jahr 1850 der König von Sachsen, der schon oben aufgeführt, im Jahr 1856 der Erzherzog Karl Ludwig, damals Statthalter von Tirol, welchem in Elbigenalp die älteren und neueren Trachten des Lechtales vorgestellt wurden, und im Jahr 1867 König Ludwig II., Königin-Mutter Maria und Prinz Otto von Bayern. Die bayerischen Herrschaften kamen gerade recht zum großen Herbstmarkt, der zu Elbigenalp am 23. September jeden Jahres abgehalten wird, und der alte Herr Falger war über den Besuch, den sie ihm in seinem Haus abstatteten, so erfreut, daß er zur ewigen Erinnerung eine Kupferplatte stach und abdrucken ließ, welche oben das Bild des jungen Königs, unten aber den Herbstmarkt zu Elbigenalp darstellt. Herr Falger hat seit fast vierzig Jahren in Elbigenalp unentgeltlich eine Zeichenschule gehalten und als Anerkennung seines löblichen Strebens vom Kaiser das Goldene Verdienstkreuz empfangen. In dieser Schule hat auch Anna Knittel ihren ersten Unterricht genossen, eine Lechtalerin, die als Mädchen zweimal ein Adlernest aushob, sich früh der Kunst zuwendete, manch gelungenes Bildnis malte und jetzt als Gattin des Herrn Formator Stainer in Innsbruck lebt. Aus Falgers Aufenthalt in Weimar wäre noch zu erinnern, daß er dort auch mit Goethe bekannt wurde, der ihn Bd. 36, S. 158 der sämtlichen Werke rühmend erwähnt. Falger fertigte damals viele Kupferblätter zu dem Palmenwerk, welches K. F. v. Martius herausgab, und diese seine Arbeiten errangen den vollen Beifall seines hohen Gönners. Im vorigen Jahr hatte der brave Mann leider noch den Verlust seiner Gattin zu beklagen, welche 71 Jahre alt in seinen Armen verschied. Die deutschen Ortsnamen im Lechtal erklären sich zum großen Teil selbst, wie Reutte, Pinswang, Weißenbach, Holzgau, Steeg usw. Einzelne scheinen aus alten Mannsnamen, die zu Hofnamen geworden, hervorgegangen zu sein, wie Giblen von Gebilo, Gebhard, Cöglen von Cogilo, Kotger, Häselgehr von Gero, Gerhard, Sohn des Hezilo, Heinrich (vergl. meine Oberdeutschen Familiennamen S. 78). Auch Elmen wohl von Elmo, Agilmund und Elbigenalp, früher Albigenalp, von Albico, Koseform von Albo, Adalbert. Pfafflar, jedenfalls ein sehr alter Name, der ins siebente oder sechste Jahrhundert hinaufgehen mag, soll, wie die enchorischen Ethmologen behaupten, soviel bedeuten als pfaffenleer und sei der Name daher entstanden, daß erst sehr spät ein Geistlicher an den Ort gesetzt worden. Andere werden umgekehrt Pfafflar gerade als Pfaffensitz erklären, wenn nämlich lar mit ahd. gilari, mansio, zusammenhängt; andere endlich mit Förstemann zwar lar für leer nehmen, aber nicht ein Pfaffenleer, sondern ein Pfaffenöd in dem Namen finden. Der Fern, früher Vernberg, mag der Berg der Frachtleute sein, denn Ver, Ferge bedeutete nicht nur einen Schiffmann, sondern auch einen Fuhrmann oder, was hier zutrifft, einen Säumer.

Während die Namen im Tal alle deutsch sind, finden sich auf den Höhen eine große Zahl romanischer, namentlich auf den südlichen Gebirgen, z. B. Almajur, alpe major, Alpeil, alpella, Alparschon, alpaccione, Bschlabs, pos l'aves, hinter den Wässern, Fallerschein, val ursina, Parsal, pratesello, Parzin, pratesino, Parseier, pra de sura usw. Namlos, in ampoles? bei den Himbeeren? Gramais möchte aus calamosa, clamosa, cramosa entstanden sein. Kelmen, (prà de) calamo. Madau, monte d'aua, aqua? Der Tauern und der Turnelle bei Reutte sind wohl auch nichts anderes als torre, torrignella.

In einer „Kulturskizze des tirolischen Lechgaus" (Österr. Revue, I. Bd. 238) sagt Schneller, das romanische Element werde dort unverkennbar durch manche Ortsnamen bewiesen, welche in Tirol überhaupt schwerlich noch alle – und hier schon gar nicht! – mit Dr. Steub in München als etruskische anzunehmen, vielmehr wenigstens teilweise mit P. Rufinatscha in Meran als romanische zu deuten seien. Aus diesen Worten entnehme ich leider, daß mein lieber Freund im Jahr 1864 die zehn Jahre vorher erschienene Schrift „Zur rätischen Ethnologie" auch noch nicht gekannt hat, denn ihr Zweck war ja hauptsächlich, das romanische Element in alle seine, durch meine frühere Etruskomanie verletzten Rechte wieder einzusetzen, wie denn auch auf Seite 140 eine ziemliche Anzahl lechtalischer Namen romanisch erklärt wird.

Falger kommt von falgen, zum zweitenmal ackern. (S. Schmeller und Grimm.)

Lermoos und das Zugspitz-Gebirge auf einem Holzschnitt um 1875.

IV.
Paznaun
1843

Paznaun ist eine sehr abgelegene Landschaft, die von der Trisanna durchströmt und von hohen Gebirgen umgeben wird. In ihrem innersten Winkel stößt sie an Vorarlberg und an Graubünden, zunächst an das Engadin. Doch führen dahin nur Wege über gletscherreiche, selten begangene Joche. Die höchste Spitze ist der Piz Buin – 10.200 Fuß.

Dieses Tal habe ich im Jahr 1843 durchwandert. Ich kam damals aus dem vorarlbergischen Montafon, dessen innerste Schlucht Vermunt heißt. Diese öffnet sich am Fuß der Bündner Grenzgebirge; es bildet sich eine kleine Ebene, welche die Bieler Höhe genannt wird. Hier, wo auch die Grenze zwischen Vorarlberg und Tirol, steht eine Galthütte und in dieser will ich meine Erzählung beginnen.

In der Galthütte saßen damals zwei Männer aus Partenna, dem nächsten Dorf des Montafon. Der ältere, ein gutgekleideter Mann, hatte sich nur auf etliche Tage zum Besuch eingefunden, der jüngere war ein echter Hirte. Beide schmauchten, wortkarg, mißmutig – gestern hatte es geschneit und mehrere Tage lang hatte es geregnet, das Futter war schlecht, das Vieh hatte Not sich zu nähren. Doch gewann der ältere der Schmaucher nach und nach soviel Geistesfrische, um sich scheltend über den bösen Sommer zu beklagen, der jüngere stierte aber fortwährend stumm und trübe in das Feuer. Weit über dem Bach drüben sah man einen anderen Jungen seine Ziegenherde über ein Schneefeld treiben, wozu er ein Berglied sang, das fast schwermütig herüberklang. – Im Rauch der Galthütte hing ein ausgebalgtes Murmeltier, das der eine vor etlichen Tagen erlegt; aus dem Pelz eines anderen hatte er sich eine schmucke Mütze machen lassen. Zu essen fand ich nichts, die Milch war ausgegangen.

Nicht weit von der Galthütte, schon auf tirolischem Boden, öffnet sich zur rechten Hand in der Tiefe ein Tal, das im hintersten Winkel an Gletschern und Schneefeldern seinen Anfang nimmt, dann aber fächerartig zu geräumiger Weite sich ausdehnt. Die flache Sohle des Tales ist breiter Gries, daneben ein grüner Streifen Alpenweide. Im Gries rinnt die Trisanna heraus, die durch das Paznaun hinunterströmt und bei Landeck, vorher schon mit der Rosanna vereint, in den Inn fällt; ganz hinten aber in der Ecke der Eisberge finden sich eingestürzte Mauern und Gewölbe eines steinernen Wirtshauses, das einige der ältesten Männer der Gegend noch aufrecht stehend und ganz unversehrt gekannt haben wollen. Dies Gebäude soll vor langen Zeiten von den Engadinern erbaut und in seiner Umgebung, am vierzehnten September, ein großer Viehmarkt gehalten worden sein. Auch wollen etliche noch eine Jahrzahl auf der Mauer lesen, und soviel sei ganz gewiß, daß man vor etlichen Jahren dort Wagenschienen gefunden. Ehedem sei da überhaupt ein gangbarer und vielbetretener Paß ins Engadin gewesen und die Ferner hätten sich erst später geschlossen. Die Trisanna fließt nach Galtür, dem ersten Dorf von Paznaun, hinaus durch ein ödes Tal, das ganz spitz zuläuft und in seiner Tiefe nur für den Bach und den schmalen Fußpfad Raum läßt. Zweimal jedoch dehnt sich der Bach in einen weiten Wasserspiegel und bildet so zwei seichte Seen. In einem derselben liegen mehrere Inseln; alle kahl, bis auf eine, die mit einem krausen Schopf von Alpenrosen überwachsen ist. Schweigsame Landschaft – keine Menschen und keine Tiere, kein Laut, als das leise Fluten des Sees. Galtür liegt 5039 Wiener Fuß über dem Meer in einsamer Gegend, die noch kein Getreide, ja kaum einen Baum aufkommen läßt, aber schöne Wiesen darbietet. Die Häuser sind zum Teil von Stein, an der Wetterseite und auf dem Dach mit Brettern bekleidet. Die Berggestalten sind mild und freundlich, weil man nur den ersten Anlauf der Höhen gewahrt und nicht die gewaltigen Fernerjoche, die dahinter liegen, nicht den Lareiner, den Fetschiel, den Fimba und den Jamtaler, über welche die bösen Wege nach Graubünden führen. So sieht die kleine Talfläche mit den zerstreuten Häuschen recht idyllisch aus; wenn zwischen den Wiesen mehr Bäume stünden, könnte man glauben, man sei schon draußen in den Vorbergen, im Allgäu, in der Gegend von Tegernsee oder Miesbach. Gegenüber der Landkarte ist diese Einfachheit fast eine Enttäuschung. Schon um Innsbruck stehen ja die erhabensten Bergfirsten, im Oberinntal bei Imst, bei Landeck fließt der Strom immer in gigantischem Gebirge; gegen das Stanzertal hin steigern sich die Eindrücke, und doch ist's noch eine Tagreise bis in den innersten Winkel von Paznaun, um welchen die Mappierer einen blauen Reif von Eisbergen gemalt haben. Dahinten also müssen, wie man sich leichtlich einbildet, die rätischen Chimborassos stehen, und Niagarafälle stürzen durch den Urwald und die Gletscher steigen unaufhaltsam hernieder und schauen bis in die Kellerlöcher der Alpenhäuser. Es hat aber hier und oft auch anderswo gerade das umgekehrte Aussehen. Wo das Letzte und Unübertrefflichste wilder Schönheit erwartet wird, da tut sich ein grüner Wiesenplan auf mit einem stillen Alpendörfchen in der mildesten Umgebung. Etwas anderes ist's freilich, wenn man in dieser abgelegenen Welt auf die

Höhen klimmt. Dann kommt allerdings bald der Gletscherkranz zum Auftauchen, und wenn man unten in der geräumigen Wiese, das Dörfchen vor Augen, sich denkt: das ist die Gegend von Galtür und weiter gehört nichts dazu, so sieht man oben erst die breiten Berghänge, die weiten Almen, die langen Wälder, die schrecklichen Schroffen, die ungeheuren Schneefelder und die meilenlangen Ferner. Blickt man dann hinunter in die Au, auf die weißen Häuserpünktchen und den dünnen Wasserfaden, dann scheint das ganze Tälchen nicht viel mehr als ein bemooster Spalt im Gestein oder ein grünbewachsener Riß im Felsen. Von Galtür bis Ischgl, dem Hauptort des Tales, ist nicht viel zu sehen. Die Landschaft behält die gleiche Einfalt und Schmucklosigkeit, die sehr auffallend absticht von der bunten, wechselreichen Fülle des Montafons. Die Trisanna fließt fast schnurgerade dahin, und so sieht man weit entlang an den Bergen, wie an einer pfeilgeraden Zierallee. Die Halden fallen alle in gleicher rascher Senkung ins Tal herab und lassen wenig oder keine Fläche. Bis zur halben Höhe sind Wiesen, oben ist Wald. Hie und da reicht der Forst auch an den Steig herab. Etwas unterhalb Galtür beginnen wieder die Gerstenfelder. Der Pfad klettert links vom Bach auf und nieder und führt durch einige arme schmutzige Dörfchen. Endlich steigt Ischgl, die Paznauner Kapitale, über den Fichten auf, stolz an die Halde hingebaut, mit mächtigen steinernen Häusern und ansehnlichem Dachwerk, aus dem ein gotischer grüner Kirchturm spitzig in die Luft schießt. Hier habe ich meine leibliche Tröstung beim „Welschen" gefunden. In Ischgl erlebte ich auch wieder das Vergnügen eine Chronik aufzutreiben. Daß ich in Galtür eine überlaufen hatte, erhellte mir schon aus der ersten Seite des Ischgler Buches, wo es mit deutlichen Worten zu lesen, daß Thomas Praun, ehedem Richter zu Galtür, auch eine Chronik verfaßt, welche in selbigem Ort bei Josef Feuerstein zu finden. Es gibt solcher Aufzeichnungen eine ziemliche Anzahl, nur sind sie nicht alle gleich zugänglich; manche bei abgelegenen Leuten verwahrt, manche selbst abgelegen und vergessen. Große Schätze für ältere Geschichte dürften nicht darin zu finden sein – für diese Epoche beziehen sich die Chronisten gewöhnlich auf gedruckte Bücher – aber aus dem Leben der letzten Jahrhunderte enthalten sie oft viele erquickende Einzelheiten, und was sie gar schätzbar macht, sie berücksichtigen auch die jetzt übel angesehenen Sagen und die alten Mären, die niemand mehr erzählen darf. Das Ischgler Manuskript heißt: „Geschichtliche Sammlung" und ist in den Jahren 1840 und 1841 von Johann Christian Zangerl, einem bejahrten Einwohner des Dorfes, der lange Zeit Gemeinderichter gewesen war, zusammengestellt worden. Am Eingang gibt der jetzt dahingegangene Verfasser einen allgemeinen Überblick der Geschichte des Paznauner Tales mit Beziehungen auf Tschudi und andere ältere und neuere Historiker, dann folgen einzelne zerstreute Notizen unter verschiedenen Aufschriften, als: von Kirchen, Kapellen, Bruderschaften und frommen Stiftungen, von starken, von alten Leuten, von solchen, welche die fünfzigjährige Hochzeit gehalten; von wohlfeilen und teuren Jahren, von Geistergeschichten, von Feuersbrünsten, Wasser- und Lawinenschäden usw. Von diesen Nachrichten haben wir uns manche ausgezogen und lassen hier nun einige folgen. Da indessen die Chronik, seit wir sie in Händen gehabt, mit Zusätzen von Dr. Josef Zangerl, k. k. Hofarzt in Wien, dem Sohn des Chronisten, gedruckt worden ist, und zwar im zehnten Bändchen der neuen Zeitschrift des Ferdinandeums, so werden wir uns mitunter auch an den so vermehrten Text halten. „Ischgl und Galtür und was dazwischen liegt und sonst dazu gehört, waren vor Jahrhunderten in engadinische Pfarren eingetan." Das Gedächtnis dieser kirchlichen Verbindung ist noch unter den Leuten lebendig. In Galtür erzählte mir ein weißhaariger Greis, sein Dorf, dessen Kirche die älteste im Tal, sei ehedem nach Steinsberg „pfärrig" gewesen, was die Romanschen Ardez heißen, und bei Ischgl sagte mir ein anderer Alter, die Ischgler hätten ehemals nach Sins gehört. Galtür wurde im vierzehnten, Ischgl erst im fünfzehnten Jahrhundert mit eigenem Seelsorger versehen, da der sonntägliche Kirchgang über die Gletscherwildnisse, die das Tal umschließen, in das Gotteshaus der Pfarre, das eine Tagreise entfernt war, den Leuten zu beschwerlich wurde. Ehe da eigene Kirchhöfe geweiht worden, mußten sogar die Leichen über die Gletscher getragen werden, um in heiliger Erde zur Ruhe zu kommen. Im Winter ließ man sie lediglich gefrieren und harrte bis der Paß sich wieder geöffnet – ein Verfahren, das nicht allein im Paznaun, sondern ebenso Jahrhunderte hindurch in einer großen Anzahl von Gemeinden des Hochgebirges üblich war. Das alte Band, das die Innerpaznauner an die Engadiner knüpfte, war übrigens trotz der Kirchenspaltung und des Sprachwechsels noch bis ins letzte Jahrhundert zu gewahren. Noch bis dahin ging, wie wir schon gehört, ein viel betretener Handelsweg aus dem ladinischen Land nach dem Inntal durch Paznaun, und Ischgl war der Stapelplatz für die Waren, die auf den Saumrossen über die Eisberge gekommen und deswegen ein Ort voll lauten Verkehrs. Der untere Teil des Tales war früher ein See und dort heißt noch jetzt ein Dorf „am See", obgleich seine letzten Fluten längst abgelaufen sind. Jene uralte Verbindung des inneren Tales mit dem Engadin deutet übrigens für sich schon an, daß die ersten Einwohner über die Gletscherpässe herüberwanderten, um mit ihren Herden von der festen

Alpenlandschaft Besitz zu nehmen, ehe die Ansiedler, die im Haupttal des Inns saßen, die stillen Weiden von Ischgl und Galtür entdeckten. Andererseits zeigt sich aber auch, daß der ehemalige Seeboden erst urbar gemacht wurde, als die Deutschen schon im Lande waren, denn die Höfe und Fluren in dieser unteren Gegend führen deutsche Namen, während oberhalb deren Mehrzahl undeutsch ist. Auch in der Sprache der Innerpaznauner finden sich noch viele romanische Wörter erhalten. Übrigens zerfällt nach der Bemerkung Dr. J. Zangerls die Sprache des Tales in drei verschiedene Dialekte, sodaß die Galtürer die vorarlbergische, die Einwohner von Kappl und See die oberinntalische, die Ischgler und Matoner aber eine besondere Mundart führen, was in einem nur acht Stunden langen Tal allerdings bemerkenswert ist. Heutzutage gehört Paznaun, wenigstens der obere Teil desselben, nicht zu den wohlhabenden Tälern. Viele junge Männer, die in der Heimat keinen Verdienst finden, begeben sich in die Fremde als Maurer. Ehemals fanden die Paznauner sogar ihren Weg bis nach Westfalen, wo sie als geschätzte Arbeiter galten, wenn es Teiche zu reinigen und zu graben gab. Andere gingen nach Savoyen und Frankreich, um in den dortigen Bergwerken zu arbeiten, und wieder andere suchten im Heiligen Römischen Reich Verdienst als Holzarbeiter. Arme Eltern schicken noch jetzt ihre Knaben vielfach „ins sogenannte Schwabenland" zum Viehhüten. Da gehen sie wohl, wie die Montafoner, auf die großen Knabenmärkte zu Ravensburg und Leutkirch. Von dem alten reichen Verkehr zu Ischgl soll, nach der Behauptung des Chronisten, zum Andenken nichts übergeblieben sein als schöne Häuser, Hoffart und anderer Luxus, wogegen der Sohn die guten Folgen des früheren Wohlstandes gerne darin anerkennt, daß viele junge Leute zu den Studien gesandt wurden und mit verfeinerter Gesittung wieder zurückkehrten, daher auch in Ischgl einnehmende Bildung verbreiteten, welche im Bund mit der angeborenen Gutmütigkeit die Einwohner noch immer merklich auszeichne. Als ein alter, jetzt abgekommener Brauch wird das Blockziehen erwähnt. Ehedem war's nämlich Herkommen, daß die Burschen zu Ischgl jedes Frühjahr einen großen Lärchenstamm fällten und mit Büschen und Kränzen festlich aufzierten. Dann ward der älteste Junggeselle in phantastischem Verputz darauf gesetzt als ihr Abgott und mit Musik in das Dorf gezogen; Büchsen und Böller krachten feierlich darein. Nachdem der Festzug im Dorf angekommen und sattsam bewundert war, wurde der Stamm verkauft und aus dem Erlös ein Mahl gehalten. Dr. J. Zangerl bemerkt dazu, diese Festlichkeit sei im Jahr 1834 das letzte Mal gefeiert worden und könne daher noch nicht als veraltet gelten, werde übrigens nur dann geübt, wenn während einer Fastnacht kein lediger Mann im Dorf heiratet. Ohne Zweifel ist sie aus einer alten heidnischen Frühlingsfeier hervorgegangen. Dr. Zangerl hat von solchen Sitten und Gebräuchen noch mehreres gesammelt, worüber wir jedoch auf seinen Aufsatz verweisen. Öffentliche Belustigungen in Wirtshäusern, sagt er ebenda, mit Gesang, Musik und Tanz kommen nur zuweilen bei Hochzeiten vor und manchmal an Kirchweihen oder sonstigen außergewöhnlichen Festen. Der fromme Klerus, die Anmut und Frugalität des Volkes ließen sie nie recht gedeihen; daher auch die Paznauner in jenen Künsten ihren übrigen Landsleuten weit nachstehen. Geistergeschichten werden auch behandelt, aber mit wenig Ausführlichkeit. Ehemals soll bei der Pardatscher Kapelle jede Nacht ein gesatteltes Pferd gestanden sein, auf welchem die Junggesellen durch Wind und Wetter zu ihren Liebhaberinnen, den Sennerinnen auf den Almen reiten konnten. Ob der Gaul viel benützt worden, sagt die Chronik nicht. Bei dem Ritt ging wohl die Seele verloren – doch schweigt die Sammlung auch hierüber. Bei Galtür zieht sich das Jamertal, bei Ischgl das Fimbatal rechter Hand weit hinein in die Berge, um oben an den Gletschern zu enden. Beide, zumal letzteres, sind mit üppigen Wiesen gesegnet, mit vielen Almhütten geschmückt. Dort in der abgeschlossenen weiten Alpenwelt muß wohl manche Sage leben, mancher Alpgeist spuken. Eine Geschichte wenigstens erzählt auch die Sammlung. In Fimba ließ sich einst bei der Hirtenhütte zu Nachts jemand mit lautem Anklopfen vernehmen, aber als man Herein gerufen, war niemand zu sehen. Da sagte der Großhirt zu seinem jüngeren Gehilfen: der Alpbutz hat sich angemeldet und will jetzt sein Quartier beziehen. Frühmorgens fahren wir nach Hause, es kommt der Schnee. Am Morgen fuhren sie nach Hause, am Abend waren alle Höhen beschneit. – Also auch hier derselbe pochende, klopfende Hausgeist mit demselben Namen, unter dem er bis an die Eider hinab bekannt ist. Hiermit sollen unsere Mitteilungen aus der Ischgler Handschrift geschlossen sein. Aus anderer Quelle schöpf' ich eine Sage vom Venediger Männlein, welche überall in Tirol verbreitet ist und nach der Paznauner Fassung etwa also lautet: Ein unbekanntes Männlein zeigte einem Hirten ein Brünnlein und bedeute ihn, er solle nächstes Jahr, wenn er auf die Alm fahre, den Sand im Brünnlein sammeln und diesen ihm nach Venedig bringen. Nächstes Frühjahr tut der Hirt, wie ihm aufgetragen und wandert mit dem Sand nach Venedig. Er geht lange in der Stadt umher, bis er an ein prachtvolles Haus kommt und das Männlein aus einem Fenster herausschauen sieht. Dieses ruft ihn sogleich hinauf, nimmt den Sand in Empfang, beschenkt den Überbringer reichlich mit Geld und läßt ihm auch

Wein und die besten Speisen auftragen. Dann fragte es den Hirten, ob er wissen wolle, was sein Weib zu Hause jetzt tue. Als dieser bejahte, ließ ihn das Männlein in einen Spiegel schauen und da sah der Hirt sein Weib, wie es eben die Kinder putzte. Als der nächste Frühling kam, wollte der Hirt wieder ebenso tun, wie vergangenes Jahr, allein es war weder Brünnlein noch Sand mehr aufzufinden. Die jetzige Kirche von Ischgl ist mit Ausnahme des alten Turmes in neuerem Stil erbaut und davon nichts sonderliches zu erwähnen. Dagegen gibt das Beinhaus wenigstens Anlaß zu der Bemerkung, daß hier die Schädel der Hingegangenen einer besonderen Pflege und Acht gewürdigt werden. Den meisten ist nämlich ein schwarzes Schildchen auf die Stirnglatze gemalt und darin steht mit goldenen Buchstaben der Name des ehemaligen Besitzers und das Jahr seines Auszuges. Die Gegend von Ischgl abwärts hat noch auf eine gute Strecke jene einfache Gestalt, die wir an dem oberen Teil des Tales hervorgehoben. Mehr und mehr zeigen sich Hanffelder und Pflanzungen von Mohn, dessen Samenkörner zum Backwerk verwendet werden. Bei Kappl aber wird die Landschaft bunt, belebt und reich. Dörfer, Weiler, einzelne Höfe, Kirchen und Kapellen stehen da zu Hauf. Kornfelder wogen weit und breit auf den Höhen, Kirschbäume biegen sich über die Häuser, selbst der Pfad geht jetzt zwischen Hecken, oft auch unter schattigen Lauben durch, ja das Wachstum versucht sogar recht üppig zu werden. Alles deutet auf wärmere Lage und mildere Jahreszeiten. Ehe ich nach Kappl kam, traf es sich übrigens, daß ich einer schönen Heiligen einen Dienst erweisen sollte. Es stand da nämlich an grünem Abhang ein großes Kreuz, aber nicht von jenen, die ihre Arme frei in die Luft strecken, sondern eines von der anderen Gattung, von den eingefaßten, wo ein offener Kasten das Bild des Heilands vor den Unbilden der Witterung schützt. Unten waren Kränze von Glockenblumen, Rosen und Vergißmeinnicht eingelegt, oben lief ein Brettchen quer über dem Haupt des Gekreuzigten hin. Auf dem Brettchen standen mehrere fromme Täfelchen, vor dem Feldkreuz aber stand eine fromme Bauersfrau und neben ihr zwei Jungen. Als ich herangekommen, deutete die Bäuerin wehmütig hinauf zu jener Leiste und machte mich aufmerksam, daß eines von den Bildchen umgefallen sei und auf dem Gesicht liege; ich möchte doch um Gottes willen das Gemälde wieder aufstellen; die Knaben hätten es schon versucht, aber sie seien nicht groß genug und reichten nicht hinauf. Freundlich angesprochen von ihrem Zutrauen legt' ich Stock und Wanderbündel ab und stieg in das Gehäuse empor, streckte meine Hand nach dem umgefallenen Bildnis aus und richtete es wieder geziemend auf. Und siehe da, als ich näher zusah, war es Filumena, die neue Heilige, deren Ruf vor nicht langen Jahren aufkam und die sich in so kurzer Zeit allgemein beliebt gemacht hat. Keine Kapelle, kaum eine Stube, kaum ein Feldkreuz, die nicht mit Filumenas Bildnis geschmückt wären, ja selbst die Mädchen werden häufig schon nach ihr getauft. Ich habe nicht versäumt, mich zu gelegener Stunde genauer um diese Heilige zu erkundigen und man hat mir zur Aufklärung zwei Druckschriften mitgeteilt, von denen die eine, kleinere, Anton Passy, Priester der Versammlung des heiligsten Erlösers, 1834 zu Wien herausgegeben hat, wogegen die größere, aus dem Französischen übersetzte, 1836 zu Innsbruck erschienen ist. Beide beruhen auf einem Werk, das einen Priester zu Mugnano im Königreich Neapel, Don Francesco de Lucia, zum Verfasser hat und bereits verschiedene Auflagen erlebte. Wir entnehmen diesen Quellen, daß Don Francesco im Jahr 1805 eine Reise nach Rom machte und dort in die Schatzkammer der heiligen Reliquien Eintritt erhielt, weil er den Wunsch ausgesprochen hatte, einen heiligen Leib zu erwerben. Er wählte sich die Gebeine einer Heiligen, die ein Jahr zuvor in den Katakomben ausgegraben worden. Man hatte dabei einen Leichenstein aus den Zeiten des Kaisers Diocletian gefunden mit den Worten: Lumena Pax Te Cum Fi, aus welchen der gelehrte Partenius entnahm, daß der Name der Seligen Filumena sein müsse, indem nämlich diese Inschrift nach der damals gebräuchlichen griech. Schreibweise (siehe B. Seite 66) Art geschrieben sei. Ferner waren auf dem Stein ein Anker, mehrere Pfeile, eine Geißel und Lilien eingehauen. Don Francesco erhielt nach manchen Schwierigkeiten die sehnlichst gewünschten Gebeine und begab sich damit nach Neapel. Dort wurde das Gerippe mit einer aus gepreßtem Papier gebildeten weiblichen Gestalt überkleidet, diese aber wieder in ein weißes jungfräuliches Gewand gelegt und ein purpurner Mantel unterbreitet. Dieser anmutige Gebrauch Italiens, die modernen Reste Dahingegangener in die blühende Form lieblicher Jugend zu hüllen, scheint uns der ernsten deutschen Art, welche die nackten Knochen zur Verehrung ausstellt, bei weitem vorzuziehen und erhielt auch unverzüglich Filumenens volle Billigung. Sie bediente sich nämlich gleich von Anfang an des Lärvchens, das sie ihr zu Neapel umgelegt, als ihres eigenen Gesichts, indem sie mit lieblichem Fürwitz die Augen aufschlug, bald das eine, bald das andere, bald alle beide, bald errötete, bald lächelte oder die Stirne in düstere Falten zog. Sofort wurde die Heilige mit großer Feierlichkeit nach Mugnano gebracht und am zehnten August 1805 daselbst unter Glas und Rahmen aufgestellt. Alsbald ereigneten sich auch viele Wunder und der Ruhm der „neuen Heiligen" – unter dieser Bezeichnung gilt sie auch jetzt noch – verbreitete sich über weite Nachbarschaft. Noch geraume Zeit wußte man indessen zu allgemeiner Bedauernis nichts von ihr, als ihren durch den gelehrten Partenius festgestellten Namen, bis sie endlich selbst der frommen Wißbegierde entgegenkam. Sie eröffnete nämlich während des Jahres 1832 einer frommen Nonne zu Neapel das Wissenswürdigste aus ihrem irdischen Leben. Nach dieser Offenbarung ist ihr Name Filumena, was auf lateinisch Tochter des Lichts bedeute – weswegen es ganz irrig wäre, mit griechischer Sinneinlegung Philomena zu schreiben – und ihr Vater war ein König in Griechenland, der sich einst, weil ihn Kaiser Diocletian mit Krieg bedrohte, in ihrer Begleitung nach Rom begab, um den übermächtigen Gegner zu versöhnen. Diocletian versprach Frieden zu halten, wenn ihm der König seine schöne Tochter zur Frau gäbe. Der Vater war nun über alle Maßen froh und freute sich der Ehre, die seinem Haus widerfahren sollte, allein Filumena erklärte, es tue ihr zwar leid, aber sie habe bereits im elften Jahr ihres Lebens das Gelübde der Jungfrauschaft abgelegt und ihr Bräutigam sei Jesus Christus. Nunmehr wurde sie auf Diocletians Befehl und mit ihres Vaters Zustimmung gemartert, wobei der Anker, die Pfeile und die Geißel, wie sie auf dem Leichenstein abgebildet, zur Verwendung kamen, und zuletzt am zehnten August irgend eines Jahres, das sie nicht angab, enthauptet, gerade an dem Tag, wo man sie später nach Mugnano übertragen hat. – Der Wunder, die das Innsbrucker Buch erzählt, sind unzählige und manche von der wunderlichsten Art. Hin und wieder gewinnt es den Anschein, als wolle der Herausgeber dem hohlen Aufklärícht unserer Tage durch garstige Zweifel selbst eine Libation bringen, aber diese Einwürfe sind immer schnell widerlegt, zumal mit dem schlagenden Grund, daß die Wunder Gott ja keine Anstrengung kosten. Eines nur unter Hunderten wollen wir herausheben, weil es so gut hierher paßt, nämlich zu unserer Begebenheit mit dem Feldkreuz. Ein Knabe, scheinbar zu Ancona, denn genau ist's nicht zu entnehmen, sollte ein Bild der Heiligen, das er eben gekauft, einem Ordensgeistlichen übergeben, ließ es aber in seiner Unachtsamkeit auf den Boden fallen. Der Mönch gab ihm einen Verweis, der Knabe dagegen schaute nach dem Bild, das er fallen lassen, und rief: O Wunder! seht, wie die Heilige aufrecht steht! Und in der Tat – der Mönch sah das Bild im Gleichgewicht auf dem Boden stehen, und nachdem er es lange Zeit betrachtet, nahm er es in die Hand und ließ es, um sich besser von dem Mirakel zu überzeugen, vorsätzlich wieder mehrmal fallen, wobei sich denn zeigte, daß es nicht eine Wirkung des Zufalls, sondern ein wunderbares Spiel der göttlichen Allmacht war. Dieses nun mit dem Phänomen im Feldkreuz zusammen gehalten ergibt die Moral, daß die heilige Filumena, wenn sie zu Ancona auf den Boden fällt, von selbst aufsteht, bei Kappl im Paznaun aber gerne liegen bleibt, bis sie etwa ein vorüberschlendernder Pilger wieder aufrichtet.

Wie dem auch sei, die Hilfe wurde ihr gern geleistet, und in Anbetracht der Freudigkeit meines Diensteifers wird mir's die Heilige auch nicht zu hoch aufnehmen, wenn ich in meinem Glauben, der talentvolle Don Francesco habe ihr mehr Gutes nachgesagt als ihr selbst lieb sei, etwa Unrecht hätte. Nun sind wir bald am Anfang des Paznauns. Die bunten Halden von Kappl verlieren sich wieder, die Schönheit schrumpft mählich ein, die Schroffen zeigen sich kecker, rücken immer näher heran und zuletzt, etwa eine halbe Stunde vor dem Schloß auf Wiesberg, geht das Tal in eine wilde Schlucht zusammen, wo tief unten die Trisanna braust. Das Sträßchen ist aus dem roten Gestein geräumt, das darüber wie eine Wand in die Höhe läuft und oben sich drohend herauslehnt. Ersteres ist ziemlich verschrieen und nach langen Regengüssen auch nicht ohne Gefahr zu begehen, indem sich zu solchen Zeiten bald hoch, bald nieder, Trümmer ablösen und den Steig unsicher machen. Die letzten Regentage waren auch hier nicht spurlos vorübergegangen, denn an manchen Stellen lagen große und kleine Felsblöcke auf dem Weg, die erst ganz vor kurzem herabgefallen. Auch hatt' ich ein paarmal selbst die Freude, solche Stückchen herunterkommen zu sehen, die sich neckisch über das Sträßchen trollten und mit tändelnder Leichtigkeit in den Schlund stürzten – ein niedlicher Anblick, so lange man nicht in den Wurf kommt. Im Winter ist's indessen noch ärger, denn da der Weg an manchen Strecken nur auf Geschiebe ruht, so mag der Bach leicht die Unterlage wegfressen und dann kollert stellenweise der ganze Bau hinunter. So kann's kommen, daß die Verbindung mit dem Tal oft tage- und wochenlang abgeschnitten ist. Endlich geht's hinab zum Wasser und über eine hölzerne Brücke. Die Schroffen weichen zurück, der Weg führt tröstlich in tiefem Tal an dem Schloß Wiesberg vorbei, und endlich hinauf zur Heerstraße, die vom Arlberg herunterkommt, aber hier noch turmhoch an der Halde hinläuft und erst gegen Landeck hin sich zum Fluß herabläßt. Das Schloß Wiesberg steht also da als Warte am Eingang von Paznaun, auf einer vorspringenden Felsennase; der Weg führt im Fichtenwald hinauf. Unten stürzen Trisanna und Rosanna zusammen, um miteinander als Sanna dem Inn zuzulaufen. Im grauen Schloß oben sollen verschiedene ritterliche Altertümer gezeigt werden; ein Bauer von Fließ aber, der mit mir ging, sagte, es sei jetzt alles verschleppt. Ich glaubt' es ihm umso lieber, als es Abend war und gerade noch soweit nach Landeck, um mit einfallender Nacht dort anzukommen. Von nun an führt die prächtige Landstraße bequem hinab nach diesem Dorf. Es ist immer noch das Stanzertal, das vom Arlberg herunterläuft, aber schon mit der herrlichen Aussicht ins Inntal. Da ist alles riesig und groß in der Höhe und dabei doch alles lachend und freundlich in der Niederung. Da ziehen oben die langen himmelhohen Wände hin und unten liegen schöne Dörfer in grünen Auen, in gelben Feldern, überall Häuser und Höfe. Gleich wenn man vom Paznauner Weg heraufsteigt, stellt sich hoch oben auf einem laubreichen Bergrücken der spitze Turm von Tobadill dar, links über dem Weg liegt die große Kirche von Grins, einem alten Ort mit gotischen Bauernhäusern; dann kommt man ins malerische Dorf Pians, das mit zwei- und einstöckigen schmalen Häusern, die alle an der Straße stehen, fast an Italien mahnt. Mitten durchgerissen ist eine Schlucht, aus der ein Wildbach heraustost. Oberhalb des Dorfes steht das altertümliche Kirchlein St. Margrethen und so erreicht man zwischen lauter Schönheiten hindurch das stattliche Dorf Landeck.

Landeck auf einem Holzstich um 1875.

V.
Oberinntal – Ötztal – Schnals
1842

Landeck ist ein Dorf, das sich feiner ausnimmt, als manches Städtlein – anderthalbtausend Einwohner, ansehnliche Häuser, malerisch aufgestaffelt, reinliche Gassen, eine schöne Brücke, eine große gotische Kirche, ein stolzes Schloß in der Höhe – dazu ein lebendiger Strom und ragende Berge. Dieses Dorf liegt auf beiden Seiten des Inns und heißt der eine Teil linker Hand Perfuchs, der andere Angedair, wunderliche Namen, deren Bedeutung aber doch schon gefunden ist.

Die schöne Kirche zu Landeck steht auf einer Höhe über dem Dorf. Die Sage von der Gründung des ersten Gotteshauses ist vorne im Chor auf einem Gemälde dargestellt. Man erfährt daraus, daß vor sechshundert Jahren oben im Gebirge auf Trambs ein bäuerliches Ehepaar gelebt, dem ein Wolf und ein Bär zwei Kinder fortgetragen. Die hilflosen Eltern stiegen eiligst herunter zu Marien „im finstern Walde", die in jener Zeit auf dieser Stelle verehrt wurde und gelobten in der Angst ihrer Seele eine Kirche daselbst zu erbauen. Und während sie beteten, trugen Wolf und Bär die Kinder im Rachen herbei und legten sie unversehrt vor den Eltern nieder. Danach entstand da eine vielbesuchte Wallfahrt, die man seiner Zeit zu „Unsrer" lieben Frau im finstern Walde nannte. Die jetzige Kirche ist aber späteren Baues und wohl erst mit dem Jahr 1506 vollendet worden, wie die Jahreszahl andeutet, die über dem großen Portal steht. Hinten in dem Schiff zur rechten Hand ist ein gotischer Altar aus gleicher Zeit und daneben das Grabmal des edlen und gestrengen Oswald von Schrofenstein, der viel getan zum Bau der jetzigen Kirche und gestorben ist 1497. Er führte einen Steinbock im Wappen, bei dem älteren alpinen Adel ein vielbeliebtes Abzeichen. Auch im Chor der Kirche ist ein Denkschild, der jenes Ritters Gedächtnis bewahrt. Ein früherer dieses Geschlechts fiel mit Herzog Leopold bei Sempach. Schrofenstein, die Burg, liegt von Landeck aus zu sehen, auf dem linken Ufer des Inns im Bergwald, schmales, turmartiges Gemäuer von gelblicher Farbe, scheinbar an den Schroffen hingelehnt, in Wirklichkeit aber auf einer freistehenden Felsenstufe. Es ist schwer hinaufzuklettern; manche unternehmen aber das Wagnis dennoch, gelockt von dem vierhundertjährigen Wein, der nach der Sage noch immer im Burgkeller geschenkt wird, obgleich ihn die Bayern schon vor dreißig Jahren ausgetrunken. Übrigens ist es auch der Mühe wert, der Schönschau willen hinzugehen.

Die schöne gotische Kirche zu Landeck ist in neuerer Zeit, von 1885 an, hauptsächlich auf Betreiben des nun verstorbenen Kuraten Crazolara, geschmackvoll und stilgerecht hergestellt worden. Die in Tirol mit Ehren bekannten Bildhauer Stolz und Trenkwalder, dieser ein geborener Landecker, fertigten die neuen Altäre. Überdies schmücken das Gotteshaus jetzt schöne Glasfenster aus den Anstalten zu Innsbruck und München, eine prachtvolle Kanzel und ein neuer Turm nach dem Entwurf des Architekten Bonstadl.

Seitdem ist auf dem Friedhof auch eine Kapelle erstanden, welche die Landecker und ihre Nachbarn am 22. Juli 1869 unter allen landesüblichen Festlichkeiten, als Glockengeläute, Böllerkrachen, Fahnenschwingen, Hochamt, Scheibenschießen und Ehrenmahlzeit, eingeweiht haben. Sie ist dem Andenken der zehn Landesschützen gewidmet, die am 22. Juli 1866 bei Le Tezze in der Valsugana gefallen sind. Damals kämpfte die Landecker Schützenkompanie zwei Stunden lang im dichtesten Kugelregen gegen den zwanzigfach überlegenen Heerhaufen des General Medici und wich nicht eher, als bis sie der strengste Befehl zum Rückzug zwang.

Vor die Kirche zu Landeck, unter die Linde, die ehemals stand, verlegt die Überlieferung eine schöne Begebenheit. Herzog Friedrich nämlich, mit der leeren Tasche, war in Reichsacht von Konstanz entronnen und über Bludenz und den Arlberg nach dem getreuen Land Tirol gegangen. Weil aber der feindliche Bruder, Herzog Ernst, im Lande lag und Prälaten und Ritter zu ihm standen, so hielt sich Friedrich verborgen und nahm sein Versteck bei Hans von Müllinen auf der Burg Berneck im Kaunertal und dann bei etlichen vertrauten Bauern in den Hochtälern. Aus einem solchen Ort kam er einmal nach Landeck herab, um die Stimmung des Volkes zu versuchen. Im Dorf wurde damals zur Feier der Kirchweihe ein bäuerliches Reimspiel aufgeführt. Der Herzog ging nun als Pilgram verkleidet selbst unter die Gaukler und sang den Landleuten im Schatten der grünen Linde eine Geschichte vor, wie ein ehrenhafter, fürstlicher Herr, der es zu allen Zeiten mit den Bauern gehalten, in Widernis und Fehde hart bedrängt, seine Herrschaft verloren habe und als Flüchtling im Elend irre. Als nun der Fürst seine Ballade gesungen, rührten sich die Bauern und riefen alle zusammen: das ist ja die Geschichte von unserem lieben Herzog Friedel; dieser aber warf alsbald

Muschelkragen und Pilgerstab weg und gab sich in seiner wahren Eigenschaft zu erkennen. Sofort dann mächtiges Freudengeschrei von allen Seiten und helle Begeisterung, sodaß die Bauern den Herzog auf den Schild erhoben und jubelnd durch die Gassen von Landeck trugen. Nebstdem versprachen sie mit festem Handschlag in allen Nöten ihm beizustehen und gegen seinen Bruder, gegen geistliche und weltliche Herren zu helfen, was sie auch getreulich ausführten. Und die Anhänglichkeit des Landvolkes hat dem Herzog die Grafschaft Tirol erhalten.

Das Schloß zu Landeck ist ein stolzes, aus Bruchstein aufgeführtes Gebäude, schön gelegen auf einem Felsenschopf, der aus dem Inn aufsteigt. Rechts und links an der Vorderseite ist der Bindenschild von Österreich aufgemalt. Manches Gelaß in der Burg mahnt noch an die Zeit, wo die ritterlichen Pfleger zu Landeck hier oben saßen; zumal die prächtige Vorhalle erinnert an jene Tage, auch etwa, doch mißliebiger, das Burgverlies. Die Stuben des Burggesindes lassen sich noch leicht unterscheiden von den Herrenkämmerchen. Mehrere von diesen sind obwohl in späterem Geschmack getäfelt. Einige werden bewohnt und dienen armen Leuten zum Unterschlupf. Die Aussicht ist sehr lobenswert. Die schönen Straßenzeilen des Dorfes, stufenweise übereinander, der grüne Fluß und die weißen Gebäude, die auf der Höhe des anderen Ufers aus Büschen und Bäumen hervorscheinen, sind ein lustiger Vorgrund. Drüben jenseits des Zusammenflusses der Sanna mit dem Inn steht der Burgstall von Schrofenstein im wilden Park und daneben, schon wieder auf ganz anderem Grund, das alte Dorf zu Stanz, erhaben auf seinem Berghang, dessen reicher Fruchtwald verhüllend über die Dächer gewachsen ist und kaum den Kirchturm noch hervorspitzen läßt, wogegen von der unteren Halde der grüne Rasen weggespült und so die braune Erdwand zu Tage gekommen ist. In der Höhe überall kahle Hörner mit silbernem Scheitel.

Landeck ist übrigens ein lebendiger und wohlhabender Ort. Es gehen hier drei vielbefahrene Straßen auseinander –die eine über den Arlberg, die zweite nach Innsbruck oder nach Füssen, Augsburg und München, die dritte über Finstermünz nach dem Süden. Daher viel Geschäft mit Fuhrwägen und Reisenden und deswegen auch mehrere große Gasthöfe, städtisch eingerichtet und mit allen erlaubten Bequemlichkeiten versehen.

Zur Erklärung des schönen, reinlichen und herrenmäßigen Aussehens des Dorfes Landeck wollen wir indessen noch beifügen, daß in Tirol die Städte überhaupt sehr dünn gesät sind und daß daher die Dörfer und Flecken in Handel und Wandel die

Dienste ihrer zinnengekrönten Schwestern versehen. Deswegen findet man denn auch in Tirol so viele schöne und wohlgestaltete Dörfer. Telfs, Silz, Imst, Landeck, Prutz, Nauders, Mals und die Orte an der Brennerstraße wie im Pustertal haben alle dieses stattliche Ansehen.

Fahren wir nun, um schneller ins Ötztal zu gelangen, am Inn hinab nach Imst. Der Fußweg auf dem rechten Ufer, der über liebliche Berghalden nach Schönwies führt, soll zwar noch um ein Gutes anziehender sein als die Landstraße, es ist aber nicht möglich alle schönen Steige abzulaufen, und über die Straße selbst ragt die wilde Natur des Inntales mächtig genug herein, um uns vollständig zufriedenzustellen. Bald kommt man nach Zams, welches noch in fruchtbarer, geräumiger, mais- und obstreicher Feldmark liegt und als die älteste Pfarre in weiter Gegend bekannt ist. Links über dem Inn hinter dem Weiler Letz in einer schaurigen Felsenhöhle tost ein herrlicher Wasserfall, an dem man nicht, wie wir, vorbeigehen soll. Dann erhebt sich Kronburg, eine alte Feste, die einst den Starkenbergern gehörte und von Herzog Friedrich gebrochen wurde, noch in Trümmern stolz und herrschend auf einem Felskegel, der selbst ungemein ernst und groß aus dem Tal aufsteigt, frei von allen Seiten und im schönsten Ebenmaß vom breiten Fuß zum spitzen Haupt sich verjüngend. Lange will sich das Auge nicht von dieser Erscheinung abwenden, von dem gekrönten Berg, der wie ein Fürst in der Landschaft sitzt, drohend und Verehrung heischend. Die Gegend ist sonst hier herum wild und eng; scharfe Wände stehen am Weg, Wasserfälle schäumen herunter. Erst allmählich bildet sich wieder breiterer Talgrund, in dem sich leider auch der Inn mehr gehen läßt und oft überflutend viel weiter greift als er soll. In solcher fruchtbarer Fläche liegt ein freundliches Dorf, Mils benannt, und diesem gegenüber das Dörfchen Untersauers, welches eine Kolonie von Landfahrern ist, die meistens nur dort verweilen, um von ihren Zügen auf einige Zeit auszuruhen. Diese Landfahrer oder Lahninger, Dörcher, wie man sie jetzt gewöhnlich nennt, sind ein seltsamer, schon oft geschilderter Schlag von Leuten und führen ein abenteuerliches Leben. Sie kommen hauptsächlich im Oberinntal und im oberen Vinschgau vor. Ihr eigentliches Wesen ist, daß sie das ganze Leben in der Welt herumfahren und mit Obst, Geschirr und anderen kleinen Waren handeln. Viele besitzen keinen eigenen Herd, um sich zur Ruhe zu setzen, die reichsten nur ein kleines Häuschen. Ihr Fahrzeug ist ein Karren, den sie selber ziehen, wenn nicht ein Eselchen oder eine abgejagte Mähre aushilft. Der Lahninger, der arme

Mann, will aber nicht allein in der Fremde herumfahren; er sehnt sich nach einem süßen Weib, nach einem freundlichen Augentrost, und manchmal scheint er recht glücklich zu sein in seinem Werben, denn man sieht mitunter ganz hübsche Frauen vorgespannt. Solchen Verbindungen steht übrigens die weltliche Behörde zumeist entgegen, in Anbetracht der Armut und des unsicheren Erwerbsstandes der Brautleute. Da soll's denn manchmal vorkommen, daß sie nach Rom pilgern und sich am Grab der Apostel trauen lassen. Neu vermählt kommen sie ins Vaterland zurück, zeigen der Behörde päpstliche Briefe und Siegel vor, werden aber wegen Übertretung der Landesgesetze gleichwohl mit Gefängnis und Rutenstreichen bestraft. So bringt das Dörcherpaar in der Haft seine Flitterwochen zu, welches Leiden sie aber nur noch fester zusammenkittet, sodaß sie das ganze Leben nicht mehr voneinander lassen und auf allen Heerstraßen mit vereinten Kräften an dem Karren schieben. Nicht selten sind sie auch reich mit Kindern gesegnet – die Säuglinge erhalten ihre Wiege unter dem Dach des Wagens, die Erwachsenen ziehen selber mit und bilden später wieder neue Dörcherfamilien. Manche davon sind am Weg hinter den Haselstauden auf die Welt gekommen. Es ist ein eigener Anblick, diese Geschlechter zu sehen, oft zu sieben und acht Personen vorne und hinten ziehend und schiebend an der fahrenden Hütte, ihrem Besitz, ihrem Schatzkasten und ihrer Wohnung, etwa einmal mit sorgenvollen, trüben Blicken, hin und wieder auch, wenn die Zeiten gut sind, guter Dinge und voll frohen Mutes.

Weniger als dem unbeteiligten Touristen behagt dieser Anblick dem seßhaften Bauersmann, der in dem Dörcherwesen mit Recht eine Landplage sieht. Allmählich kommen selbst die Römerehen ab und die Pärchen suchen sich mehr und mehr auch ohne priesterlichen Segen fortzuhelfen. Leider entwickeln sie dabei eine maßlose Fruchtbarkeit. Mädchen mit neun bis zehn unehelichen Kindern sind nicht ganz selten. Für die Erziehung dieses Nachwuchses geschieht natürlich gar nichts und die wenigsten kommen in eine Schule. Der Dörchergeist soll überdies so unzerstörbar sein, daß solche Sprossen, die von barmherzigen Leuten noch als Windelkinder in Pflege genommen wurden, heimlich mit den Lahningern davonliefen, sobald sie nur erst gehen gelernt. Wenn der Handel mit Geschirr und Obst nicht genug erträgt, so verlegen sich die Dörcher auf den Bettel, und wenn dieser nicht zureicht, auf den Diebstahl. Sind sie krank und alt geworden, so muß die Gemeinde für sie sorgen, ebenso für die Kinder, die sie ohne Vorsorge zu Hause lassen. Es fehlt nicht an

Vorschlägen, wie diese schwere Belästigung des Landes zu beseitigen, allein zur Zeit besteht sie noch in voller Kraft.

Die Dörcher haben auch wie andere Gewerbe ihren Jahrtag, nämlich die Kirchweih zu Landeck. Dort kommen sie von nah und fern zusammen und verleben einen lustigen Tag. Dieser Brauch soll aus den Zeiten Friedrichs mit der leeren Tasche herrühren, denn die Dörcher behaupten, sie hätten sich damals zuerst für ihn ausgesprochen und seine Partei ergriffen; deswegen habe er ihnen den Jahrtag gestiftet.

Den Namen Dörcher erklärt man als Theriaker. Der Theriak war nämlich früher eine hochgeschätzte Wunderarznei, mit deren Verkauf sich gerade solche herumziehende Strolche beschäftigten. Lahninger soll aus Landgänger entstanden sein.

Es herrscht aber im Oberinntal, das Lechtal ausgenommen, allenthalben große Armut. Der Grundbesitz ist sehr zersplittert und von Murbrüchen und Überschwemmungen stets gefährdet. Wenige Gegenden sind so fruchtbar, daß die Ernte für die Bewohner ausreicht und viele derselben gehen daher als Hirten oder Maurer in die Fremde. In ihren Sitten sollen sie dadurch keineswegs gewinnen, obwohl sie mitunter kleine Ersparnisse nach Hause bringen. Aus diesen Gegenden ging auch 1857 die bekannte Kolonie nach Pozuzu in Chile ab. Die streitende Kirche hat hier ihren getreuesten Anhang, denn die Oberinntaler gelten für die finstersten Köpfe in Tirol. Was Politik betrifft, sollen sie aber manche heimliche und nicht ganz ungefährliche Gedanken hegen. Manchmal hört man sie die Behauptung aufstellen, sie könnten sich wohl selbst regieren und brauchten keine Herren mehr. Im Jahr 1848 war sogar das würdige Stift zu Stams nicht ganz ohne Sorgen vor seiner Nachbarschaft, denn die Bauern sprachen damals unumwunden aus, es möchte die Zeit wohl auch noch kommen, wo statt der Herren von Zisterz sie selbst aus den Fenstern des Klosters schauen würden.

Im übrigen scheinen aber die Oberinntaler sehr friedlich zu sein und ihre Rechtshändel lieber bei einem Seidel Wein zu schlichten als vor Gericht. Wenigstens war in diesem Landesteil viele Jahrzehnte hindurch nicht ein einziger Rechtsanwalt zu finden. An den letzten Advokaten, der vor langer Zeit zu Imst gelebt, hat sich überdies eine seltsame, dem Stande keineswegs günstige Sage angehängt. Als jener nämlich gestorben war und der Leichnam vor dem Haus eingesegnet wurde, kam er selber, scheinbar ganz lebendig, oben ans Fenster und lachte höhnisch herunter. Von Stund an wagte niemand mehr ins Haus zu treten, doch sandte man sogleich nach ein paar Kapuzinern, welche auch um Mitternacht erschienen, den Unhold, der ein großer Betrüger und Wucherer gewesen, mit Stricken banden und ihn in die Ruinen von Starkenberg führten, wo sie ihn für ewige Zeiten festbannten. Ein Pfafflarer, der eben des Weges war, ging den Kapuzinern nach, betrachtete sich die Sache und erzählte sie dann weiter. Auf diese Art nur konnte sie bekannt werden, denn die beiden Patres haben nie davon gesprochen.

Wenn man von Mils etwa eine Stunde in der schönen Niederung fortgefahren, geht's noch einmal über einen steilen Berghang und allgemach zeigt sich dann der große Flecken Imst, Hauptort des Oberinntales, Sitz der Behörden und anderer angesehener Leute. Gleich rechts vom Flecken steigt der prächtige Tschirgant in die Höhe, hier wie eine ungeheure Pyramide anzusehen, ein höchst eindrücklicher Klotz.

Imst ist ein gut gebauter Flecken, aber ohne erhebliche Merkwürdigkeiten. Angenehm ist ein Spaziergang auf den Kalvarienberg, auf dessen vorderster Höhe ein Kirchlein des heiligen Johannes steht mit offener Aussicht über den Markt und seine bergige Umgebung.

Dieser Flecken besaß im vorigen Jahrhundert großen Ruf als der Sitz des tirolischen Vogelhandels, der einst auf Moorfieldsquare zu London seine Niederlagen hatte und auch im Orient und namentlich zu Konstantinopel seine Sänger auf den Markt brachte. Seine Gönner in England gingen soweit, die Kanarienvögel der Tiroler selbst über jene der kanarischen Inseln zu stellen. Alle übrigen Vögel dieses Namens, behaupteten sie, sängen wie Heidelerchen, die tirolischen aber wie Nachtigallen. Letzteren allein sollte jener seelenerhebende Zug Philomelens glücken, den die Engländer jug nennen. Zur Erklärung dieses Talents nahmen die britischen Naturforscher sogar ihre Zuflucht zu der Hypothese, daß die meisten der aus Tirol eingeführten Kanarienvögel von Eltern erzogen worden seien, deren Ahnen den Gesang bei einer Nachtigall gelernt. Übrigens ist dabei zu bemerken, daß die wenigsten der von den Tirolern verhandelten Vögel in Tirol zur Welt gekommen waren, denn die Mehrzahl wurde erst in Schwaben angekauft, wo zu damaliger Zeit die Gärtner zum Besten der reisenden Händler große Vogelhecken unterhielten.

Die meisten Begebenheiten des Spindler'schen Vogelhändlers spielen in der Gegend von Imst. Auch die Art und Weise, wie dieser Handel betrieben wurde, ist in jenem Roman nach den Angaben alter Leute glücklich und anziehend geschildert, der treffliche Name Tammerl aber, den der ehrenwerte Vogelhändler, Seraphins nachmaliger Schwiegervater, führt, ist jedenfalls einer

Firma in Zams, Baumwoll- und Seidenzeugfabrik, entlehnt. Früher waren überhaupt noch bessere Jahrgänge für die oberinntalische Metropole – es war da einmal auch viel Bergsegen und großer Gewerbefleiß. Jetzt ist die Kanarienzucht aufgegeben, der Bergsegen eingegangen und der Gewerbefleiß, der sich in einigen Fabriken betätigt, ist auch nicht mehr so einträglich als zu anderen Zeiten. Dazu kommt noch, daß am 7. Mai 1822 der ganze Markt von zweihundertundzwanzig Häusern bis auf vierzehn abbrannte. Dies hat die Imster völlig arm gemacht und es ist eine Frage, ob sie sich je wieder in die alte Blüte hinarbeiten werden. Sonst zeigen sie viele schöne Anlagen, insbesondere für die Kunst. Staffler weiß acht Eingeborene zu nennen, die als Bildhauer und Maler gelebt und sowohl inner- als außerhalb ihres Vaterlandes Anerkennung gefunden haben. Darunter ist der neueste Alois Martin Stadler, zu München, zu Neapel und Rom gebildet, wohlbekannt wegen manches schönen Altarblattes, das er in tirolische Kirchen gemalt.

Lassen wir nun den Flecken, um wieder weiterzuziehen. Man muß erst auf der Landstraße hoch hinaufsteigen, nach Karres, wo die niedliche Kirche steht, deren dünner gotischer Turm so fern ins Land hineinschaut. Von da sieht man ins Pitztal, das weit hinten von grausen Gletschern beschlossen wird, und ebenso erschaut man den grünen Rücken des breiten Venetberges, der voll milder Alpen und schöner Forste ist und aus der Gegend von Landeck herüberstreicht bis an den Pitzabach, welcher bei Karres in den Inn fällt. Unterhalb dieses Dorfes geht der Weg ins Ötztal von der Landstraße ab. Diese selbst würde uns in fünf Stunden dem Inn entlang nach Stams führen, nach dem ansehnlichsten und reichsten, wiewohl jüngsten der tirolischen Stifte. Es ist im Jahre 1272 gegründet worden von jener Elisabeth, der Mutter Konradins, und ihrem zweiten Eheherrn, dem Grafen Meinhard von Tirol, als Gedächtnismal zur frommen Erinnerung an den letzten Hohenstaufen, der zu Neapel enthauptet worden. Die Zisterzienser-Abtei zu Stams ward das St. Denis der tirolischen Fürsten. Die Stifterin selbst, die Görzer und die früheren Habsburger, Herzog Friedrich mit der leeren Tasche und Sigmund der Münzreiche sind da begraben mit Frauen und Kindern. Auf dem sonnigen Anger vor dem Stift empfing auch Kaiser Max I., der sich im Jahr 1497 mit seinem ganzen Hofgesinde hier eingelagert hatte, die prachtvolle Gesandtschaft des türkischen Sultans Bajazeth, welcher um des Kaisers Schwester Kunigunde werben ließ. Einige Eingeweihte wollen sogar wissen, der Sultan habe zur Unterstützung seines Anliegens ein Christ zu werden versprochen.

Im Jahr 1552 wurde das Kloster durch die Kriegshaufen des Herzogs Moritz von Sachsen verwüstet und selbst die Gräber nicht geschont; deswegen ist auch an Altertümern nur wenig mehr vorhanden.

Wie Adolf Pichler berichtet, sieht man jetzt in Stams, das ich leider selbst noch nie besucht, nichts als die Statuen der hier begrabenen Fürsten mit Goldkronen und übergoldeten Kleidern der Reihe nach aufgestellt – alle Monumente sind verschwunden. Fragt sich aber doch, wer sie auf die Seite geschafft? Die Schmalkalden scheinen nicht allein die Schuld zu haben. Das schöne Grabmal Friedrichs mit der leeren Tasche und seines Sohnes, Erzherzog Sigmunds, welches Meister Hans Radolt 1475 fertigte, war 1609 noch vorhanden und wurde damals von Alexander Collin restauriert. Aber auch dieses ist nicht mehr zu sehen und niemand weiß, wo es hingekommen.

Wir gehen also von der Straße ab und gegen Roppen zu, das auf der anderen Seite des Stromes liegt. Rechts steigen da bewaldete Berge auf, links steht der Tschirgant, der nunmehr, nachdem man seine Vorderseite umgangen, aus einer Pyramide ein langer Bergkamm geworden und sich am Inn hinunter langsam verläuft. Er ist öde und wild zerrissen; nackte Felsenwände wechseln mit gelben Erdfällen, die ihre Striemen von dem Joch herab bis an die Straße gezogen haben. Desto lieblicher und freundlicher hebt sich der Eingang des Ötztales hervor – da ist alles schön bebaut mit Hanf, Flachs, Mais und anderem Getreide, Obstbäume sind reichlich verstreut und die Dörfer Au und Sautens, die sich einander gegenüberliegen, das eine auf der Berghöhe, über welche dunkler Wald von Lärchen und Fichten hinzieht, das andere in hügeliger Niederung, zeigen manches zierliche Haus. Letzteres erfreut sich auch einer hübschen Kirche, einer der schönsten Dorfkirchen im Land. Ötz ist ebenfalls ein stattliches Gemeinwesen und zu seinem stolzen Aussehen trägt nicht wenig bei St. Jörgens Kirche mit ihrem gotischen Turm, die auf ragendem Felsen senkrecht über dem Dorf prangt. Auch hier trefflicher Anbau und reiches Wachstum, selbst heikler Früchte, denen die Lüfte von Ötz, die vor rauhen Nordwinden durch die Lage der Berge geschützt sind, besser bekommen sollen, als irgend andere im Inntal. Deswegen behaupten auch manche, dieses Dorf habe das mildeste Klima in ganz Nordtirol.

„Ja, was ist denn das! Gar nicht einkehren heute?" rief am letzten Wirtshaus von Ötz mit lauter Stimme die Kellnerin, die auf dem Stufenplatz vor der Pforte getreten war, und lächelte so freundlich dazu, daß wir – zwei Fußgänger nämlich – obwohl nach Umhausen trachtend, doch gerne anhielten, um uns wenigstens zu entschuldigen. Sie, die pflichtgetreue Schenkin, ließ aber keine Ausrede gelten und zog uns mit sanfter Gewalt in die Zechstube. Dort setzten wir uns zu einer Halben und plauderten mit dem Mädchen, während sich draußen ein Gewitter erhob und in gräulichen Regengüssen herniederfuhr. Als dies vorübergezogen, war's zu spät geworden, um noch weiter zu gehen, und so blieben wir denn in Ötz, wo wir auch ganz zufrieden waren.

Gleich hinter diesem Dorf geben sich schon einzelne Züge des Ötztales zu erkennen, der großartigen, bald wilden und schauerlichen, bald friedlichen und idyllischen, mit reizlosen, kaskadenreichen, gletschervollen Landschaft. Es ist bekanntlich unter den Nebentälern Nordtirols das berühmteste wegen seiner Schönheiten. Die beständig abwechselnden Engen und Weiten, die Schluchten, die sich in weite Dorffluren öffnen und grüne Wiesenbreiten, die sich in die Klamm verlieren, die unzähligen Wasserfälle und die ragenden Bergwände sind die Reize des äußeren Tales, Gletscher und Alpenwildnisse die des inneren. Auch die Botaniker pilgern gern herein, denn manche Gewächse, die in den südlichen Gegenden des Landes heimisch sind, kommen diesseits der Ferner nur im Ötztal vor, während auch die Flora der Voralpen und der Hochgebirge bis zum Fahrweg herunter reicht.

Oberhalb Ötz also – es war ein kühler Augustmorgen, die Luft war feucht, voll jagender Frühnebel und in der Gegend knallte es lebhaft zur Feier einer Kirchweihe – oberhalb Ötz rücken die Talwände zusammen und bilden das G'steig. Der Bach stürzt in rauschenden Fällen über Felsen und Trümmer durch die Schlucht und der Weg geht daneben hinauf durch den Lärchenwald. Aus diesem herauskommend, ersieht man das Dorf Tumpen, wo eine Brücke über die Ötz geht, mit der Aussicht auf schöne Wasserfälle, die rechts und links von der Höhe rauschen. Hier wird auch das Tal wieder breiter und gibt Raum für Getreidefeld und Wiesen.

Bei Tumpen, gerade neben dem Weg, steigt über tausend Fuß die Engelswand empor, ein schwindelnd hoher, senkrecht abgeschroffter, breiter Felsenstock, auf dessen oberstem Plan etliche schwer zu begehende Höfe liegen. Engelswand soll das Riff deswegen heißen, weil einst ein spielendes Kind durch einen Jochgeier von der Au im Tal hinweg auf diesen Grat getragen, von einem Engel aber jenem entrissen und der entzückten Mutter, einer Gräfin von Hirschberg, in die Arme gelegt worden sei. – Übrigens so steil die Engelswand aufschießt, sie ist doch von den Ötztaler Burschen schon öfter erklettert worden.

Unten an der Wand, nicht weit von der Brücke, zeigt sich eine Höhle, die einem Felsentor ähnlich sieht. An dieser Stelle fuhr einst am späten Abend ein Fuhrmann vorbei und hörte schon von weitem schreien: „Auf, auf, es kommt die Rößlerin von Hall!" In der Tat sah er auch bald eine unheimliche Weibsgestalt sausend in die Pforte hineinfahren, welche sich dann prasselnd schloß. Als der Fuhrmann nach Hall kam und nach der Rößlerin fragte, vernahm er, sie sei jüngst verschieden, und zwar gerade zu der Zeit, da er an der Engelswand vorübergefahren. Sonderbare Sage! Wer diese Rößlerin gewesen, weiß jetzt niemand mehr anzugeben, und wenn nicht Sebastian Ruf, der Geschichtsschreiber von Hall, sie in den Kreis seiner Forschungen zieht, so wird ihre interessante Persönlichkeit wohl ewig ein Mysterium bleiben. Auch ist so rätselhaft, daß sie bis ins Ötztal eilen mußte, um ihren Zweck zu erreichen. Sollte denn nicht ein näheres Höllentor zu finden gewesen sein? – Zu anderen Zeiten sah man auch schon feurige Wagen pfeilschnell in jene Pforte hineinfahren.

Die Ötztaler feierten übrigens an diesem Tag, am 5. August, das abgewürdigte Fest Mariä Schnee durch Kirchenbesuch in der Früh. Die Kirchengänger begegneten uns in zahlreichen Haufen, was ein günstiger Umstand war für Besichtigung der Taltracht. Die Männer nicht schlank, aber gedrungenen Baues, tragen spitze Hüte, dunkle, an der Brust mit Seide ausgenähte Jacken und braune Strümpfe, sehen prunklos, aber zierlich aus. Die Weiber, und zumal die alten, haben manches Auffallende. Die spitze Haube, in Tirol Schwazerhaube genannt, ist dasselbe, was in Vorarlberg Kappe heißt, nur in jedem Tal der Zeichnung nach diakritisch festgestellt; die Taille ist lang und durch ein steifes Mieder gehalten, aus welchem kurze, bauschige Ärmel hervorstechen, die den oberen Arm bedecken, während der untere in schwarzen Handstutzen steckt. Der Rock ist kurz aber mächtig, zumal auf der Rückseite weit über das Mieder vorspringend. Die Waden endlich, was für das Wahrzeichen der Talweiber gilt, stecken vom Knie bis an die Knöchel in den „Höslen", worunter man eine Art von wollenen Strümpfen versteht, welche bei den Stutzerinnen, unter die jedoch nur mehr alte Weiber zu zählen sind, einen dicken, geschwollenen Kreis um das Glied bilden, ungefähr von dem Umfang eines mäßigen Butternapfes.

Diese Ötztaler Höslen möchten wohl mit den Alpbacher Strümpfen, die wir früher besprochen, zusammenfallen; doch kann ich die Identität nicht ganz und gar verbürgen, da ich nur diese nicht jene forschend geprüft. Übrigens sind die mittlerweile fast gänzlich abgekommen und ebenso die ausgenähten Jacken der Männer.

Wir nähern uns Umhausen, das mit ragendem Spitzturm in schöner freier Flur liegt. Die volkreiche Gegend zieht viel Nutzen aus den fruchtbaren Flachsfeldern, deren Erträgnis in guten Jahren auf fünfzehnhundert Zentner steigt. Zu diesem Segen hat sie aber auch die Schrecken der Bergfälle, die oft verwüstend herunterbrechen, geduldig hinzunehmen. Hier in der Nähe ist jener berühmte Wasserfall des Hairlachbaches, einer von den besuchtesten, da er nicht weit von der Landstraße entlegen und die Fremden ihm bis auf eine halbe Stunde entgegenfahren können. Die weißen Staubwolken, wie sie links aus dem Bergwald aufsteigen, lassen sich schon vom Dorf aus sehr deutlich gewahren; doch sind bis an den Fuß des Falles noch immer drei Viertelstunden zu gehen. Der Pfad zieht links über die Wiesen hin, dem Bach entlang, an welchem die Umhauser ihre bequemen Dreschmühlen haben, etliche Hämmer, die vom Rad gehoben auf die unterlegten Garben fallen, dann in einen lichten Wald und zuletzt in die Schlucht selbst, wo er alsbald durch Trümmer und Schutt ziemlich rauh und steil wird. Der Donner des Sturzes kommt immer näher, der blendend weiße Qualm bricht immer deutlicher durch das Gehölz und endlich stehen wir ihm selbst gegenüber. Da kommt er oben aus einem Felsentor im dünnen Fichtenwald hervor und stürzt wie fließendes Silber über den ersten Absatz der kahlen Bergseite, und weil er da an einer Klippe anprallt, so wirft er sich, in seinem Zorn scheinbar ums Doppelte mächtiger geworden, in ungeheurem Schwung weit über die untere Wand heraus und fällt welterschütternd in die Tiefe. Unten und oben geht rauchend der Schaum auf, in dem sich wechselnde Regenbogen bilden, damals besonders reich und glanzvoll, weil die heiterste Sommersonne in den Gischt schien. Wem's zu wild und tobend wird, der mag sich dabei Trost holen in der friedlichen Aussicht, die an derselben Stelle in das Tal hinaus und auf die Wiesen von Umhausen führt.

Der Bach aber, der mit seinem fünfthalbhundert Fuß hohen Sturz die Wanderer herbeizieht, erquickt sie auch mit seinen Forellen, und im Wirtshaus zu Umhausen, bei Herrn Marberger, hat seit vielen Jahren jeder einkehrende Fremde seinen Teller voll zu sich genommen. Dort ist auch ein reichhaltiges Fremdenbuch mit vielen wässerigen Gedichten, welche die Kaskade den Leuten eingeflößt hat.

Bis hierher halten schroffe Wände, stolze Berge und freundliches wohlbevölkertes Talgelände noch verträglich zusammen; hinter Umhausen aber kommen wilde, ausschließlich wilde Partien und das Zahme sucht man da für etliche Zeit vergebens. Fast eine Stunde lang droht eine schauerliche Schlucht, eine von den vielen, wo die Berge nach Regenwetter beweglich werden, dem Wanderer an den Kopf fliegen und den Pfad verschütten. Manche Stellen gibt es, wo das lockere Geröll so steil am Weg steht, daß es jahraus jahrein auch an den trockensten Tagen herunterbricht, wie es denn überhaupt die Natur des Tales ist, daß es wegen des Reichtums an Wassern, der feuchten Atmosphäre und des zur Verwitterung geneigten Gesteins von Felsbrüchen, Bergfällen und Muren sehr viel zu leiden hat. Unter solchen Betrachtungen gelangt der Ötztalfahrer an eine Stelle, wo ihn leichtlich einiges Entsetzen befallen kann. Steile, mürbe Wände von beiden Seiten stellen ihre drohende Stirn einander gegenüber und dazwischen hat sich der Bach seinen Runst durchgerissen. Derselbe hat nun von Umhausen aufwärts schon allerwege rührig gebrummt und gedonnert, aber hier wird das Getöse grauenvoll. Das sieht aus wie ein Stück Weltmeer, mit dem ein brüllender Orkan sein Wesen treibt, um es in wütender Brandung an ein Riff zu jagen – so bäumen sich die Wogen, so sieden die Wasser, so tobt alles durcheinander. Dabei hört man auch noch mitten durch den Höllenlärm das dumpfe Aneinanderprallen der unsichtbaren Felsenblöcke, die der Bach in seinem Grunde daherwälzt. Gerade wo es am fürchterlichsten tost, geht ein schwankes Brückchen über die Wasser, welche es zu allen Zeiten mit ihrem Schaum übergießen. Da wird sich der Langsamste beeilen, um schnell hinüber zu huschen und vom festen Ufer auf der anderen Seite desto behaglicher den Graus zu betrachten.

Es ist kein Wunder, daß der Volksglaube in dieser Schlucht des Schauders eine Schar von boshaften Hexen wohnen läßt, die den Wanderer bei Nacht mit Teufelsspuk fast bis zum Wahnsinn plagen. Der Ötztaler betet und bekreuzigt sich, wenn er nach Gebetläuten den unheimlichen Pfad zieht.

Auf diese enge Wildnis folgt dann wieder die offene Gegend von Längenfeld, lachende Fluren mit Wies und Feld, reich besetzt mit Häusern und Hütten, jetzt voll idyllischen Lebens, vor langen Zeiten, wie noch die Sagen melden, ein einsamer Bergsee. Jenseits der Ötz gewahrten wir den schönen Wasserfall des Lehnbaches, auf einer Anhöhe zeigte sich die Dreifaltigkeitskirche von Kropfbühel.

Längenfeld ist ein großes, gut gebautes Dorf, das durch einen Fichtenhain und einen Fernerbach in zwei Teile geschieden wird. Auf den Jochen, die das Tal begrenzen, liegen schon bedeutende Gletscher, die da und dort in aller Ruhe auf die grüne Ebene herunterschauen. Aus einem solchen kommt der Bach, dessen wir soeben gedacht und dessen ungestüme Wut die Längenfelder zu einem kostbaren Dammbau genötigt hat. Die Längenfelder trinken lauter solches Fernerwasser – Wenigstens sagten sie im Wirtshaus, es gebe kein anderes. Frisch ist dies Getränk allerdings und man behauptet sogar, es soll sehr gesund sein; aber solche, die nicht daran gewöhnt, können an der trüben, milchweißen Farbe leichtlich Anstoß nehmen.

Wer gern an die alten Zeiten deutscher Nation zurückdenkt, der läßt sich vielleicht nicht ungern sagen, daß in die stillen Gründe von Längenfeld auch der unglückliche Konradin von Hohenstaufen zu zwei verschiedenen Malen reisend eingeritten ist, im März und im Juli 1264 nämlich, nicht gerade um wichtige Taten zu verrichten, sondern wohl nur, um sein väterliches Erbgut zu beschauen. Zwei seiner Urkunden sind zu Längenfeld ausgestellt.

In der ersten Hälfte dieses Jahrhunderts lebte zu Längenfeld eine höchst originelle, echt tirolische Persönlichkeit, der Frühmesser Christian Falkner. Er war am Neujahrstag 1765 auf der nahen Höhe von Niederthai geboren, brachte sich erst als Leinenweber, Nachtwächter, Wurzengraber fort, fing dann, nachdem er sich sechsunddreißig Gulden erspart hatte, im siebenundzwanzigsten Jahr zu studieren an, wurde 1797 zum Priester geweiht und 1805 als Frühmesser in seine Heimat nach Längenfeld versetzt. Als Prediger und Beichtvater sehr beliebt und angesehen, da ihn seine gutmütige und geistreiche Derbheit wesentlich unterstützte, legte er in Längenfeld auch eine Pflanzschule für studierende „Bueben" an, welche später Priester werden sollten. Im Laufe der Jahre hat er gegen sechzig solche Jungen zur „Studi" vorbereitet und darunter wurden vierunddreißig auch wirklich zu Priestern geweiht. Da er sich um Erziehung, Ausbildung und Fortkommen seiner Zöglinge immerdar wie ein Vater annahm, so wurde er in seinen späteren Tagen der Längenfelder Natte genannt. Als er im Jahr 1847 seine Sekundiz feierte, erschienen dabei zu seiner großen Freude und Rührung einunddreißig hochwürdige Herren, die alle einst durch seine Schule gegangen. Der Längenfelder Natte hieß aber auch abwechselnd der Höflichkeitsprofessor. Weil nämlich die Ötztaler sonst einander alle duzen und der Natte seinen Buben früh genug das „Ihrzen" beibringen wollte, so mußte täglich ein anderer den Städter vorstellen, den die übrigen der Übung wegen mit Sie anzureden hatten. Wer sich da verfehlte, kam nicht ohne ein paar „Tachteln" durch. – Der Frühmesser, Natte und Höflichkeitsprofessor erlebte in voller Gesundheit sein einundneunzigstes Jahr, starb am 16. April 1855 zu Längenfeld und wurde tief betrauert dort begraben.

Der Professor an der theologischen Fakultät in Salzburg, Dr. J. A. Schöpf, hat das Leben des edlen Natte in einer kleinen Schrift beschrieben die sich sehr angenehm liest und allen Wanderern, die etwa durch Regenwetter in Längenfeld festgehalten werden, zur Lektüre bestens zu empfehlen ist.

Im Wirtshaus zu Längenfeld fanden wir einen alten Herrn rötlichen Gesichts und schwarzer Tracht, der uns freundlich ansprach. Im Laufe der Unterhaltung fragten wir Reisende auch nach den Sagen, die, wie die Bücher melden, in diesem Tal zu Hause seien. Was? Sagen? – hob aber der andere an – wir haben keine Sagen im Ötztal! Ja nun, bemerkten wir, man liest doch da und dort, daß gerade dieses Tal mit solchen Überlieferungen reich gesegnet sei. Alles nur Blendwerk! rief darauf der alte Herr – wir haben keine Sagen, sag' ich. Wir sind aufgeklärt im Ötztal, so aufgeklärt als anderswo. – Als wir zu beschwichtigen suchten, ging er in sehr derben Worten auf die dummen Bücher über und die Fremden, die ins Land hereinkämen und die erlogenen Sagen hinaustrügen und die Leute lächerlich machten. Wir hatten lange zu tun, bis der alte Herr wieder versöhnt war.

Es ist unzweifelhaft, daß man im Ötztal und in einigen anderen Tälern die alte Sagenpoesie mit der dortigen Aufklärung nicht verträglich findet und daher das Wenige, was davon noch übrig ist, mit allem Eifer auszurotten strebt. Die Frage nach Volkssagen wird manchmal als eine Beleidigung angesehen, als ausländischer Übermut, der mit der tirolischen Einfalt sein Spiel treiben wolle. Nie wurden auch die Ötztaler bei ihrer Aufklärung so peinlich angeregt, als im Jahr 1825, wo Eduard von Badenfeld im Hormayr'schen Archiv einige Nachrichten über die Sagen dieses Tales mitteilte und der Tiroler Bote sie dann im Vaterland verbreitete. Damals verfügten sich die Ältesten des Tales zu ihrem Landgericht zu Silz, um sich Rat zu erholen, wie und wo sie den böswilligen Injurianten gerichtlich belangen können, welcher der Ehre ihrer Heimat so nahe getreten sei und sie noch mit alten Geschichten höhne, welche die neu eingeführte Aufklärung schon seit mehreren Jahren ganz abgebracht habe.

Selbst literarische Hilfe blieb nicht aus. Ein „geborener Ötztaler" trat im Tiroler Boten auf und ließ sich höchst mißmutig über die Indiskretion dieser Touristen aus, die da in seiner Heimat Märchen gefunden haben wollten. Nebenbei ärgerte ihn freilich auch, daß von Branntwein, Raufen und Stelldichein die Rede gewesen. „Beinahe", sagt er in seiner Bitterkeit, kam mir die Versuchung zu wähnen, es gäbe vielleicht zwei Ötztale, eines, das ich recht gut kenne und wo ich meine seligsten Tage verlebt, und ein anderes, das der Herr Verfasser geschildert. Oft war mir ein mitleidiges Lächeln, zuweilen aber eine Art gewiß nicht ungerechten Ärgers abgedrungen, indem ich mein geliebtes heimatliches Tal so dargestellt sah, als wären wir erst seit vorgestern aus den Wäldern hervorgegangen und noch immer vom tiefsten Aberglauben umnachtet." Deswegen glaubt er auch feierlich versichern zu müssen und erbietet sich sogar zum Nachweis, daß die meisten dieser schönen Mären, „die meisten der in diesem Aufsatz vorkommenden Anekdoten entweder im ganzen Ötztal unbekannt, oder von dem Herrn Verfasser eigentlich märchenmäßig verstellt seien, oder daß sie höchstens an langen Winterabenden in der Kunkelstube erzählt werden, nicht als werde daran geglaubt, sondern um zu kurzweilen". Wunderlich ist die Andeutung, daß die Märchen deswegen nicht zur Nacherzählung geeignet seien, weil sie nur in den Kunkelstuben erzählt werden, als wenn nicht gerade da ihr sicherstes Asyl wäre. Übrigens mag sich der Leser immerhin beruhigen, denn ein Freund, der dazumal mit Herrn von Badenfeld im Ötztal wanderte, hat uns versichert, daß bei Sammlung dieser Mären alle wünschenswerte Vorsicht obgewaltet habe.

In diesem Stück hat sich seitdem alles zum Besseren gewendet. Die Ältesten der Täler erbosen sich längst nicht mehr, wenn andere ihre Sagen sammeln und ans Licht geben. Auch sind während der letzten zwanzig Jahre in Tirol allerlei schöne Schriften dieses Fachs erschienen, namentlich hat sich für das deutsche Gebiet Professor J. V. Zingerle, für das welsche der jetzige Landesschulinspektor Christian Schneller, vorher Lehrer der deutschen Sprache am Gymnasium zu Rovereto, jetzt beide zu Innsbruck, rühmenswert hervorgetan.

Wer von Längenfeld aus dem Fischbach folgt, der gelangt auf rauhem Weg in einer Stunde nach Gries, einem kleinen abgelegenen Dorf, wo zur Zeit Herr Adolf Trientl als Seelsorger seinen Sitz hat, zugleich aber auch auf das leibliche Wohl der Wanderer, die bei ihm einkehren, sorgfältig bedacht ist. Dieser Mann fuhr in den langjährigen, gedankenlosen Schlendrian der tirolischen Landwirtschaft hinein, wie ein Sturmwind in einen morschen Wald und schleuderte, angesichts des ganzen Landes, dem Landtag den Vorwurf hin, daß er, der in erster Reihe hiezu berufen sei, für Verbesserungen in diesem Stück noch gar nichts getan habe. Herr Trientl ist schon mehrmals als landwirtschaftlicher Prediger durch seine heimischen Gauen gefahren und hat den Herren wie den Bauern viele neue Wahrheiten verkündet. Die Berichte über diese seine Fahrten sind vor nicht langer Zeit im

Tiroler Boten erschienen. Liebig, welchem ich sie mitzuteilen die Ehre hatte, erklärte, daß sie ganz und gar auf der Höhe der Wissenschaft stehen. Manche Amtsbrüder aber, die von einer Erschütterung der bäuerlichen Indolenz nur üble Folgen für Staat und Kirche befürchten, sind Herrn Trientl ziemlich gram und nennen ihn aus Rache den Mistkuraten.

Auf der grünen Flur von Längenfeld liegt eine Stunde weiter oben ein Dörflein, die Huben genannt, welches im Juli 1868 von der Ache beinahe weggefegt worden wäre. Menschen und Vieh verloren ihr Leben dabei, mehrere Häuser und der Kirchturm stürzten ein, die Leute flüchteten sich auf die Dächer – es waren entsetzliche Stunden. Seitdem ist der Ache ein neues Rinnsal gegraben und der Kirchturm wieder aufgebaut worden. Der behagliche Widum, der auch Gasthaus, ladet den Wanderer zur Einkehr ein. Der liebenswürdige Kurat, Pater Anton Wilhelm, Zisterzienser von Stams, weiß allerlei Aufklärung über den neuen Archenbau zu geben, um den er selbst sich viel Verdienst erworben.

Oberhalb der Huben endet die Flur von Längenfeld in abermaliger Wildnis. Hier wieder schwere Berge, die eng aneinander treten und den Bach aufs neue fürchterlich reizen. Auch der Weg muß sich oft recht ärmlich schmiegen und drücken. Zuweilen wird's weiter, aber nicht freundlicher. Dunkler Fichtenforst, starre Schroffen oder Geröll und Geschiebe vergangener Bergbrüche teilen sich in den Raum. Wer an Wasserfällen noch nicht gesättigt ist, mag sich in dieser Gegend am schönen Sturz des Attertaibaches ergötzen. Um diese Zeit, am späten Abend, begegneten wir einem Fuhrmann, der einen zweirädrigen schwergepackten Karren begleitete, welcher heute noch nach Sölden kommen sollte. Es ist schwer zu beschreiben, was ein Fuhrmann und sein Gaul auf solchen Wegen auszustehen haben. Gerade jetzt zog der Pfad voller Schrunden und Risse einen steilen Steig hinan und nun schob der Mann selber mit. Auf halber Höhe aber wollte das Pferd erliegen und ging nicht weiter. Und ehe der Fuhrmann sich's versah, machte der Karren Anstalt rückwärts zu rollen und den Gaul mit sich zu ziehen, wobei es ihm denn gerade noch gelang einen Stein vor die Räder zu werfen und das Unglück aufzuhalten. Nunmehr stand er seufzend vor dem Gespann und sagte: wie lang werd' ich noch brauchen, bis ich da hinaufkomme! – Wir hatten Erbarmen, halfen ihm zuerst einmal ein bißchen ausrasten, verkürzten ihm die Zeit durch zerstreuende Reden und dann schoben wir alle drei an dem Karren und wie ich glaubte, auch an dem Gaul, der alle Tatkraft eingebüßt hatte. Nach einer langen Viertelstunde waren wir oben und trieften vor Schweiß.

Dort verließen wir auch den Fuhrmann, der das Dorf erst viel später als wir erreichte.

Die Gemeinde Sölden liegt aber wieder sehr anmutig in grünen Wiesen, die geräumig auseinanderlaufen und mit Roggenfeldern abwechseln. Die Häuser sind idyllisch zerstreut und verstecken sich da und dort heimlich hinter kleinen Waldschöpfen. Drüben ragen abermals die weißen Ferner herein und man spürt, daß man schon weit hinten im Gebirge ist.

In Sölden ist ein leidliches Wirtshaus und ein braver Wirt, mit dem wir indes trotz seiner Trefflichkeit nahezu in Streit geraten wären. Da wir nämlich den ganzen Tag über keine andere Erquickung gefunden, als zu Umhausen ein zartes Forellenpaar, so kamen wir mit etwa zehn Stunden in den Beinen bei einbrechender Nacht sehr hungrig in Sölden an und baten dringend, sie möchten uns Schweinsrippchen oder Hammelbraten oder etwas ähnliches zum Nachtmahl geben. Der Wirt entgegnete darauf, es wäre zwar Fleisch vorhanden, aber weil es Freitag sei, werde er keines zurichten lassen. Umsonst beriefen wir uns darauf, daß wir Reisende seien, umsonst ermahnten wir, er solle die Aufklärung im Ötztal nicht Lügen strafen – der Herbergsvater zu Sölden blieb bei seinem ersten Wort, und etliche gesottene Eier, die man uns vorsetzte, umschlossen denn auch in ihrer engen Schale alles was unsere weiten Bedürfnisse decken sollte. Wir waren damals fast ärgerlich über den Mann, jetzt aber, nachdem die Empfindlichkeit längst vergangen, scheint mir der Wirt einer Ehrenerwähnung wert, weil er festgehalten an seiner Überzeugung und nicht für schnödes Geld Hammelbraten und Gewissensruhe hingegeben.

Bis zur Kirche in Sölden kann man mit leichten Karren notdürftig fahren, aber von da an ist nur mehr Fußweg. Nachdem man noch einige Zeit durch Wiesen gegangen, ist die grüne Flur wieder zu Ende und es stellt sich ein roter, mit Alpenblumen buntgefärbter Berghang entgegen, an dem ein steiler Pfad hinaufführt. Oben genießt der Wanderer einen schönen Blick ins kleine Talgelände, das er verlassen, und wenn er noch etwas vorgestiegen ist, auch einen anderen in einen grausigen Schlund, wo der Weg hoch über dem schäumenden Bach hinzieht, während hängende Felsen von allen Seiten hereinnicken. Dann muß er wieder hinunter, und wenn er so anderthalb Stunden zwischen den Wänden fortgewandelt, öffnet sich abermals ein enges Tälchen, sanft und grün, in dem die Hütten von Zwieselstein ersichtlich sind.

In Zwieselstein kommen der Venter- und der Gurgler Bach zusammen und ihr vereintes Gewässer wird von da an die Ötztaler Ache genannt. In Zwieselstein gehen aber auch drei Wege auseinander. Einer von diesen führt dem Venter Bach entlang in den hintersten Ort des Tales, nach Vent. Links von diesem geht dem Gugler Bach nach der Weg ins Gurglertal. Dieser wird in neueren Zeiten von kecken Reisenden viel betreten. Jenseits des anmutigen Grundes von Gurgl geht's über den großen Gurgler Ferner ins Pfossental hinab, das ins Schnalser Tal mündet. Der Gang über den Gletscher beträgt da vier Stunden und gewährt die interessantesten Schrecknisse. Noch weiter zur Linken zieht ein Bergpfad auf den Timbels, von welchem man ins Passeier hinunter das Timmelsjoch steigt, von allen dreien der betretenste, als der kürzeste Weg aus dem Ötztal nach Meran, welcher während des Sommers fast immer „aper", d. h. frei ist von Schnee und Eis. Ein guter Fußgänger kann von Zwieselstein in einem Tag nach Meran gelangen.

Wir wählten uns den Weg nach Vent, der alsbald über einen Steg in die Schlucht hineinführt, aus welcher der Venter Bach hervorstürmt. Der Pfad ist schmal und unbequem. Eine schöne, weiße Bergkuppe, die zu rechter Hand aus dem Tal aufsteigt, stand mächtig vor unseren Augen. Es ist dies der Weißkogel, dessen breiter Fuß das westliche Berggehänge von Heiligkreuz bis Vent bildet. Hier gerieten wir einmal in schwere Zweifel, ob wir nicht den Weg verfehlt hätten; denn als wir einige Zeit durch tauigen Wald gegangen waren und endlich wieder im Freien das enge Tal betrachteten, den Bach, der zwar noch sehr jung, doch schon mächtig schrie, und die langen Schroffen, die oben in Schneefeldern und Fernern ausgingen, als wir dies so betrachteten und mit den Augen in der Höhe allerlei Schönheiten zusammensuchten, gewahrten wir auch plötzlich hoch über unseren Häuptern auf senkrecht abgeschnittenem Felsenrand eine Kapelle und etliche Häuser. Auf dem hellgrünen Wiesensaum, der über dem Abgrund schwebte, auf die weiße Kapelle und in die Fensterchen der hölzernen Hütten fiel die Morgensonne und darüber stieg der blaue Himmel auf. Wie wir da aus der schattigen Schlucht, die noch kein Strahl erreicht hatte, hinaufblickten in jene erleuchtete Höhe, so wollte es uns bedünken, als ginge dort hinauf der wahre Weg, der allein ans Ziel führe. Diese Ahnung hätte uns freilich nur betrogen, denn als wir auf gut Glück den rauhen Pfad im Tal weiter verfolgt hatten, sahen wir bald das ersehnte Kirchlein von Heiligkreuz vor uns, wie es sich dem Bach zur Seite freundlich auf seinem grünen Hügel erhebt. Jetzt zeigt sich auch eine mächtige Pyramide, die im Hintergrund des Tales aufsteigt und die Thaleitspitze genannt wird.

Als wir auf dem Platz waren, trat der Mesner aus dem Gotteshaus und sagte uns grüßend, der Herr sei noch am Messelesen und wir möchten einstweilen auf der Bank vor dem Widum, der Priesterwohnung, ausrasten. Dies taten wir auch gerne und betrachteten die Gegend, die so schmal und still vor unseren Augen lag. Man hat erst im Jahr 1804 in diesem engen Talschnitt eine Kirche erbaut, einfach und klein, wie sie für die hundert Älpler, die unter die Seelsorge gehören, ausreicht. Rund herum ist auch ein kleiner Friedhof. Neben diesem liegt das Häuschen des Kaplans, hölzern aber heimlich, mit einigen Blumentöpfen vor den Fenstern. Etwas weiter oben stehen vier oder fünf ärmliche Hütten, die den Hauptstock des Sprengels ausmachen. Etliche Gerstenfeldchen und ein paar Erdäpfelbeete zeigen ungefähr, was hier noch durch Anbau dem Boden abzugewinnen ist; dagegen bringt er ungezwungen die schönsten Alpenblumen hervor und prangt auch sonst im lebhaftesten Grün. Unten in der Schlucht braust der Bach. Diesseits sind die Höhen nicht weit zu verfolgen, da die niedersten Abdachungen zu nahe liegen und den Blick auffangen; aber jenseits des Baches geht's von diesem an hinauf über Schroffen und Fichtenwald bis zu den Fernern, die weiß und reinlich auf dem Sattel ruhen. Mancher braune Felsklotz sticht trotzig aus der eisigen Decke. Besonders schön war es anzusehen, wie diese stolzen Hörner, von heiterer Sonne beschienen, ihre blauen Schatten über den weißen Schnee hinwarfen. Aus den Fernern lösten sich etliche silberne Wasserfäden ab und stürzten ungehört über den Berghang in die Tiefe.

Wir saßen also auf der Bank vor dem Herrenhaus, schauten immer wieder aufs neue zu jenen Fernern hinauf und sagen einander: dort wohnen die Feen des Ötztales! In solche Herrlichkeiten verlegt nämlich die Ötztaler Sage den Wohnsitz der „saligen Fräulein", elfenhafter Jungfrauen, welche die Hirtenknaben lieben und die Gemsenjäger hassen. Von diesem Haß und jener Liebe erzählen die Älpler mehr als eine schöne Geschichte. Indessen haben die saligen Fräulein auch bequemer gelegene Wohnungen im niederen Talgelände, und zumal bei Längenfeld ist eine Grotte, welche zu ihren gefeiten Hallen im Innern des Gebirges führt. Vor dieser Grotte saß einst im schönen Mai ein junger Hirte und kochte sein einfaches Mahl. Da erscholl von Längenfeld her die Mittagsglocke, der Knabe kniete nieder um zu beten und warf in seiner Unvorsicht den Topf um. Alsbald trat ein Fräulein aus der Grotte und gab ihm andere Speise für die, welche er verschüttet. Dabei kamen die beiden, der schöne Hirtenknabe und das schöne Fräulein, in ein freundliches Gespräch, und als der eine sich gehabt, nahm ihn die andere bei der Hand und führte ihn in ihr wunderbares Schloß. Dort wurde er mit lieben Worten aufgenommen und die Elfen sagten ihm, er möge kommen zu allen Stunden, aber niemand dürfe davon wissen und niemals dürfe er jagen gehen auf die Gemsen, die allesamt ihre Haustiere seien. Dem Hirtenknaben gingen neue Tage auf, schönere als er je erlebt, bis ihm nach manchen Monden ein Wort entfuhr, das seinem Vater seine Liebe verriet. Als er darauf wieder an den Berg kam, war dieser verschlossen und keine Bitte, keine Klage konnte ihn wieder öffnen. Der Knabe verging fast in seiner Sehnsucht und starb schier vor Gram, aber das salige Fräulein, seine Liebe, kam nicht mehr zu Tage. Und zuletzt machte er sich auf und ging um Rache zu nehmen auf die Gemsenjagd, ersah ein Tier, verfolgte es und schoß. Aber kaum war's getan, so stand das salige Fräulein, das ihn einst geliebt, in all ihrer Schönheit schützend bei dem werten Wild, blickte den Jäger an, schwermütig aber milde, als gedächte sie vergangener Tage, und der Knabe stürzte von dem Blick geblendet in den Abgrund.

Als nun der Kaplan aus der Kirche trat, gab er uns freundlichen Willkomm und erregte auch sonst manche angenehme Hoffnung in den beiden Pilgern; denn da gestern, wie bekannt, Fasttag gewesen und der Wirt zu Sölden jedem Mann nur ein Ei gewährt hatte, so war ihnen noch etlicher Hunger übergeblieben. Dafür wurde nun trefflich gesorgt, und ehe die Sonne im Mittag stand, war eine kräftige Suppe und ein trefflicher Gemsziemer und eine auserlesene Gemsleber auf der Tafel. Nebenbei tranken wir vom roten Wein des Etschlandes und plauderten bis zum späten Nachmittag, festgehalten durch einen stürmischen Regenschauer, der sich urplötzlich emporgezogen hatte an dem Himmel, der noch um Mittag so heiter gewesen war.

Wer macht sich wohl im geselligen Flachland eine richtige Anschauung von dem Leben dieser hochgebirgischen Dorfkaplane? Drei Vierteile des Jahres liegen sie unter Schnee, und in der „apern" Zeit läßt ihnen Mutter Natur kaum die Erdäpfel im Garten reifen. Jahraus jahrein leben sie da in ihrem engen Häuschen mit der nächsten Aussicht auf den Friedhof und verlassen es nur um den Verrichtungen in der Kirche oder der Seelsorge auf den Höhen herum nachzugehen oder zu einem einsamen Spaziergang, der nur den Wiesenpfad talein- oder -auswärts verfolgen kann, denn ringsherum sind steile Wände. Wenn im Winter der Weg in die Kirche oft erst mühsam gebahnt werden muß, so läßt sich denken, was für Fährlichkeiten zu bestehen, wenn etwa ein Sterbender auf entlegenem Hof nach dem Priester begehrt und dieser in finsterer Nacht, in Sturm und Schneegestöber, dem Ruf folgen muß. Ist dann der Weg auch gangbar, so drohen noch immer die Schneestürze und davon weiß man in Heiligkreuz wie im ganzen Ötztal Schauerliches zu erzählen, als z. B. daß gleich im Jahr 1817 zu Nörder auf dem Weg nach Zwieselstein acht Personen verlahnt wurden, die sich alle in ein Haus geflüchtet hatten, das sie für besonders sicher hielten – ein Unglück, bei welchem nur der achte, ein alter Mann, mit dem Leben davon kam. Überhaupt sind die Arten, wie man hier zu Lande mit dem Tod abgehen kann, kaum zu zählen und der lange Weg durchs Ötztal herauf bis zum Ferner läuft wie durch eine Allee von Martertäfelchen, kleine Abbildungen des Todesfalls mit beigeschriebener Bitte um ein Vaterunser, welche die Hinterbliebenen am Pfad aufrichten lassen und oftmals mit ländlichen Versen zieren. Manche sind in Fernerklüfte gefallen, andere vom Schroffen gestürzt, andere durchs Eis in den Bach gebrochen, andere hat der Strom im Sommer fortgerissen, andere ein fallendes Felsstück erschlagen, andere ein rutschender Baum erdrückt, andere sind in der Lahne erstickt, andere im Geröll umgekommen und so fort, nur von mörderischen Überfällen ist nicht die Rede. Um übrigens zu unseren Bergkaplanen zurückzukehren, so führen sie auch im Sommer kein sehr geselliges Leben, da der Nachbar oft mehrere Stunden zum Nachbar zu gehen hat, auch die Gießbäche in der schönen Jahreszeit nicht selten den Pfad mit sich fortreißen und den Verkehr für mehrere Tage unterbrechen. Darum ist das enge Häuschen mit ein paar Büchern, ein paar Singvögeln und ein paar Blumentöpfen gleichsam die Kajüte, in der der einsiedlerische Priester die langen Monate durchsteuert. Das enge Häuschen, welches zwar zuweilen einen guten Keller besitzt, in dessen Küche aber frisches Fleisch jeweils eine Zufälligkeit. Besondere Wonnen und Freudentage, die das stille Einerlei des Jahreslaufs unterbrechen, wären wohl schwer namhaft zu machen; doch hält einer oder der andere die Jagd auf „Murmenten", auf Murmeltiere, für ein hohes Vergnügen. Gleichwohl sind die Fälle nicht gar selten, daß solche Priester zehn und zwanzig Jahre bei ihren Kirchen und ihren anhänglichen Schäflein geblieben sind, obgleich es ihnen in dieser langen Zeit nicht an Gelegenheit fehlte, den Ort ihrer Wirksamkeit zu wechseln.

Für gesellige Naturen mag es ein Labsal sein, daß sie niemand hindert, müden Wanderern eine Herberge zu geben. Da findet sich doch alle acht Tage einmal Anlaß, etwas zu reden, man hört wieder von der Welt und in neueren Zeiten oft von fernen Ländern, von den Britischen Inseln, von Skandinavien und dem äußersten

Tal. Mancher Engländer, mancher Normanne bleibt durch Unwetter aufgehalten etliche Tage sitzen und erzählt zur Kürzung der Stunden von seinem Land und seiner Vaterstadt. Davon haftet dann manches im Gedächtnis und man muß sich oft wundern, wie der geistliche Gastfreund, der nie über die Grenzen seines Bistums hinausgekommen, an einem anderen Ende des Weltteils ganz gut Bescheid weiß und Verhältnisse kennt, die aus Büchern gar nicht zu lernen wären. In allen Fällen wird man die Aufnahme freundlich finden und wenn auch der Tisch etwas zu wünschen übrig läßt, so wird das Lager doch überall befriedigen. Billige Rechnung ist ein Ehrenpunkt, da man's lieber ganz umsonst täte, wenn die Mittel ausreichten. In manchen Häusern darf sich die Köchin gar nicht in die Sache mischen, weil der Hausherr fürchtet, sie möchte zu fiskalisch dareingehen. So kommt dann der gute Wirt selbst mit der Kreide, schlägt die einzelnen Posten vor, ladet den Gast ein, seine Erinnerungen vorzubringen, schreibt jedes Sümmchen nur nieder, wenn es vorher gebilligt worden, und so wird denn im friedlichsten Einverständnis der Betrag der mäßigen Vergütung festgesetzt.

Gegen Abend also machten wir uns, gelabt und gestärkt, wieder auf, um nach Vent zu gehen. Der Kaplan gab uns noch eine Strecke weit das Geleit, und dann nahmen wir herzlichen Abschied. Der Weg war ungefähr eben so beschaffen wie der andere, den wir in der Früh von Zwieselstein nach Heiligkreuz gegangen waren, doch eher etwas bequemer. Hie und da stehen ein paar Hütten an der Seite – sonst große Einsamkeit und wegen der vielen Spuren von Lahnenstürzen, wegen der Steingerölle und der wilden Schroffen etwas Melancholie.

Nach zwei Stunden eröffnet sich das heitere Tal von Vent, wo das letzte Dorf im Ötztal, das höchste im Lande steht, bei 6000 Wiener Fuß über dem Meer, höher als die Schneekoppe im Riesengebirge. Es finden sich hier fünf Bauernhöfe, und darin wohnen etliche vierzig Menschen, die keine Felder mehr bauen, aber schöne Alpenweiden besitzen und durch Viehzucht einen ziemlichen Wohlstand unterhalten.

Das Tal von Vent ist ein Seitenstück zu der Landschaft von Galtür: hölzerne Alpenhäuser und eine weiße Kirche (auch Widum und Wirtshaus sind gemauert), glatte Wiesen, ein ruhig fließender Bach, niedere grüne Berge. So grauenvoll der Winter sein mag, so harmlos und artig scheint das Gelände im Sommer. Wir haben der Überraschung schon einmal gedacht, die den Pilger befällt, wenn er lang am tobenden Bach aufwärts gegangen, an Schroffen und dräuenden Felsen vorbei durch grause Schluchten, über Lawinenbahnen und Steingeröll, zeitenweise die ernsten Gletscher im

Auge – und wenn er zuletzt, wo der Schauer am größten sein soll, in den grünen ruhigen Wiesenplan eintritt, wo all diese Schrecknisse verschwunden sind. Dasselbe Gefühl kehrt auch hier wieder, und man kann es noch an vielen anderen Stellen erleben.

Das Wirtshaus zu Vent ist eine sehr ärmliche Anstalt. Frisches Fleisch kommt nur bei feierlichen Gelegenheiten vor, sonst hält man zum Bedarf der Fremden geräuchertes Kuhfleisch, mager, dürr und ranzig, eine höchst unleckere Nahrung. Das Brot wird alle vierzehn Tage vom äußeren Tal hereingeholt und ist also dreizehn Tage altbacken. Der Wein kommt im Winter auf Schlitten über Zwieselstein herein, und dazu muß als Bahn, wenn der Pfad ausgeht, auch der gefrorene Bach behilflich sein. Die Betten waren nicht lang genug für uns, was anzudeuten scheint, daß die Reisenden der Mehrzahl nach kürzer sind als wir.

Den Abend füllten wichtige Gespräche über die Fernerfahrt, die wir vor hatten. Einige Bauern gaben darüber ihre Gutachten ab, die aber sehr weit auseinanderwichen. Die einen erklärten den Gang für höchst bedenklich, die anderen für ein Kinderspiel, vorausgesetzt, daß gutes Wetter sei. Der Wirt nannte Nikodemus von Rofen als den besten Mann für Gletscherreisen. Dieser würde morgen früh erscheinen, um, als am Sonntag, in die Kirche zu gehen, und er würde uns führen wohin wir wollten. Unter großen Hoffnungen schlüpften wir zuletzt in die kleinen Betten und verfielen in sanften Schlaf.

Am anderen Morgen, es war der 6. August 1842, erschien Nikodemus von Rofen und erklärte sich, wie vorausgesagt war, ohne Umschweife bereit, uns übers Niederjoch nach Schnals zu führen, vorher aber gedenke er noch ins Amt zu gehen, welches samt Predigt bis zehn Uhr dauern sollte. Zu gleicher Zeit lud uns auch der Wirt ein, mit ihm in die Kirche zu wallen, da das Haus geschlossen werde. So gingen wir willfährig und bescheiden auf die Kirche zu. An der Pforte bemerkte uns der Gastfreund, hier sollten wir stehen bleiben, denn die Plätze im Inneren seien alle ausgeteilt und für uns keine Unterkunft. Blieben also einige Zeit an der Tür stehen, bis die männliche Alpenjugend immer dichter herandrängte und mit groben Ellenbogen auch den Raum auf der Schwelle besetzte. Unter dieser Bedrängnis mußten wir Widerwillen ins Freie treten. Mittlerweile fing es zu tröpfeln an und wir verehrten unsern Gott in leisem Regen, waren etwas trübselig und mischten in unser Gebet hie und da ironische Betrachtungen über die sieben Seligkeiten der Bergreisen und die Gemütlichkeit der Älpler. Dies dauerte eine gute Weile. Endlich kam der Wirt mit den Schlüsseln und wir trachteten fröhlich der Herberge zu und versprachen uns, da vorderhand keine Hoffnung zum Aufbruch war, viel Belehrung von den Gesprächen, die wir mit den Betern führen wollten, wenn sie nach dem Gottesdienst durstig ins Wirtshaus kommen würden, nahmen auch zu diesem Zweck schon vorhinein einen guten Platz. Alsbald aber wälzten sich die Venter und ihre Nachbarn vollzählig zur Stubentür herein, besetzten alle Tische und Stühle, die noch frei waren, und etliche, welche nicht mehr unterkommen konnten, blickten von der Schwelle begehrlich ins Gemach. Um diese Zeit nahte der Wirt, fragte, ob es uns hier nicht zu lärmend sei, und als wir mit einem vernehmlichen Nein geantwortet, drehte er seine Rede und bat uns freundlich, ja sehr freundlich, zu bedenken, daß die Stube gerade für soviel Männer gebohrt sei als in die Kirche gingen, daß da an Sonn- und Feiertagen jeder seinen Platz haben wolle und daß es gar keinen Frieden geben würde bis auch die anderen auf der Schwelle noch zu sitzen kämen. Dabei stellte er uns vor, wie angenehm und ruhig unser Schlafgemach sei, und es wäre ihm sehr lieb, wenn wir da hinübergingen. Ei was? brummte da der eine von uns, wir sind ja hier wie die Parias; erst wollen sie uns nicht in der Kirche leiden, und nun nicht einmal im Wirtshaus! Ach! sagte der andere, es sind gute Leute; tun wir ihnen den Gefallen. Nun nahm der Wirt vergnügt unser Trinkzeug und trug's hinüber, und wir folgten in unser armseliges Schlafgemach. Stühle waren nicht drinnen, und so legten wir uns in notwendiger Verkürzung auf die Betten. Leider wußten wir gar nicht, was wir anfangen sollten. Lesen, Schreiben, Rechnen schien alles nicht am Platz und an der Zeit. Auch zum Reden fielen uns nur ärgerliche Bemerkungen ein, die wir lieber unterdrückten. Alle Viertelstunden aber ging einer hinunter und traf verabredetermaßen mit Nikodemus von Rofen zusammen, um das Wetter zu beurteilen, denn beim ersten sichern Anzeichen von Besserung sollte es weitergehen.

Endlich, es war um halb zwölf Uhr und der Regen hatte schon seit einiger Zeit aufgehört, endlich sagte Nikodemus; es hebt! und mahnte zum Aufbruch. Er ließ sich noch eine fette Suppe geben, während wir einige Lebensmittel zu uns steckten und die Rechnung berichtigten. Bei letzterem Geschäft gewannen wir übrigens die Überzeugung, daß es in Vent zwar ziemlich schlecht, aber auch ziemlich teuer zu leben sei.

Vent ist seitdem für die Touristen bekanntlich ein klein Paris geworden. Der Herr Kurat Franz Senn, des Längenfelder Nattes letzter „Bue", der seit 1860 dort als Seelsorger waltet, hat alles aufgeboten, um den Reisenden, die dieses sein Reich besuchen, das Leben im Tal und das Steigen auf den Bergen so angenehm als möglich zu machen. Im Sommer 1861 hatte er in seinem Häuschen, das nur zwei leidliche Zimmer aufwies, bereits über zweihundert Touristen zu beherbergen. Aber schon im nächsten Jahr wurde ein Neubau unternommen und seitdem auch alle Jahre etwas hinzugesetzt, sodaß jetzt zwei Gaststuben, elf Zimmer und dreißig Betten vorhanden sind. Auch eine Bibliothek, mit alpinen Werken reich versehen, steht dem Gast zur Verfügung.

Ebenso sorgte der Kurat für bequemere Wege. Jener früher so schmale und rauhe, der von Zwieselstein hereinführt, ist seitdem auf fünf Fuß erweitert worden, sodaß sich's jetzt gemächlich gehen und reiten läßt. Seit 1863 ist auch ein guter, für Katholiken und Protestanten gleich gangbarer Saumweg von Vent übers Hochjoch ins Schnalser Tal angelegt worden. Er wird jetzt im Sommer täglich von Maultieren begangen und sind schon gar viele gebildete Herren und Damen hinüber und herüber geritten. Der Weg nach Zwieselstein kostete 6000, der Saumpfad nach Schnals 2000 fl. und all dies Geld mußte der Herr Kurat, wie er sich ausdrückt, rein zusammenbetteln. Das Ötztal spendierte 1100 fl.; auch der kaiserliche Hof und das Ministerium in Wien, sowie der Landeskulturfonds von Tirol gaben ansehnliche Beiträge. Doch fehlen noch einige hundert Gulden, um den mutigen Unternehmer ganz schadlos zu stellen. Die Erhaltung der Wege bestreitet so ziemlich der Opferkasten im Gastzimmer, der jedermann zu freiwilligen Beiträgen einladet.

Auch die Erklimmung mancher Spitzen ist nunmehr wesentlich erleichtert. So sind z. B. die Kreuzspitze und das Ramoljoch jetzt ohne Gefahr zu begehen. Über diese und die anderen alle ist die beste Auskunft im Widum zu erhalten, da der Herr Kurat schon alles bestiegen hat, was in der Nähe nur immer zu besteigen ist.

Derselbe hat mittlerweile auch das Führerwesen geordnet und die Herausgabe mehrerer Bergpanoramen unternommen. Das „Panorama des Ötztaler Gebirges vom Ramolkogel aus" und die „Ansicht des Hochjochferners mit Umgebung" sind schon vor mehreren Jahren erschienen. Ein Panorama von der Kreuzspitze in Farbendruck ist jetzt (Juli 1871) zu Berlin eben fertig geworden.

Seit den letzten zwanzig Jahren ist eine Fülle gediegener Schriften über das Ötztal erschienen. Als die bedeutendste derselben wird allgemein des Obersten von Sonklar Werk: Die Ötztaler Gebirgsgruppe (Gotha 1861) anerkannt. Auch der Herr Kurat hat schon mehrere Abhandlungen ans Licht gegeben. Von ihm stammen verschiedene Berichte über verschiedene Bergbesteigungen, sowie auch die „Blätter der Erinnerung an Zyprian Granbichler, den Berg- und Gletscherführer zu Vent im Ötztal" (München 1869), wenigstens die Schilderung der entsetzlichen Fahrt, die er mit diesem von Meran und Schnals kommend über das Hochjoch bestanden hat. Damals brachten sie die Nacht vom sechsten auf den siebenten November 1868 unter Sturmgeheul und Schneegestöber auf dem Ferner zu. Nach einem Marsch von nahezu dreißig Stunden, den alle Schrecknisse der Alpenwelt begleitet hatten, kam der Kurat um drei Uhr nachmittags in Rofen an. Zyprian war vor Erschöpfung etwas weiter oben zurückgeblieben. Der Kurat schickte ihm sofort Hilfe, allein er verschied unter den Augen derer, die ihn zu retten gekommen. Er galt als der beste Führer in den österreichischen Alpen. Seitdem wurde ihm ein Denkstein auf dem Friedhof und ein Bildstöckl an der Stelle seines Todes errichtet. – Über Wesen und Art der Ötztaler mag aus neueren Quellen, die mir zugegangen, noch etwa folgendes mitgeteilt werden:

Der Ötztaler ist ernst, religiös und patriotisch. Trotz seines Ernstes zeigt er aber einen ausgesprochenen Hang zu scherzen und andere zu necken, zu „vexiren". Er hat viel Sinn für praktische Dinge und läßt sich Neuerungen, die ihm einleuchten, gern gefallen. Verschiedene Weg-, Archen- und Brückenbauten, sowie andere gemeinnützige Unternehmungen geben davon Zeugnis. Die althergebrachte Sparsamkeit will in neuerer Zeit nicht mehr recht nachhalten. Man läuft jetzt schon den Moden nach, wie sie draußen am Land umgehen und vergeudet dafür manchen Groschen, den man besser zurücklegen würde. Die frühere Tracht des Tales ist fast gänzlich abgekommen. Schwazerhaube, Mieder, Wifling sind bei dem Weibervolk ebenso selten geworden, als die ausgenähten Joppen und das kurze „Gsäß" bei den Männern. Am Sonntag sitzen diese sehr gerne im Wirtshaus bei Bier, Wein oder Branntwein. Namentlich ist letzterer sehr beliebt und soll in unglaublicher Menge verzehrt werden.

Von anderer Seite kommt mir die Mitteilung, daß im Jahr 1869 sich ins Venter Fremdenbuch 620, im Jahr 1868 – 513, im Jahr 1867 – 392 Touristen eingeschrieben haben, während sich im Jahr 1845 nur acht, im Jahr 1846 nur 18 eingetragen finden.

Das hinterste Ötztal und seine Umgebung zeigt eine Menge romanischer Namen. Es besteht darin eine große Ähnlichkeit zwischen dieser Gegend und dem wilden, jetzt fast unbewohnten Gebirge zwischen Brandenberg und der Scharnitz. Es ergibt sich daraus, daß beide Gegenden vor tausend oder fünfzehnhundert Jahren wenigstens ebenso bekannt und betreten waren, als jetzt.

Wir wollen die Mehrzahl dieser Namen hier zusammenstellen

und erklären. Es wird dies umso erwünschter sein, als die Linguisten der Alpenvereine bereits beginnen, eine „offizielle" Orthographie dieser Namen festzustellen, ohne jedoch zu fragen, aus welcher Sprache sie stammen oder was sie bedeuten. Also:

Fanat (besser Vanat) = vignata, nicht weil da einmal ein Weinberg gestanden, sondern weil die Gestalt des Gletschers an einen Weinberg erinnerte.

Finail = finale oder foenile.

Firmisan (besser Virmisan) = val mezzana.

Gampels = campoles, Deminutiv von campo.

Gepatsch = campaccio.

Glosaier = clausura, Einfang.

Gurgel = gorgola, Deminutiv vom ital. gorga, Strudel, Gurgel, Schlund. Siehe Diez, Wörterbuch I. 221.

Guflar = casolare, altes, verfallenes Haus. Guflar, wie derselbe Gletscher auch genannt wird, wäre cavallaro, Roßhirt.

Lagaun = lagone von lago.

Latsch, ursprünglich wohl Lartsch = larices, Plural von larix, Lärche.

Lazins = lacignes, Dem. von lacus.

Marzoll, Murzoll = marezuola, Dem. von mara, Mur. Andere schreiben Marzell, was mrezella wäre und dasselbe bedeutete. An Maria-Zell ist nicht zu denken.

Mastaun = masettone, von maso, Hof.

Matatsch = montaccio. – Mutmal = monte malo.

Pfossen = fossa.

Plangeroß im Pitztal, was man mit plange, rosa (weine, o Rose!) zu erklären versuchte, ist plan grosso.

Plattei = platta d'aua, aqua.

Ramol = rio malo.

Rofen = churw. roven, Rain.

Somaar = (via de) somaro, Saumweg.

Stöblein = stavelino, von stavel, Stall.

Taleit, schwerlich von Tal und leiten; eher (monte) d'al neto, Erlenberg.

Valbanair = val d'ava nera.

Valgin = val de cuna, Wiegental.

Verwall = val bella. Verpeil ist dasselbe.

Vent = (val de) vento.

Vernagt = val de nocte.

Danzebelle in Planail, planello, habe ich früher mit dadens la valle erklärt, seitdem aber gefunden, daß in dieser Gegend noch im vierzehnten Jahrhundert eine romanische Familie Lanceabella lebte, und glaube nunmehr, daß jener Berg ihr Eigentum war und von ihr auch den Namen, de Lancea bella, erhielt.

Similaun scheint sehr rätisch zu klingen; allein simila ist ja unsere Semmel und das Augmentativ similone würde ganz annehmbar bedeuten, daß man den Berg mit einer großen Semmel, einem Wecken verglichen habe.

Die Namen in der Talsohle sind alle deutsch, was annehmen läßt, daß von Sautens, welches rätisch, bis Zwieselstein weder Rätier noch Romanen seßhaft gewesen (vergl. S. 47, 61). Tumpen ist eigentlich ein Manns- und Hofname, bei dem Tumpen. Mittelhochdeutsch tump, jetzt dumm, bedeutete leichtsinnig, mutwillig. Habichen, auch ein Hofname, beim Habicho, Ableitung von Hadbert. So auch Roppen, beim Roppo, Rodpert. Anichen in Pflersch, beim Anicho, von Anno, Agino. Krimmel im Pinzgau, von Krimwalt, Grimwald, Patterich, bei Kappl im Paznaun, ist ganz deutlich der althochdeutsche Mannsname Paturich. Auf diese, bisher nicht angewendete Weise lassen sich gewiß noch eine Menge tirolischer Ortsnamen erklären (vergl. S. 53). Scheint doch auch Wörgl im Unterinntal, urk. Vergili, nichts anderes zu bedeuten, als den Hof des Virgilius, wenn dieser auch nicht der Sänger der Aeneide, sondern eher ein Namensvetter des Bischofs Virgilius von Salzburg gewesen ist. Wegen Perfuchs und Angedair zu Landeck siehe meine Rätische Ethnologie S. 110.

Nunmehr hatte sich Nikodemus gestärkt, griff nach seinem Stab und wir zogen davon. Allererst ging es eine jähe Anhöhe hinan, von welcher wir rechts nach Rofen hineinsahen. Zu Vent läuft nämlich das Tal abermals in eine Gabel aus, deren eine Zinke zum Hochjoch, die andere zum Niederjoch führt. Im grünen Grund der ersteren liegen die beiden ansehnlichen Rofner Höfe, die letzten Häuser im Ötztal, nur noch eine Stunde von dem vielbesprochenen Rofner Wildsee, und Nikodemus, dem der eine davon gehört, deutete mit Stolz auf sein väterliches Erbe. In dieser Wildnis hat nämlich, wie alte Sagen berichten, Herzog Friedrich mit der leeren Tasche eine Zuflucht gefunden, als er geächtet und gebannt dem Kostnitzer Konzil heimlich entflohen war (1416). Dazumal, als hundert Feinde ihm nachstellten und der eigene Bruder nach der Grafschaft Tirol strebte, lebte Friedl manchen stillen Tag auf dem Rofner Hof und die Rofner Tochter soll sogar ihr Herz an ihn verloren haben. Später, als er wieder zu seinem Land gekommen war, gedachte er dankbar dieses Asyls und verlieh dem Hof ausgezeichnete Ehren, Steuerfreiheit nämlich und die Rechte einer Freistätte. Erstere genießt er noch, letztere ging unter Josef II. ein. Auch wurde der Hof zu einem eigenen Burgfrieden erhoben und dem Schloßhauptmann zu Tirol untergeben. Noch zur Zeit aber spricht Nikodemus von seinem Hof nicht anders als ein Ritter von seiner Burg, und es nimmt sich sehr stolz und vornehm aus, wenn der Bauer etwa anhebt: „So lange ich auf Rofen sitze" usw. Übrigens gehörte auch die Gemeinde Vent bis in dieses Jahrhundert herein ins Gericht nach Castelbell im Vinschgau und ins Bistum Chur. Jetzt steht sie samt den Rofner Höfen unter dem Landgericht zu Silz im Inntal und unter dem Bischof zu Brixen.

Obengedachter Wildsee im Rofner Tal wurde in letzterer Zeit öfter besprochen; aber schon im Jahr 1773 hat er einem öffentlichen Lehrer an der Universität zu Wien, namens Josef Walcher, ein gutes Schriftchen entlockt: „Nachrichten von den Eisbergen in Tirol", wohl die ersten, die über diese entlegene Gletscherwelt unter das deutsche Publikum gebracht wurden. Damals, wo niemand ohne Schauer an diese winterlichen Einöden dachte und kein vernünftiger Mensch sie einer Beachtung wert hielt, damals mag dies Büchlein den Leser sehr überrascht haben. Wir lernen daraus unter anderem, daß zu jener Zeit noch manche der Meinung waren, es hätten die Gletscher von Tirol erst im dreizehnten Jahrhundert ihren Anfang genommen, indem damals mehrere sehr kalte Winter aufeinander gefolgt seien und sich deshalb auf den hohen Bergen das Eis dergestalt gehäuft habe, daß die darauffolgende Sommerhitze es nicht mehr ganz zerschmelzen konnte. Die Bildung des Rofner Eissees wird von Josef Walcher schon richtig so beschrieben, daß der an der linken Seitenwand des Rofner Tales gelegene Vernagtferner zeitenweise von seiner Höhe in den Taleinschnitt heruntersteige, diesen als quergelegter Eisdamm ausfülle und so den Bach, der aus dem Hochjochferner kommt und sonst ruhig abfließt, zum See aufstaue. Reißt dann mit zunehmender Sommerwärme der See den Damm durch, so ergeben sich jene verheerenden Überschwemmungen, die alles flache Uferland, die Oasen von Vent, Sölden, Längenfeld und Umhausen betreffen und nicht die mindeste der Plagen sind, denen der starkmütige Ötztaler ausgesetzt ist. Manchmal war die Wasserflut, die sich da plötzlich löste, so mächtig, daß selbst das Inntal noch davon zu leiden hatte.

Der erste Ansatz dieses Eissees, soweit sichere Nachrichten vorhanden, fällt ins Jahr 1599. Im Jahr darauf brach er verwüstend aus. Darnach lag sein Bett lange Zeit trocken, aber 1677 fing er abermals an sich zu bilden und 1678 und 1680 zerbrach er den Damm mit großem Schaden des Ötztales zum zweiten Mal und dritten Mal. Als Peter Anich von Perfuß, der geniale Landmann, sein

Vaterland Tirol aufnahm, um 1760, war der Seeboden wieder Weideland; er gab durch Punkte den einstigen Umfang des Wassers an und schrieb dazu: gewester (d. h. gewesener) See. Deswegen spricht auch Friedrich Mercey, der im Jahr 1830 mit der Anich'schen Karte in der Hand Tirol durchpilgerte und das Tagebuch später zu Paris herausgab, in dieser Gegend von dem fameux lac de Gewester, ein komisches Mißverständnis, das sich bei Lewald, der hier von einem Gewesteinersee erzählt, fast noch verschlimmert zeigt.

Im Jahr 1771 kam der Vernagtferner wieder an den Bach herab und zwei Jahre darauf erfolgte ein Ausbruch, der aber allmählich und daher mit weniger Zerstörung vorbeiging, als die früheren. Seitdem zog der Gletscher vor- und rückwärts, erreicht jedoch die Taltiefe lange Zeit nicht wieder. Im Jahr 1840 soll er zwei Stunden ober dem Bach gestanden sein. Bald darauf fing er wieder zu wachsen an, und als wir in Vent waren, hörten wir schon, daß der Ferner nicht mehr sehr weit vom Bach entfernt sei. Im vorigen Jahr, d. h. 1844, berichteten die Zeitungen, daß man die Talsperre sicher voraussehe. Der Gletscher wuchs im August täglich um mehr als drei Wiener Fuß. Endlich am 1. Juni 1845 schob sich der Eisdamm quer über den Bach und bald war der See wieder da, eine Viertelstunde lang und zwanzig Klafter tief. Von Innsbruck kam der Landesgouverneur mit einer Gefolgschaft sachkundiger Männer nach Vent, um das Mögliche vorzukehren. Am 14. abends brach das Wasser durch und unter fürchterlichem Drängen und Toben war in einer Stunde der See abgelaufen. In Vent wurden alle Brücken, Schneidemühlen und Scheunen am Ufer niedergeworfen, in Sölden die schönen Wiesgründe zerwühlt, viele Häuser beschädigt, Kirche und Pfarrwohnung bedroht. In gleicher Art hatte die wütende Ache auch Längenfeld ins Mitleid gezogen, und erst bei Umhausen verminderten sich die Spuren der Verwüstung. Der Schaden wurde auf 100.000 Gulden geschätzt. Nikodemus von Rofen hatte als Führer und kecker Spion in dem gefährlichen Lager des Ferners rühmliche Dienste geleistet. Ganz auf dieselbe Weise hat sich im Jahr 1716 der Gurglsee im nächst anliegenden Gurgltal gebildet, zum größten Entsetzen der Einwohner, die in Prozessionen an den Ferner wallten und den Himmel um Rettung anflehten. Da jedoch seitdem der See alle Jahre unschädlich abrinnt und wieder einläuft, so haben sich die Gurgler an diesen Nachbar gewöhnt und hegen zur Zeit keine Besorgnisse mehr.

Nikodemus Klotz von Rofen ist ein Vierziger, eher klein als groß, ledig, ernsthaft, aber doch kein Feind des Scherzes. Er trägt den spitzen Hut, die braune Jacke und die braunen dicken

Strümpfe, die Tracht der Ötztaler, und dabei spricht er ein altertümelndes, wenig abgeschliffenes Deutsch, von jener scharfkantigen Art, wie es in den innersten Tälern gewöhnlich erklingt. Er rühmt sich der einzige Mann der Gemeinde zu sein, der die Gebirge und die Gletscher ringsherum alle bestiegen. Er hatte von Jugend auf seine Herzensfreude an den feierlichen Fernern und kletterte vordem mit seiner Büchse allein auf die Hörner, neugierig was da für eine Aussicht oder nach seinen Worten: für eine „Einsicht zu fassen" sei. Er ist daher gewiß der verläßlichste Führer im Venter Tal und geht überall mit, wohin man immer will, über den kleinen Ötztaler Ferner und das Niederjoch oder über das Hochjoch nach Schnals, an der Wildspitze vorbei ins Pitztal, über den Gepatschferner ins Kaunertal oder links hinüber nach Langtaufers und ins obere Vinschgau. Da, auf letzterer Fahrt, beträgt der Gang über das Eis indessen mehrere Stunden, und dieser hatte selbst den kecken Alpensohn jetzt etwas verduzt gemacht. Vor kurzem waren nämlich Bergsteiger aus Albion da gewesen und hatten ihn aufgenommen, sie nach Langtaufers zu führen. Als sie eine gute Weile auf dem Eis fortgegangen, wurde aber der Ferner durch Klüfte, Brüche und Schrunden so unwegsam, daß gar kein Mittel mehr schien vorwärts zu kommen. Nikodemus schlug vor zurückzugehen; die Engländer aber wollten ihre Mühe nicht verloren haben und forderten ihn gebieterisch auf, sie weiter zu geleiten. Nun gelangen zwar noch einige Übergänge, aber an einer breiten und tiefen Gletscherspalte fiel einer der fremden Reisenden und glitschte hinunter, sodaß ihn Nikodemus nur noch beim Schopf zurückziehen konnte. Als er so vom Tod gerettet war, besah er sich von oben bis unten, sagte lachend: das war gut – und nun hatte keiner mehr etwas gegen die Umkehr einzuwenden. Nikodemus aber hatte sich das zur Warnung dienen lassen und wollte niemand mehr nach Langtaufers führen, bevor er einmal wieder nachgesehen, ob sich nicht das Eis gewendet habe und der Ferner neuerdings gangbar sei.

Wir ließen also die Rofner Höfe rechts liegen und gingen links ins Niedertal ein und darin fort, einen öden, gar nicht kurzweiligen Weg, der oft von Fernerbächen durchschnitten ist, über welche wir nicht immer ungenetzt kamen. Außerdem war aber weder Gefahr noch Unbequemlichkeit, denn der Steig ging ganz mählich an der Halde hin, welche düster und mißfarbig an den Wänden von Glimmerschiefer abbrach und nur etwa an den Ufern der stürzenden Wasser freundlicheren Krautwuchs zeigte. Im Frühjahr ist das Tälchen dagegen sehr blumenreich, und da überzieht die Abhänge vor allem der duftende Speik (Primula glutinosa), die geehrteste aller Alpenblumen. Rückwärts blickend hätten wir jetzt wohl auch die prächtige Wildspitze sehen müssen, die höchste des Ötztalerstockes, welche 11.946 Wiener Fuß über das Meer emporsteigt, aber auf den Höhen lagen noch trübe Nebel, was wir wegen der gerühmten Schönheit jener Ansicht sehr bedauerten.

So hatten wir eine gute Strecke zurückgelegt, als wir zu einem Bildstöckl kamen, auf dessen Tafel ein sitzendes Weib gemalt ist mit einem neugeborenen nackten Kind im Schoß. Die Mutter Gottes schaut aus den Wolken gnädig herab. Der Rofner Bauer erzählte, hier habe sein Oheim vor Jahren in Wind und Wetter ein gebärendes Weib gefunden, und in ihren Todesängsten sie gerettet. Dessen zum Angedenken habe er die Tafel machen lassen. Sie aber, setzte er hinzu, sie war ein Lottermensch von Schnals. Mein Gott! sagte einer von uns, so gibt es also auch hier in diesen keuschen Wildnissen solche Opfer der Verführung, und sie gebären an den Fernern, um ihre Schmach den Augen der Menschen zu verbergen! Aus Sittsamkeit forschte keiner mehr nach näheren Umständen, und so erfuhren wir erst drüben im Vinschgau, daß ein Lottermensch nichts anderes bedeute, als ein Bettelweib, wonach sich denn die Beurteilung des Falles wesentlich berichtigte.

Bald kamen wir auch zu einer kleinen schwarzgrauen Hütte, welche ungemein kunstlos aus übereinander gelegten Steinen an die Halde hingebaut war. Die Vorderseite ragte kaum mannshoch über den Boden auf; Fenster hatte sie nicht, aber eine niedere Tür. Aus dieser trat ein Mann, anzusehen wie Robinson Crusoe, in Tierhäute gehüllt, mit verwirrten Haaren, ungewaschen vielleicht seit Monden. Er zeigte sehr viel Freude, daß wir uns zu ihm heraufbemüht, und wir dann auch nicht minder, daß wir so angenehmen Eindruck auf ihn machten. Im ersten Augenblick hatten wir allerdings über ihn gestutzt; indessen war er ein glänzendes Beispiel mehr, daß auch unter rauhem Kittel ein edles Herz schlagen könne, denn er grüßte nicht allein sehr herzlich und mit dem heitersten Lachen, sondern bot uns auch gleich eine schmutzige Schüssel voll Milch an. Dafür ließen wir ihn einen Schluck von unserem Vinschger Branntwein tun, womit er sich mehr als königlich belohnt erklärte. Auch lud er uns ein in sein Haus zu kommen, von uns aber wollte sich keiner so tief bücken. Doch warfen wir einen oberschlächtigen Blick hinein und gewahrten in der Finsternis etwas wie eine Schlafstelle aus Loden und Heu. Am Türpfosten bemerkten wir auch ein geschnitztes Heiligenbild angeheftet, und vor diesem, sagte uns der edle Wilde, verrichte er seine Andachten. Nachdem wir in dieser Art von allem Wissenswerten Notiz genommen, sprach Nikodemus: B'hüt Gott, Schnalser! und wir zogen weiter.

Der wilde Mann war übrigens ein Schafhirt aus Schnals, aus dem Tal, das jenseits der Ferner liegt. Solcher Schäfer gibt es mehrere in dem Revier. Die ganze Weide im Niedertal ist nämlich seit undenklichen Zeiten ein Eigentum der Schnalser Bauern, und diese schicken ihre Herden mit den Hirten über die Gletscher und lassen sie hier den Sommer zubringen. Deswegen ist denn auch, wie wir noch diesen Abend erfahren sollten, der Ferner in Schnals ein viel geläufigeres Thema als in Vent.

Nachdem wir nun zwei Stunden im Niedertal fortgegangen waren, kamen wir endlich an den Murzollferner, der eigentlich der Ausläufer zweier anderer ist, die sich oben vereinigen und in dieser Spitze zu Tal gehen. Die Ansicht gewährt noch wenig von der Schönheit der Gletscherwelt, denn das Tal ist eng, der Blick bergaufwärts beschränkt, der herabziehende Ferner selbst mit Schutt und Geröll bedeckt, daher schmutzig und rußig soweit man sieht. Außen herum an den unteren Kanten hat er mächtige Schuttwälle aufgeworfen. Murzoll war übrigens dieses Jahr vollkommen ausgeapert (spr. ausg'appert), und was er obenauf an Rissen und Schrunden haben mochte, das lag alles klar am Tag. Um diese Zeit, wenn nämlich die Sommersonne den tückischen Schnee aufgezehrt und die Ferner „das Hemd ausgezogen haben", sodaß sie Gestalt und Wesen ihrer Oberfläche nicht verbergen können – um diese Zeit werden sie am liebsten begangen. Dann lauern wenigstens keine heimlichen Gefahren und es locken nicht jene leichten Schneebrücken, die beim ersten Tritt einbrechen und den Wanderer wie die Fallbretter in den alten Ritterburgen hinuntersenden in die kalte Gruft zur ewigen Ruhe.

Nikodemus führte uns nun auf Murzoll – er gebrauchte die Namen seiner Ferner und Berge ohne Geschlechtswort – und wir gingen eine Weile auf dem Eis fort, um den Pfad in der Moräne, der immer mühseliger wurde, zu vermeiden. Murzoll dagegen zeigte sich zu dieser Zeit recht eben und zusammenhängend; nur hie und da zog sich ein handbreiter Spalt hindurch. Allmählich aber wurde auch Murzoll etwas unwegsam und wir suchten wieder den Fußpfad auf dem festen Land zu gewinnen, den die Schnalser Hirten durch unterlegte Felsblöcke zur bequemen Treppe erhoben hatten. Nachdem wir ungefähr drei Stunden auf dem Weg gewesen, machten wir bei einer zerfallenen Steinhütte halt, die in den Zeiten ihres Glanzes wohl ein getreues Ebenbild der anderen gewesen war, in welcher wir den Schäfer von Schnals gefunden. Hier nahmen wir etwas Brot und Käse ein und stärkten uns mit dem Vinschger, auf kahlem Boden, rings von Gletschern umsäumt, dicht ober unsern Häuptern einen wolkigen, verschlossenen Himmel. Letzteres erpreßte uns manchen trüben Seufzer, denn jetzt, wenn je, standen wir an der Pforte alpinischer Erhabenheit. Neben uns auf dem braunen Felsgeschiebe, mitten zwischen ewigem Eis und Schnee war eine kleine Herde Schafe in der Sommerfrische, die mit ihren Schellen fröhlich klingelten und zutraulich herankamen. Sie bleiben während des Hochsommers hier im Freien und suchen bergauf und -ab ihr Futter. Indessen sollte uns doch nicht alle Freude verlorengehen und nicht alle Erwartung getäuscht werden. Die Nebel, die sich während unseres Aufsteigens mehr und mehr gesammelt hatten und eine Zeitlang schwer und ruhig auf die Gletscher drückten, hoben jetzt, da etwas Wind hineinzublasen begann, ein lustiges Gejaid an, zogen abwärts, zogen aufwärts, huschten wie Phantome an den Fernern hin, schlangen wilde Reigen, drehten sich wirbelnd durcheinander, und zuweilen entstanden weite Risse, durch welche die Sonnenstrahlen verklärend brachen. Einem solchen Augenblick verdankten wir einmal eine prächtige Aussicht links hinein in einen langen, langen Korridor von weißleuchtenden Fernern, zwischen denen eine breite silberne Straße glänzend dahinzog, wie eine Avenue zum Palast des Alpenkönigs oder zu einem Bergschloß der saligen Fräulein.

Von jetzt an wurden wir allmählich des großen Schneefeldes gewahr, das den Niederjochferner deckt. Nachdem wir noch ein paarmal aushilfsweise den Gletscher betreten hatten, weil der Weg zur Seite ungangbar geworden, nachdem wir auch aus derselben Ursache ein paar kleine Schneefelder durchwatet hatten, fanden wir uns auf der Stelle, wo der Pfad an den Schroffen hin ganz aufhört und der Gang über den Gletscher eigentlich seinen Anfang nimmt. Hier war zwischen die Steine ein hölzernes Windfähnchen eingeklemmt.

Jetzt geht's über den Ferner, sagte Nikodemus mit einem feierlichen Ernst, gleichsam als wollte er in seinen Anbefohlenen die Betrachtung erwecken, daß sie an einem großen Wagnis stehen. Die Luft war feucht, aber nicht kalt. Ermüdung oder anderes Ungemach ¡spürten wir nicht. Wir ließen in der kleinen Runde noch einmal die Flasche mit dem Vinschger kreisen, und traten dann den Weg an. Nikodemus hatte zwar Stricke mitgenommen, um uns alle drei nach Vorschrift der Sachverständigen aneinander zu binden, aber nach einiger Besprechung hielten wir's doch nicht vonnöten, auch nicht als uns der Bauer von Rofen erzählt hatte, wie kurz vorher ein ungebundener reisender Herr in den

Gletscher gesunken und wie er dann, nach mühsamer Rettung von ungeheurem Ekel an dem ganzen Wesen erfaßt, Hut und Stock von sich geworfen und in einem Rennen, als wären ihm alle Ferner des Ötztales auf der Ferse, über Vent bis nach Heiligkreuz gelaufen sei, um dort noch immer voll Entsetzen und halbtot vor Ermattung beim Kaplan wieder zur Fassung zu kommen. So gingen wir denn unseren Weg, jeder für sich – der Führer voran, Totenstille ringsum – kein anderer Laut als das leise Knirschen unserer Tritte.

Der Gletscher schien uns nicht sehr breit, etwa eine halbe Stunde, vielleicht nicht soviel. Der Weg führte etliche hundert Schritte von den Felsenwänden, die zur Rechten ihre Häupter in den Wolken verbargen, schnurgerade über das weiße Feld hinauf. Die schmutzige Spur von Menschentritten und Viehtrieb zeichnete ihn sehr kenntlich. Uns schien alles recht sicher und bequem, zumal da der Gletscher, seiner höheren Lage wegen, nicht ausgeapert und die Klüfte daher alle überschneit waren. Nikodemus mochte gleichwohl hie und da Gefahr wittern, denn etliche Male hielt er an und stieß mit dem Stock bedenklichen Gesichtes in den Schnee, ohne Grund zu finden. Er pflegte dann den Kopf zu schütteln, ging aber nichtsdestoweniger bald mit einem weiten Schritt vor, uns befehlend in seine Fußstapfen zu treten, was wir denn auch folgsam taten.

Jetzt war's ungefähr drei Uhr und sehr düster auf dem Ferner – neben und über uns, vor und hinter uns dichte stockende Nebel. Nun begann aber auf einmal zur Linken das Jagen wieder. Das zog und zerrte, huschte und flog, und plötzlich riß es auseinander und aus dem bewegten Wolkenreigen stieg ein ungeheures Horn, schrecklich geschartet an den Wänden, von tiefbrauner, feuchtglänzender Farbe, und um das braune Haupt legte sich wie ein Heiligenschein eine Scheibe hellblauen Himmels, die auch mit einem Male sichtbar geworden. Nikodemus blieb stehen, drehte sich überrascht um und sagte leise: das ist Similaun – und so leise flüsterte er's, als wenn er fürchtete durch lautes Wort das Ungetüm zu reizen. Wir aber hatten eine innige Freude über den titanischen Klotz, und diese wuchs noch immer als auch die letzten Schleier an den Flanken des Hornes verflogen, und dieses in seinem schimmernden Braun mit unbeschreiblicher Pracht vom weißen Ferner sich abhob und in den blauen Himmel ragte. Das ist Similaun – wiederholten wir, um den Namen ja nicht zu vergessen – und schauten vorwärts schreitend immer wieder auf dies trotzige Haupt mit dem niegesehenen Ausdruck von Größe und Wildheit.

Similaun, so schroff er scheint, ist dennoch schon etliche Male bestiegen worden. Er reizt dazu um so mehr als er nach der Wildspitze und der Weißkugel der höchste Grat ist im Ötztaler Fernerstock und 11.210 Wiener Fuß mißt. Der erste, der seinen Scheitel betrat, war der Priester Thomas Kaaserer von Unserer Lieben Frau in Schnals. Es geschah im Jahr 1834. Ihm folgte der Landarzt von Algund bei Meran, Franz Rodi, der das Wagnis am 27. August 1839, aber bei sehr ungünstigem Wetter vollführte. Am 22. Juni 1840 bestieg der nämliche die Spitze zum zweiten Mal willig gefördert und geleitet von den Schnalsern, die unten im Tal auch Böller aufstellten und die kühnen Steiger, als sie den Gipfel erreicht hatten, mit Freudenschüssen begrüßten. Der Himmel war dazumal rein. Die Aussicht wird als unermeßlich geschildert; sie soll hinausgehen bis ins deutsche Reich und man will selbst bayerische Städte gesehen haben. Gegen Morgen zeigt sich der Großglockner, gegen Abend der Ortler und die Schweizer Gletscher, ja die kecken Männer behaupteten sogar, der Montblanc sei ihnen erschienen. Die wimmelnden Eishäupter und Schneeköpfe in der Nähe sind gar nicht zu zählen. Übrigens sieht man soweit oben oft viel mehr als man nachher den Leuten unten glaubhaft machen kann.

Similaun ist mittlerweile so beliebt geworden, daß er alle Jahre acht- bis zehnmal erstiegen wird. Der letzte oberste Anstieg ist übrigens etwas gefährlich. Man unternimmt die Tat gewöhnlich von Vent aus, wo die Einrichtungen jetzt viel zuverlässiger sind als in Schnals. – Nebenbei bemerkt: Nikodemus ist noch am Leben und geht noch hochbetagt als Führer mit den Leuten. Auch seine Söhne haben sich diesem Beruf gewidmet.

So waren wir nahezu ans Ende des Ferners gekommen. Der Himmel hatte sich jetzt ganz aufgetan, die Sonne schien fast warm, und überhaupt glaubten wir zu merken, daß sie in den Tälern den schönsten Tag gehabt, während wir da oben in und über den Wolken gegangen waren. Nunmehr öffnete sich auch das Land gegen Süden; nahe prächtige Ferner, die sich gegen Schnals hinunterlagern, und hohe Gebirgsstöcke traten auf, lange, zackige, blaue Kämme, die weit und breit hinzogen nach Welschland oder zum Ortler, und unten wie in Meerestiefe lachte auch schon das grüne Tal von Schnals. Da standen wir und schauten bald auf Similaun, den schauerlichen, so hoch über uns, bald auf das stille Paradies in der Niederung so tief unter uns, und wollten nun rasch über den letzten Auslauf des Gletschers weg. Ehe dies aber vollbracht, hatten wir noch eine neckische Fährlichkeit zu bestehen.

Der Weg zum Ziel führt hier nämlich rechts an den zerklüfteten Wänden hin, und zwar noch immer auf dem Ferner, der da in mäßiger Breite schief abwärts hängt, bald aber ganz senkrecht in einer turmhohen spitzen Zunge, gleich einem gefrorenen Wasserfall, zwischen tausendzackigem Gestein ins Tal hinuntergeht. Die letzte kurze Strecke, ehe wir auf festen Boden kamen, war die bedenklichste – rechts die Felsenwand, links der gefrorene Wasserfall, in der Mitte durch auf schiefem Eis der schlüpfrige Pfad. Der eine von uns legte sich nieder, um sich mittels der Hände über die verdächtige Stelle zu schieben; der andere wollte aufrecht darübersteigen. Leider gerieten ihm nur wenige Schritte – jählings glitschte er aus, fiel zu Boden, kam ins Rutschen, packte in der Zerstreuung den anderen Liegenden an einem Fuß; dieser, der auf der glatten Fläche keinen Halt hatte, mußte folgen und so glitten wir aneinander gekettet, der eine voraus, der andere hintennach, pfeilschnell dem Wasserfall zu, über den wir wie zwei geflötzte Holzblöcke hinabgeschossen wären, um unten an den Felsen zu zerschellen, wenn nicht der Hinterpart trotz aller Eile den kleinen Runst eines Eisbächleins entdeckt hätte, das in derselben Richtung floß, welche wir eingeschlagen hatten. In diesen stemmte er nun schleunigst seinen Vorderarm, und da das Rinnsal gewunden war, so gab es bald eine Hemmung, und der todesmutige Konvoi blieb so noch zur rechten Zeit lebensfroh auf dem Eis hängen. Nikodemus, der sorglos vorausgegangen war, weil ihm in seiner Geübtheit die offene glatte Bahn viel weniger Bedenken gemacht, als die überschneiten Fernerklüfte, Nikodemus hatte unterdessen seine Augen am grünen Tal von Schnals geweidet, kam aber jetzt auf unser Rufen herbei und führte einen nach dem andern ans Land, nicht ohne Mühe, denn da unten, wo wir hielten, war's noch um ein Gutes schlüpfriger als oben, wo wir abgefahren.

Jetzt standen wir also auf festem Felsenboden, 8700 Fuß über dem Meer, und blickten mit noch einmal soviel Vergnügen in die grüne Tiefe. Dabei sahen wir auch auf die Uhr und brachten heraus, daß wir gerade siebenunddreißig Minuten auf dem Ferner gewesen waren. Im ganzen hatten wir von Vent bis daher nicht volle fünf Stunden gebraucht und Nikodemus lobte deshalb unsern rüstigen Schritt. Hier ließen wir auch den werten Führer ziehen, der im Sinne hatte noch nach Rofen zurückzugehen. Wir boten ihm, da im voraus nichts bestimmt worden, sechs Zwanziger als Führerlohn, und er meinte für das bissel Weg sei das übrig Geld genug. Auch legte er seine Zufriedenheit in einer sehr kräftigen Danksagung an den Tag, und gewiß war es ebenfalls nur zur Verlautbarung seiner stillen Freude, daß er uns, allerdings in ganz ungefährlicher Richtung, von oben herab noch etliche große Steine nachwälzte, um die Wirkung bewundern zu lassen, wie sie über das Geröll krachend in den Abgrund sprangen. Wir befanden uns mittlerweile auf einem steilen Felssteig, der mit rotbraunen Blöcken verfriedet ist und wendeltreppenartig an dem Geschröffe abwärts zieht. Hier setzten wir unsere Bergstöcke ein und halfen uns in raschem Schuß zu Tal, kamen zuerst, nachdem wir uns von der Schroffenwand losgelöst, auf magere Wiesen, die über und über mit kleinen und großen Felstrümmern beschüttet waren, und so mehr und mehr aus der Region des Schreckens in die des Grünen, zu Zirbelnüssen und Lärchenbäumen, zu Hütten und Häusern, zu Kornfeldern und in die liebliche Au von Unserer Lieben Frau zu Schnals. Ehe wir aber so weit waren, drehten wir uns noch einmal um und besahen den riesenhaften Vorhang von Eis, der aus dem Ferner herunterhängt und so leicht hätte unseres Lebens Ziel werden können. Dann betrachteten wir auch die Felsenwand, an der wir herabgeklettert und fanden es fast wunderlich, daß wir nun gar keine Spur des Steiges mehr entdeckten, der uns ins Tal geführt. All die Aussicht über die Berge des südlichen Landes hatte sich jetzt wieder verloren. Zur linken Hand zog sich die Schnalser Landschaft in eine enge Schlucht zusammen. Da drinnen steht der Finailhof, berühmt in der Sage wie der Rofner Hof, weil Herzog Friedrich, als er diesen verlassen hatte und eine neue Zufluchtsstätte suchend über den Ferner gegangen war, beim dortigen Bauern eine Weile unerkannt lebte und dann den Hof auf ewige Zeiten „von gemeiner Obrigkeit freite". Die Sage läßt den Fürsten hier die Schafe hüten und auch auf dieser Seite des Ferners mit einer schönen Hirtin eine Idylle spielen, was diesseits wie jenseits seine Richtigkeit haben mag.

Wir aber glaubten wärmere Lüfte zu fühlen und so sagten wir uns, wir seien jetzt, wenn auch noch mitten im Hochgebirge, doch schon jenseits der großen Wasserscheide und eigentlich unter hesperischem Himmel. Stattliche Männer mit großrandigen spitzen Hüten und grünausgeschlagenen braunen Jacken kamen des Weges, riefen uns mit lautem Gruß an, fragten neugierig, ob wir übers Joch gegangen und freuten sich unserer Tat, die sie, als von landfremden Leuten vollbracht, des höchsten Lobes würdig fanden. Darüber fast etwas aufgebläht, traten wir mit stolzen Schritten ins Wirtshaus, wo zum einnehmenden Gegensatz mit der finstern Venter Herberge an den hellen Fenstern und um den großen runden Tisch sieben oder acht kräftige Zecher saßen, die bei unserem Erscheinen alle aufstanden und uns mit rüstigen Grüßen empfingen. Auch sie sagten uns nur Ehrenvolles über unser Wagstück und erzählten dies und jenes von verschiedenen Fernerfahrten. Überhaupt wird den Schnalsern nachgeredet, daß sie sehr ehrgeizig seien und etwas Großes darein setzen, daß so viele fremde Herren ihre Gebirge in Augenschein nehmen. Es läßt sich noch zu ihrem Ruhme beifügen, daß dies Hochgefühl kein untätiges ist, vielmehr ist bekannt, daß sie schon oft, wenn Similaun oder ein anderes Joch bestiegen werden sollte, nicht allein unentgeltlich als Führer mitgezogen, sondern mit manchem Aufwand von Zeit und Mühe durch Aufsuchung und Vorbereitung der tunlichsten Wildsteige zu solchen Zwecken behilflich gewesen sind. Auch Franz Rodi preist Josef Rafeiners und Josef Weittalers, seiner Führer, Uneigennützigkeit und erzählt, daß dieselben keinerlei Entgelt für ihre Mühsal angenommen, sondern sich mit der Ehre begnügt haben. Die ernsten Venter stehen ziemlich scheu zu ihren Fernern und wollen nicht viel davon wissen; die frohsinnigen Schnalser aber nehmen das ganze Revier fast wie ihr angestammtes Reich in Anspruch, umsomehr als ihre Schafe bis gegen Vent hinab auf die Weide gehen. Sie sprechen von ihren Eiswildnissen und ihrem Similaun, wie regierende Alpenkönige von ihren untertänigen Ländern. Es ist ein großer schöner Schlag von Menschen, dem diese hochfahrenden Reden sehr wohl anstehen. Das Wirtshaus zu Unsrer Lieben Frau – das untere nämlich, denn es sind deren zwei – hat unsere Erwartung weit übertroffen. Seppele, der Wirt, ist ein einundzwanzigjähriger Knabe, groß und schön, mit langen krausen Haaren von dunkler Farbe, ein Musterbild von einem Schnalser, und seine etwas jüngere Schwester steht als Schnalserin ebenso preiswürdig da. Beide waren überaus freundlich und dienstbeflissen und halfen zusammen, um uns das Dasein angenehm zu machen. Seppele trug uns das Beste auf, was er hatte, nämlich frischen Braten vom Fleisch des Gstrauns, worunter aber nicht etwa ein fremdartiges Tier der Alpenwelt, sondern lediglich ein Hammel zu verstehen ist, der in Tirol allgemein mit diesem aus dem italienischen Castrone stammenden Namen belegt wird. Überdies hatten wir einige andere Zuspeisen und vortrefflichen Wein. Wir betrachteten uns diesen Abend schlechtweg als ein paar rare Leute, dieweil wir, was zwar auch vielen anderen vergönnt, aber doch noch ungleich mehreren versagt ist, einen Gang über die Ötztaler Ferner gemacht hatten, freuten uns immer wieder von neuem über das schöne Gelingen und wiederholten uns alle die vorübergegangenen Ereignisse des Tages, die stille Sonntagsandacht im Regen, den trüben Abschied vom Wirt, die Votivtafel mit dem Lottermensch, die biedere Manier Nikodemus des Rofners, den Gang über den Gletscher, das ragende Horn Similaun, die unterbrochene Fahrt nach dem gefrorenen Wasserfall, die jähen Sprünge von dem Ferner herab und die hallenden Grüße der Männer von Schnals, als wir in ihr Tal traten. Daran hatten wir viel zu reden und lange Zeit redeten auch die starken Schnalser drein, und als diese am späten Abend fortgingen, blieben wir allein noch über dem Glas sitzen und plauderten fort bis Mitternacht. Am anderen Tag bereitete uns Seppeles Schwester noch ein vortreffliches Frühstück, und der Bruder machte uns dazu die Rechnung, welche nicht ganz einen Gulden betrug für die Person, daher auch eine der billigsten war, die wir im Gebirge bezahlt, obgleich nicht zu vergessen ist, daß hier das Seidel Wein nur mehr vier Kreuzer kostet, während es in Vent auf acht oder neun zu stehen kommt. „Wünsch' wohl auf zu leben", sagte uns Seppele als wir gingen, und dieser Abschiedsgruß bleibt von jetzt an der übliche bis man wieder auf den Brenner kommt.

Unsre Liebe Frau von Schnals liegt also in einem grünen Hochtal und ist ein Dorf, das zumeist aus zerstreuten Höfen besteht, welche im weiten Kreis die Kirche umlagern, die ehedem ein besuchter Wallfahrtsort war. Jedoch ist nur die Gegend um das Dorf so offen und mild, denn alsbald schließt sich das Tal wieder und nackte, morsche Wände, an denen der Pfad nur mit Mühe sich hält, engen den Bach ein. Der Weg geht in der Höhe immer am Abgrund hin, lange Zeit mit keiner andern Aussicht als auf öde Schroffen. Hoch an dem Tobel fortziehend gelangten wir zur Kartause von Schnals, auch Allerengelsberg genannt, welche König Heinrich von Böhmen im Jahr 1326 stiftete. Der Prior der Kartause war Hofkaplan der Grafen von Tirol und hatte Sitz und Stimme auf der Prälatenbank der tirolischen Landtage. Er lebte mit seinen Brüdern in allerdings sehr asketischer Gegend von schmackhaften Fischen und gutem Wein. Aus dem See auf der Heide ob Mals, der dem Kloster angehörig, zappelten die edelsten Flossenträger im Küchenbrunnen zu Schnals. Kaiser Josef hob die Kartause auf und seitdem ist die königlich-böhmische Stiftung in bösen Abfall geraten. Die Zellen der frommen Mönche sind jetzt armen Leuten zur Wohnung hingegeben. Auf den alten Mauern wachsen junge Gräser. Nach diesem blickten wir links ins wilde Pfossental hinein, aus welchem jene herauskommen, welche bei Zwieselstein im Ötztal auf Gurgl gehen und über den großen Ferner steigen. Dann sahen wir jenseits des Baches St. Katharina, eine kleine Kirche auf schroffer Höhe. Diesseits schlängelt sich der Weg immer an kahlen Sandwänden hin und tief in der Schlucht unten rauscht der Bach. Nur selten stehen einsame Häuschen da oder dort in der Aussicht. Nach und nach aber erscheinen die grünen Rebengelände, die sich vom Vinschgau hereinziehen und den Hof zu Ladurn bekränzen, von welchem das Geschlecht der Ladurner stammt, das sich clanartig, wohl mehrere hundert Köpfe stark über Vinschgau, Etschland und ganz Tirol verbreitet und sogar einen Absenker nach Petersburg getrieben hat, welcher dort Schlachten malt. Auch der fleißige Geschichtsforscher, Pater Justinian Ladurner, Franziskaner zu Innsbruck, ist aus diesem Stamm. Zu gleicher Zeit beginnen die Berge jenseits der Etsch in die Schlucht hereinzublicken und die Burg Juval erscheint stolz und groß auf hoher Warte, einst der Eppaner, dann der Matscher Besitz, von Markgraf Ludwig von Brandenburg dem Herrn Erhard von Halben vergeben, im sechzehnten Jahrhundert bei Hans Schwicker Sinkmoser, dem Kellner zu Tirol, seit 1815 einem Bauern verkauft und dem gänzlichen Verfall entgegensehend. Unten wird die Schlucht enger und finsterer, oben hebt sich der Weg unter riesigen Kastanien und schattigen Linden immer mehr in die Höhe, je näher des Tales Ende rückt, und nahe an den Pforten des Schlosses hat er die höchste Stelle erreicht. Von da aber sieht man wieder einmal hinunter in ein Haupttal, ins Land, das die Etsch durchströmt, ins schöne Vinschgau. Die gelben, verbrannten Berge der Sonnenseite standen den mächtigen Jöchern enthalb des Stromes zu großartigem Widerspiel entgegen; jene eine heiße, steil aufsteigende Sahara, diese voll Gras und Laub und Schatten, voll Wiesen und Wälder bis hinauf an die beschneiten Zinnen. Da sah man hinüber bis an die Suldnerferner und ich glaube sogar bis an den Ortler,

whose head in wintry grandeur towers
and whitens with eternal sleet,
while summer in a vale of flowers
is sleeping rosy at his feet.

Es ist dies zwar vom heiligen Libanon in Syrien gesagt, aber es gilt auch hier von den weißen ewigen Fernern, die in winterlicher Größe sich auftürmen, während der Sommer im Vinschgau unten rosig zu ihren Füßen schläft. Und jetzt schlief er auch wirklich am heißen Mittag in südlicher Siesta und atmete nur leise durch die Rebenlauben, und ein weicher blauer Duft schwebt über dem Tal, aus welchem die Schlösser und die Dörfer, die Weingelände, die Kornfelder und die Kastanienbäume dämmernd sich erhoben. Mitten drinnen strömte die Etsch und daneben schlenderte wie ein gelber Faden zwischen Büschen und Bäumen die Heerstraße daher. Auf dieser entdeckten wir weit draußen ein eiliges schwarzes Pünktchen, in dem wir allmählich den Stellwagen erkannten. Um mit ihm zusammenzutreffen, mußten wir gleichwohl auf die Schau der schönen Malereien verzichten, mit welchen Hans Schwicker Sinkmoser, der Kellner zu Tirol, die Burg einst schmücken ließ, und so stiegen wir rasch die steile, rebenbekränzte Halde hinab, und nachdem wir, von schwerer Hitze bedrückt, das Dorf Staben, welches unten an der Etsch liegt, erreicht hatten, rollte auch zu gleicher Zeit der Stellwagen daher, der uns aufnahm und in drei Stunden nach Meran brachte.

Finstermünz am Fuße des Reschenpasses auf einer um 1840 von der Firma Unterberger in Innsbruck herausgegebenen Ansicht.

VI.

Von Landeck über Mals nach Meran

1843

Dieser Weg ins Vinschgau, ins Etschland und nach Italien heißt im Land gewöhnlich die obere Straße, während jene über den Brenner die untere genannt wird. Eine dritte fahrbare Verbindung zwischen dem Norden Tirols und seinem Süden gibt es nicht. Jene obere Straße aber geht von Landeck aus und windet sich allererst am Innstrom dahin, oft in den Felsen gesprengt und mühsam herausgehauen; die Gegend ist eng, waldig, diesseits steil abfallend, während auf dem anderen Ufer grüne Berghänge stehen, mit Dörfchen, Feldern, Obstbaumhainen und reichem Buschwerk. Oben auf dem Gebirge zur linken Hand liegt Fließ, ein großes Dorf, dessen Kirche mit zwei Türmen prangend, wie eine Kathedrale auf stolzer Höhe leuchtet. Bei Fließ steht auch die ansehnliche Burg von Pideneck. Eine halbe Stunde von da schließt sich die Landschaft und bildet ein Felsentor, durch welches der Inn hereinzieht. Hier starrt Wand gegen Wand, und da herüben kein Raum mehr ist, so setzt die Landstraße aufs andere Ufer. Der Übergang heißt die Pontlatzerbrücke, ein Name, der in der Kriegsgeschichte von Tirol zu den berühmten gehört. Die Gegend ist schauerlich und düster, eng und unheimlich – ein gut angelegter Schauplatz für blutige Taten, die auch nicht ausgeblieben sind.

Im Jahr 1703 und wiederum Anno neun zogen da Bayern und Franzosen herein, um über Finstermünz das Etschland zu erreichen; beide Male fanden sie, da sich der Landsturm erhoben, an der Pontlatzerbrücke unüberwindlichen Widerstand und beide Male taten ihnen die künstlichen Steinlahnen, die von den Felsen herab entsendet wurden, den meisten Schaden. Viele von ihnen wurden elendiglich zerschmettert, andere fanden in den Fluten des Innstroms ihren Tod. Doch ist das alles jetzt schon ziemlich lange her und wir wollen diese harmlosen Seiten nicht wieder, wie in der ersten Auflage, mit alten Schlachtberichten aus vergessenen Tagen füllen, da die neueste Zeit deren eine so glänzende Reihe geliefert hat.

Eilen wir hinaus in die Tullenau, ins freundliche Korngefilde von Prutz. Noch ist's eine gute halbe Stunde bis ins Dorf; aber sein Kirchturm und seine großen Dächer winken schon deutlich herüber. Die Landschaft zeigt die ganze Pracht des oberen Inntales, riesige Berge, die weit oben noch mit einsamen Weilern besetzt, darüber mit Schnee bekränzt. Rechts steht auf ragendem Felsenkamm sehr trotzig und herausfordernd die Burg Laudeck, früher der Sitz der landesfürstlichen Pfleger, danach ausgebrannt, jetzt verödet und verlassen – gelbbraunes Gemäuer mit starken Zinnen. Daneben liegt das Dorf Ladis und hoch über diesem zeigt sich die weiße Stirnseite des Badehauses von Obladis, das wir auch erklettern werden.

Ehe man die Prutzer Brücke erreicht, steht zur rechten eine Schroffenwand an der Straße, aus der eine Quelle hervorquillt. Es war um Mittag als ich dahin kam, der Tag sehr heiß, kein Wölkchen am Himmel, die Felsenmauer gab etwas Schatten und in diesen hatten sich mehrere Landleute zurückgezogen, um zu rasten. Ein ärmlicher Knabe ging mit einem Glas unter ihnen herum und gab ihnen zu trinken, wofür er einige Pfennige bekam. Das Wasser aber ist ein angenehmer, kühlender Säuerling, sicherlich aus derselben Quelle, die den Ruf des Bades zu Obladis begründet. Ich hatte meine Freude an dem prickelnden Wässerlein, das mir den Durst so liebreich löschte. Nicht so eingenommen dafür schien ein ältlicher Landmann, welcher auch des Weges kam, das Glas aber kopfschüttelnd zurückgab und seufzend sprach: „Ach hätt' ich doch eine Halbe Wein!"

Der Ladiser Sauerbrunnen wird unter den Namen Prutzer Wasser bis gegen Innsbruck hinab verführt und ist im Oberinntal fast in allen Wirtshäusern zu haben. Man schlägt den jährlichen Verbrauch auf 20.000 Flaschen an. Mit Wein und Zucker vermischt gibt er dasselbe kühlende Getränk, wie es die Pilger am Rhein mit Selterswasser bereiten.

Das Dorf Prutz hat ein sehr anständiges Aussehen, im übrigen aber keine Denkwürdigkeiten. Wer daher von der Pontlatzbrücke herkommt, der mag gleich von der Tullenau zur rechten Hand nach Ladis hinaufgehen, leicht und bequem, während der andere Steig von Prutz aus ziemlich steil in die Höhe strebt. Unterwegs wird der Wanderer gleichwohl oft stillstehen, um die liebliche Aussicht auf die Prutzer Flur und die andere, mittelalterliche auf die Ruinen des mächtigen Schlosses zu genießen. Letzterem kommt er nun immer näher und es baut sich immer großartiger empor auf seiner nackten Klippe und schaut immer drohender herunter, bis man ihm zuletzt den Wind abgewinnt und die verlassene Feste von hinten sieht. Von dieser Seite aber sind die Wände eingestürzt und im verwilderten Hof liegen die Mauersteine zerstreut umher. Da hat denn auch die Burg ihr trutziges Aussehen völlig eingebüßt.

Auf gleicher Höhe, nicht weit von dem Gemäuer, liegt unter Obstbäumen das Dorf Ladis an einem stillen See. In diesem Dorf entspringt eine gute Schwefelquelle und das Wirtshaus ist deswegen als Badeanstalt eingerichtet, schlecht und recht, nach der Art des Landes. Der Aufwand, um den Gästen die Langeweile zu vertreiben, ist sehr gering und daher fast zu vermuten, sie haben keine. Als letztes Auskunftsmittel mag allenfalls eine Anstalt gelten, die hier wie auch in anderen Bädern gefunden wird. Es ist ein grüner Tisch auf allen Seiten mit spannehohen Wänden eingefaßt und im Innern wieder durch Getäfel in verschiedene Gemächer abgeteilt, welche alle durch kleine Pförtchen miteinander in Verbindung stehen. In diese Gehege werden als stumme Besatzung ein Dutzend Kegel gestellt, in das große Blachfeld der Mitte das Hauptgeschwader, etwa fünf oder sechs, in die Nebenkabinette je einer. Diese friedliche Mannschaft hat aber einen wilden Feind, einen schnurrenden Kobold, so was man in Bayern schlechtweg einen Schnurrer, anderswo Kreisel nennt. Dieser Unhold wird von der Hinterwand abgelassen und fährt dann schwirrend in die Tafel, schlägt je nachdem der Angriff gelingt, das Zentrum nieder, stürzt siegesstolz in die stillen Seitenzimmer, pickt auch da die ruhigen Bürger an und wirft sie zu Boden, schießt wieder heraus und anderswo hinein, verbreitet so überall Schrecken und Mord, und singt immer sein wildes Lied dazu, bis er endlich kampfesmatt auf seinen kahlen Scheitel fällt, den einzigen Fuß drohend gegen Himmel streckt, aber auch so noch schnurrend herumwirbelt. Da trifft denn oft der Grimm des Sterbenden manchen, den der Zorn des Lebenden verschont hatte. Zuletzt aber, wenn der Held ausgewütet, packt ihn ein anderer Badegast, um ihn zu neuem Leben zu erwecken. Es ist dies Spiel, wenn's nicht zu lange dauert, eine recht angenehme Unterhaltung, unschädlich für Kopf und Herz. Drum hat auch dieser grüne Schnurrtisch manches voraus vor den grünen Tischen in anderen Bädern, und es ist nur zu beklagen, daß er letztere nicht schon längst ersetzt hat.

Die Badeleute in Ladis scheinen ebenso mild und freundlich zu sein, wie die Wirtsleute in den übrigen Kurorten des Landes. Daß der Aufenthalt nicht teuer zu stehen komme, konnte man aus dem Fremdenbuch entnehmen, wo sich neben vielen Pfleglingen, denen man ihrem Stande nach ein gutes Auskommen wohl zutrauen mochte, auch manche fanden, die gewiß keinen Überfluß um sich verbreitet haben. Es waren in dieser Saison bisher 107 Gäste zugezogen und darunter erschienen nicht allein Pfarrer, Kooperatoren, Wirtinnen, Private, auch etliche gleichbedeutende „Brifate", Handwerker, Bauern, sondern sogar manches dienende Menschenkind, das sich ohne Hochmut als „Hausknecht" oder „Magd" eingetragen hatte. Ein bayerischer Hauptmann aus Lindau war dies Jahr auch hierhergekommen und genoß als der angesehenste Badegast hohe Ehren. In der Spalte der Bemerkungen stand unzählige Male: Sehr zufrieden, und des ist nicht zu zweifeln, daß dies bei allen der unverfälschte Ausdruck der Gesinnung war.

Von Ladis geht es nun weiter in die Höhe. Man erreicht bald wohlgehaltene Fußpfade, die einen Fichtenwald durchschneiden und demselben das Ansehen eines Parks verleihen. Nach einer halben Stunde ist man in Obladis, 3680 Wiener Fuß über dem Meer.

Hier ist also der einzige Sauerbrunnen in Deutschtirol, und zwar ein sehr kräftiger und heilsamer. Das Wasser soll bereits im dreizehnten Jahrhundert von einem Hirtenknaben Nikolaus Schäderle entdeckt worden sein, „indem er wiederholt eine auffallende und zudringliche Vorliebe seiner Herde zu dieser Quelle bemerkte". Kaiser Max ließ den Brunnen untersuchen und seine Doktoren brachten heraus, daß er eines der besten Kurwasser in ganz Deutschland sei. Davon erwuchs ihm ein großer Ruhm und zahlreicher Besuch. Auch der fürstlichen Grafschaft Tirol Landreim vom Jahr 1558 tut der Quelle in allen Ehren Erwähnung, singen:

>Vndr Trasp vnd vmb Laudegg her fliessn
>Edl Sawrprünn, die dem Menschn erspriessn,
>Machen zu Essn angnemen Lust
>Geben guet Attem, ringern die Prust.

Später geriet die Anstalt mittellosen Pächtern in die Hände, kam sehr herunter und fast in gänzlichen Verfall, sodaß man zuletzt nur noch drei schlechte hölzerne Hütten mit sieben unheizbaren Kammern fand. Im Jahr 1833 tat sich endlich eine Aktiengesellschaft zusammen, erwarb die Quelle und errichtete das jetzige Gebäude, das Staffler einen herrlichen Bau nennt.

Und in der Tat, wer von der Pontlatzerbrücke gegen Prutz zufährt, der sieht, wie schon bemerkt, ein schönes weißes Haus mit doppelter Fensterreihe und einem Kapellentürmchen aus dem Wald herunterblinken, ein Gebäude wie ein Lustschloß, und wenn er nachfragt, was das Haus bedeute, so wird er hören, dies sei das neuerbaute Bad von Obladis, das schönste in Deutschtirol, wo es sehr vornehm und fein zu leben und sogar etwas teuer zu zehren sei. Er braucht sich aber durch den Ruf der Vornehmheit und Teuerung weder abschrecken, noch anlocken zu lassen, da beides nur im Vergleich zu anderen Bädern des Landes gemeint sein kann. Von luxuriöser Verfeinerung ist auch in Obladis wenig zu spüren und man kann der Anstalt glücklicherweise nicht mehr nachrühmen als bürgerliche Behaglichkeit. Auf Speise und Trank halten die Tiroler Badegäste, die oft vorher schon ganz gesund sind, erstaunlich viel und wohl mehr, als man anderswo für gut erachten würde. Deswegen gibt's denn immer sehr reichliche Mahlzeiten; selbst der Abendimbiß, den wir heute einnahmen, war so trefflich ausgestattet, daß er auch als Mittagsmahl für den alpenhaftesten Hunger gerecht gewesen wäre. Doch ist der Preis dafür nur mäßig und noch billiger sind die Ansätze für Zimmer und Bäder. Ob dieses Obladis bei all dem ein sehr angenehmer Aufenthalt, sollen andere entscheiden. Was für manche Unbequemlichkeit entschädigen kann, ist außer der reinen Bergluft die herrliche Aussicht.

Also gehen wir ans Fenster und betrachten uns diese. Die Burg Laudeck, die von Prutz aus gesehen, so schwindelnd emporragt, die liegt jetzt tief zu Füßen, so tief, daß uns kaum mehr einfällt, wieviel es Schweiß gekostet bis wir sie erreicht; neben ihr das Dorf Ladis und der blaue See. Noch tiefer im Tal erscheinen die Kirche und die weißen Häuser von Prutz, die der grüne Inn bespült und die gelbe Landstraße durchzieht. Über diesem Dorf öffnet sich der weite Eingang ins herdenreiche Kaunertal, das hinten in eine Fernerwüste ausgeht. Dort drinnen wurde Franz Zauner geboren, der das Reiterbild Kaiser Josefs II. geschaffen hat, welches zu Wien im Burghof steht. Durch den Riß zieht in breiter Windung der verheerende Faggenbach heraus. Auf einer Seite steht eine rauhe Wand, auf der anderen eine lange, hohe Halde, ganz bunt, braun, grün, gelb von Brachäckern, Wiesen und wallenden Kornfeldern. Auch viele Obstbäume mengen sich darunter und aus solchen sticht der rote Kirchturm von Kauns und das graue Gemäuer des Schlosses Berneck hervor, das einst des Herrn Hansen von Müllinen Besitztum war, der seinen Freund und Herzog Friedel da schützend beherbergte, in denselben schwierigen Zeitläufen, als er auch beim Rofner Bauer und auf dem Finailhof eine Freistätte suchen mußte. Weit drinnen im Tal prangt das große Gotteshaus von Kaltenbrunn, ein hochgefeierter Wallfahrtsort zu Ehren Unsrer Lieben Frau, der kampflustigen Landesverteidigerin, die im Tirolerkrieg den Söhnen der Berge oft sichtbar geholfen haben soll.

Weiter hinauf auf den grünen Bergebenen zeigen sich viele Höfe und kleine Dorfschaften auf einsamen Fluren. Den ganzen Umfang behüten aber ungeheure Gebirge, vor allen die hochaufragenden Marken des Kaunertales, die sich immer mächtiger hineinziehen gegen die unermeßliche Wildnis des Ötztales und weite Schneefelder tragen. Jetzt fingen sie rosenrot zu schimmern an und strahlten in ihrem Prunkgewand noch lange, als die Sonne untergegangen und die Dörfer der Niederung schon in der Dämmerung verschwommen waren.

Jetzt ist auch Zeit, das Fenster zu schließen, denn es schauert ganz kalt herein. Das Abendmahl wird im großen Kursaal aufgetragen und einer der geistlichen Herren verrichtet das Gebet. Die Sommerzeit war dahin, die Saison wegen des vielen Regens ohnedies schlecht gewesen, und so fanden sich nur noch ein Dutzend Badegäste – mehrere Priester, ein paar angesehene Herren aus den Städten und ein wohlgenährter Bauer aus dem Vinschgau, ein gar manierlicher Mann, der trotz seiner roten Weste und der grünen Hosenträger in das Gespräch der Herren sehr vernünftige Bemerkungen einflocht. Es wurde von der trefflichen Einrichtung des Bades gesprochen, der heiteren Räumlichkeiten und auch der Hauskapelle in Ehren gedacht. Dabei kam ferner zur Sprache, daß im Jahr 1825 ein lustwandelnder Kurgast unweit des Sauerbrunnens eine sehr heilsame Schwefelquelle entdeckt habe und daß überdies eine Tuffquelle in der Nähe sei, welche die hineingelegten Gegenstände in kurzer Zeit versteinere.

Daß das Obladiser Bad seit jener Zeit nicht zurückgegangen, zeigt eine kurze Erwähnung, welche Herr Dr. Ed. Amthor im zweiten Band des Alpenfreundes S. 376 niedergelegt hat und welche also lautet:

„In Obladis findet der Wanderer, außer der prächtigsten Aussicht, eine gar reine, herrliche Luft, balsamischen Tannenhauch, wohlschmeckendes heilsames Sauerwasser, warme Bäder, durchaus anständige Gesellschaft (auch dann und wann Norddeutsche), gutes Quartier, ausgezeichnete, nur oft zu konsistente Atzung, trefflichen Etschländer in Rot und Weiß für die Kehle und einen Spaziergang – freilich nur einen! – den von der ‚Wolfsschlucht' zur ‚Fisser Bank', welcher aber des schönen Ausblicks wegen seinesgleichen in den Alpen sucht!"

Dieser Band des Alpenfreunds bringt auch ein schönes, von Herrn A. Ziegler aufgenommenes Panorama der Aussicht von einer Stelle oberhalb des Bades.

Am andern Morgen in kühler Frühe, ehe noch die Sonne über die Schneeberge heraufgekommen, ging ich von Obladis über frische Wiesen hinweg dem Dorfe Fiß zu. Der Weg führt fast in gleicher Höhe fort, auf einer Hochebene, die sich zur rechten Hand an den Gebirgszug lehnt, der gegenüber in das Paznaun niedergeht. All die Nachbarschaft glänzte im Morgentau, die schneeigen Berge von Kauns ragten scharf in den goldenen Schein der aufgehenden Sonne und unten tief im Tal lag ein dünner Nebel, der die Dörfer halbdurchsichtig verhüllte.

Das Dorf Fiß liegt in einem Bergspalt, den ein Wildbach gerissen, einsam, ungesehen von denen, die unten an der Straße hinziehen. Es besteht aus etlichen sechzig Gebäuden, zum größten Teil unscheinbaren Hütten. Einzelne gute, mächtige Häuser stehen dazwischen. Sie sollen von ehemals wohlhabenden Leuten kommen, die sich durch Handel mit dem trefflichen Vieh, das hier oben auf dem Mittelgebirge gezogen wird, ein Vermögen erworben hatten.

Eine kleine halbe Stunde von Fiß, noch auf derselben Hochebene, liegt ein anderes Dorf, Serfaus mit Namen. Die Pfarre dieses geräuschlosen Ortes ist ein Heiligtum der Gegend, denn sie war die erste darin und Jahrhunderte lang weit und breit die einzige. Selbst später noch gehörten nicht allein Fiß und Ladis, sondern auch die Leute von See im Paznaun in ihren Sprengel. Es fehlt auch nicht an Altertümern, und der freundliche Pfarrherr wies mir alles, was zu sehen ist. Zuerst betrachteten wir die alte Kirche am Rand des Friedhofes, die jetzt tief im Boden steht. Auf ihrem Chorbogen war früher eine uralte Jahreszahl zu gewahren, die man auf 804 deutete; die Serfauser haben sie jedoch zur Hebung aller Zweifel übertüncht und ein sehr sichtbares und keiner Mißdeutung fähiges 804 darauf gemalt. Auf einer Tafel oberhalb der Kirchtüre, welche die Auffindung eines Gnadenbildes vorstellt, ist aber sogar die Jahreszahl 422 zu lesen, die begreiflicherweise noch bedenklicher scheint. Auf dem Hochaltar schwebt ein altes Marienbild, zu dem vor Zeiten gewallfahrtet wurde. Auch der Taufstein ist nicht zu übersehen; er führt die Umschrift: Hans in Walt Anno Domini 1404. Die andere, neuere Kirche ist 1516 erbaut worden. Ein schöner gotischer Glockenturm aus älterer Zeit steht frei daneben. Im Erdgeschoß des Pfarrhauses selbst ist ein kellerartiger Raum, der im grauen Altertum auch eine Kirche gewesen sein soll, lange vor den beiden anderen, die wir oben erwähnt. Der Herr Pfarrer führte mich auch dahinein. Das Gewölbe ist finster und man hat Not, die Wandmalereien wahrzunehmen, welche für uralt erachtet werden. Doch wurde ein Licht gebracht und nun traten zwei oder drei halbverblichene Häupter hervor und ober denselben eine Verzierung von Fruchtschnüren und Engelsköpfen, die aber gewiß nicht aus dem grauen Altertum, sondern aus der Zeit der Renaissance stammen.

Bei Serfaus endet die schöne Hochebene, welche die drei genannten Dörfer beleben, und es ist an der Zeit, sich dem Tal zuzuwenden. An dem Steig, der hinunter führt, steht das Kirchlein St. Georgen, ein altertümliches Gotteshaus, angeblich aus dem neunten Jahrhundert, in dessen Inneres ich aber, da die Tür verschlossen war, nur durch ein vergilbtes Fenster schauen konnte. Es kam mir vor, als sei viel altes Schnitzwerk darinnen. Man liest in den Büchern, daß ein bemaltes Reliquienkästchen da zu finden sei, das vor vielen Jahrhunderten ein welscher Kardinal, der unten zu Tschuppach auf der Reise sterben mußte, hierher vermacht habe. Auch ein gotischer Flügelaltar mit sehr schönen Malereien soll in dem Kirchlein zu sehen sein.

Unweit von der Stelle, wo der Serfauser Bergweg in die Heerstraße mündet, steht das Tschuppacher Wirtshaus, für mich damals sehr gut gelegen, um den Stellwagen abzuwarten. Dieser kam auch bald heran und nahm mich bereitwillig auf in seine Räume, die diesmal fast leer waren. Und also wieder mit dem Stellwagen vorwärts, trotz aller guten Vorsätze, die schon so oft gefaßt waren und alle darauf hinausliefen, nie mehr in diesen Gehäusen zu fahren. Wer nämlich nicht ins Kabriolett zu sitzen kommt, der sieht höchstens die eine Seite der Landschaft und auch diese nur bis zur halben Berghöhe, und auch zur halben Berghöhe nur, wenn er sich den Hals ganz verrenken will. Abgesehen davon läßt sich allerdings manches Gute von diesen Fahrzeugen sagen. Die meisten sind geräumig, haben wohl gepolsterte Sitze, machen des Tages weite Strecken und fordern für die Poststation nicht mehr als 24 Kreuzer. Die Gesellschaft besteht aus Stellvertretern aller Stände des Landes; man findet Grafen und Herren, Weltpriester und Ordensleute, Benediktiner, Franziskaner, Kapuziner, Bürger aus den Städten, Studenten, Bauern und ihr Gesinde, Frauen und Mädchen. Man trifft oft ganz heitere Gefährten, aber dann geht freilich auch noch die halbe Berghöhe der einen Seite verloren. Man verplaudert sich, und wenn man dann wieder in stummen Zwischenräumen auf die Landkarte blickt und nach irgend einem alten Rittersitz oder nach einem Wasserfall oder nach einer anderen Denkwürdigkeit sich erkundigt, so erwidert die Gesellschaft mit barmherzigen Achselzucken, daß wir da schon lange vorbeigefahren sind.

Nun fuhren wir also in einer engen Schlucht aufwärts nach Pfunds, einem Dorf, welches gegen vierzehnhundert Menschen zählt, die ehemals sehr schöne Privilegien genossen. Erzherzog Sigmund überließ ihnen, was sie an Weggeld einhoben, Kaiser Leopold befreite sie 1705 von allen Abgaben, die sie ehedem für ihr Vieh an die benachbarten Zollstätten zu entrichten hatten, dieweil die „bei jüngst vorgewester churbayerisch-französischer Invasion ihre alleruntertänigste Devotion mit Hintansetzung aller Leib- und Lebensgefahr sonderbar erwiesen." Der Teil des Dorfes, welcher an der Straße liegt, heißt Stuben, und darin findet sich eine alte Nebenkirche, Unsrer Lieben Frau geweiht, mit einem schönen gotischen Altar, den der kunstliebende Wanderer mit Freuden betrachten wird.

Im Sommer 1868, und zwar am 23. Juli, ungefähr zur selben Zeit, als das große Unglück über das ötztalische Huben hereinbrach, waren auch die Pfundser ihrem Untergang nahe. Unter einem heftigen Gewitter stürzte im Rinnsal des Dorfbaches eine ungeheure Mur heraus, riß Brücken, Mühlen, Häuser zusammen und verschlammte Gärten und Wiesen. Ein siebzigjähriger Greis wollte in der äußersten Gefahr, einem Jungen folgend, auf eine Stadelwand klettern, aber das anstürmende Wasser erfaßte ihn und begrub ihn in seinem wilden Strudel. Auch ein Mütterchen von vierundsiebzig Jahren, das eben mit zwei kleinen Enkeln über die Gasse flüchten wollte, wurde mit fortgerissen. Bald darauf fand man die gute Alte, obwohl entsetzlich verstümmelt, unter dem Schutt noch lebendig. Eines der Mädchen lag tot in ihrer Nähe, das andere hatte im Inn sein Grab gefunden.

Hinter Pfunds, wo die Gegend offen und fruchtbar ist, ziehen sich die Bergwände wieder aneinander und das Tal wird abermals zur engen Schlucht. Danach gelangt man alsbald in die so oft beschriebene und gezeichnete Kluft von Finstermünz. Hier geht eine hölzerne bedeckte Brücke über den Inn, der seine grünen Fluten in engem Bett aus dem Engadin herauswälzt, auf der Brücke steht ein alter Wachturm, jenseits derselben ein altes, am Felsen klebendes Schlößchen, von Herzog Sigmund erbaut und Sigmundseck genannt, unter diesem eine Art von Klause, die jetzt ein Wirtshaus geworden. Alles dies erregt an und für sich kein großes Aufsehen, aber ungeheuer ist die Felswand, die über diesen Gebäuden aufsteigt, und noch schroffer und schrecklicher sind die Nachbarn, die von allen Seiten emporragen. Die ganze Schlucht mit den wilden braunen Schroffen, aus denen sparsam die Tannen aufsprießen, mit dem rauschenden Fluß tief unten und der schmalen Decke blauen Himmels oberhalb, zusammen mit den einsamen Nestchen, die sich die Menschen in diese drückende Enge hereingebaut, macht allerdings einen nicht gemeinen Eindruck.

Das Wirtshaus in der Finstermünz habe ich schon vor fünfzehn Jahren kennengelernt. Damals waren wir nämlich, etwa ein

Halbdutzend junger Leute, das obere Inntal heraufgelaufen, alle ziemlich festen Vorsatzes, durchs wunderliche Engadin zu wandern, bis uns in Prutz und Pfunds die Wirte von der neuen Ortlerstraße erzählten und etliche von uns auf ihre Seite brachten, sodaß diese nun nicht mehr dem Inn entlang zu den Romanschen, sondern gleich über das Stilfser Joch zu den Italienern eilen wollten. Darum einiges Zerwürfnis in der Reisegesellschaft und schon wenigtens seit zwei Poststationen sehr lebhafte Reden für und wider. So gelangten wir nach Finstermünz, traten müde in die Zechstube und gewahrten den hochbejahrten Wirt, den wir für sehr weise hielten. Es schlug also einer vor, man solle ihn um sein Gutachten bitten und bei dem bleiben, was er sage. Sein Gutachten aber lautete einfach: „Nit ins Engadin". Darauf hob einer an und fragte: „Warum denn nicht?" Wogegen jener ebenfalls wieder sagte: „Nit ins Engadin". Alle die dafür waren, brachten ihre Gründe vor, er wies sie aber alle zurück mit den Worten: „Nit ins Engadin". Was auch gesagt und gefragt werden mochte, der greise Wirt schüttelte nur immer milde lächelnd das Haupt und sprach: „Ich sage nichts als: nit ins Engadin." Diese ruhigen Worte mit ihrem düsteren Hintergrund machten großen Eindruck auf die ratschlagenden Gefährten. Zuletzt wurde dem Stilfserjoch der Vorzug gegeben und der Besuch des unheimlichen Engadins auf bessere Zeiten aufgehoben.

Das Engadin ist in dieser Gegend wirklich ein wenig verrufen. Der erbärmliche Zustand der Wege und der Wirtshäuser, der ketzerische Glaube, die fremde Sprache und der verschlossene Sinn der Bewohner hat den Leumund dieses Berglandes bei seinen deutschen katholischen Nachbarn so getrübt, daß auch die vielen Tiroler, die sich jährlich im Sommer zur Heuernte hinein verdingen und der ehrenhaftesten Behandlung gewürdigt werden, bisher nur wenig für Herstellung seines Rufes tun konnten. Man steht einander kalt und ablehnend gegenüber. Der alte Wirt, zum Beispiel, hatte sich in seinem langen Leben noch nicht die Zeit genommen, der Engadiner „Linguaig" zu lernen, sondern wies uns, als wir darüber Auskunft suchten, an die Kellnerin. Auch diese schien ihre sprachlichen Studien nicht übereilt zu haben und wußte, obwohl ein Mädchen in ihren Zwanzigern, nicht viel mehr als die Zahlwörter. Ein ähnliches Verhältnis findet übrigens auf der ganzen Sprachgrenze statt. Der Deutsche, der dem Welschen in Körpergestalt und Stärke überlegen ist, lebt und kleidet sich auch im Durchschnitt besser und hat so schon äußerlich mehr Ansehen, als dieser sein Nachbar. Zwar tut sich letzterer durch feinere Manieren und größere Weltläufigkeit hervor, aber seine Schlauheit nützt ihm hierzulande nicht wesentlich, denn wenn der deutsche Tiroler nur etwas Übung hat, so nimmt er's darin gern mit jedem auf und gewisse Arten, wie z. B. die Viehhändler, werden gar bald hieb- und stichfest. Der deutsche Bauer glaubt daher Gründe genug zu finden, um mit Stolz auf den Welschen herabzusehen und Ausländerei, Liebe zum Fremden, Geringschätzung des Vaterländischen, sonst der Fehler gesamter deutscher Nation, ist ihm gewiß nicht vorzuwerfen. Auf dem ganzen Saum, wo deutsche und romanische Sprache zusammenstößt, die große Landstraße von Bozen gen Trient abgerechnet, liegen daher die beiden Elemente streng geschieden aneinander, wobei es denn der Deutsche immer lieber dem Welschen überläßt, deutsch zu lernen, als daß er selber welsch lernte. In den deutschen Gemeinden auf dem Nonsberg, nämlich in Unser Lieben Frau im Walde, in Proveis, in Lafreng, welche alle ins Gericht nach Fondo gehören und täglich Verkehr mit den Welschen pflegen, gibt es viele Einwohner, die kein Wort der fremden Sprache verstehen; im Nonsberg dagegen viele Landleute, welche deutsch sprechen, und noch mehr solche finden sich im Fleimser Tal.

Das Engadin ist in den letzten zwanzig Jahren viel behaglicher geworden. Jetzt zieht eine kunstgerechte Straße, auf welcher täglich Eilwagen hin und her laufen, das ganze Tal entlang. Auch haben mehrere gewandte Schweizer aus den reinlichen Kantonen an dieser Straße neue Gasthöfe errichtet, deren Sauberkeit zu dem entsetzlichen Schmutz, den die Bündner als nationale Eigentümlichkeit kultivieren, im erfreulichsten Gegensatz steht.

Dieses nämliche Engadin, das jetzt den Tirolern so fremd geworden ist, hing übrigens in früheren Zeiten aufs engste mit dem Vinschgau zusammen. Wenn auch die Sachen dieser Gegend von Alters her eher verwickelt waren, so galt doch in Unterengadin bis Pontalt hinauf tirolische Herrschaft, wogegen dann wieder die Bischöfe von Chur Land und Leute hatten bis in die Gegend von Meran. Damals war auch noch in beiden Tälern romanische Sprache und wohl in den meisten Dingen gleiche Art und Sitte. Als aber im fünfzehnten Jahrhundert die Engadiner anfingen, sich zu den rätischen Bünden zu neigen, gerieten sie mit den Tirolern, die zu Österreich hielten, bald in blutige Fehden. Dann kam auch die Reformation dazu, um den Riß zwischen dem kühlen Tal am Inn und dem warmen an der Etsch noch weiter zu machen. Die Engadiner wurden calvinisch und blieben romanisch, die Vinschgauer blieben katholisch und wendeten sich mehr und mehr dem deutschen Wesen zu. Die tirolischen Rechte auf das Engadin wurden aufgegeben, nur Schloß und Dorf zu Trasp, das Swiker von Reichenberg schon im Jahr 1239 an den Grafen Albrecht von Tirol verkauft hatte, blieb, wie das Schloß Räzüns im Domleschg als Enklave dem Erzhause Österreich. Zu Trasp stiftete es zum Schutz der gefährdeten Rechtgläubigkeit ein kleines Kloster für Kapuziner. Im Luneviller Frieden hat der Kaiser auch diesen Besitztümern entsagt und sie dem Kanton Graubünden überlassen. Das Klösterlein und die katholische Gemeinde zu Trasp hat sich aber erhalten und letztere ist der Sprache nach fast für eine deutsche anzusehen.

Etwas oberhalb des alten Passes steht in der Straßenenge, am rauschenden Stillebach, zum Teil in den Felsen eingehauen, zum Teil von Felsen überragt, die neue Feste Finstermünz, ein Gebäude von grauem Granit, das erst vor kurzem fertig geworden. Der Herr Platzkommandant, der in einem gegenüberliegenden Häuschen wohnt, erteilte die Erlaubnis, das Fort zu besehen, und ein jüngerer Offizier führte uns mit einnehmender Artigkeit in demselben herum. Es ist nichts weiter, als ein ungemein fest gebautes Haus voll Schießscharten, voll Kanonen, Mörser und anderem Gewehr. Der Offizier erklärte uns, wohin die Stücke alle streichen, und da glaubten wir denn freilich wahrzunehmen, daß in der ganzen Gegend, soweit sie auf die Feste herniederschaut, keine Stelle zu finden sei, die sie von dem Haus aus nicht sauber zu halten vermöchten. Da in neuerer Zeit auch oberhalb Brixen eine überdies viel mächtigere Festung erbaut worden ist, so sind die beiden einzigen Straßen, welche über die Zentralkette der Alpen führen, hiermit bewacht. Diese Wehren genügen, um jedem Feind, der von Süden einbricht, den Durchzug in das nördliche Tirol unmöglich zu machen, und umgekehrt jedem Feind, der von Norden kommt, die Verbindung mit dem südlichen.

Jetzt zieht durch diesen Paß eine großartige, kühne Straße, die im Jahr 1855 vollendet wurde. Sie geht hoch oben über der alten Finstermünz dahin.

Wenn man aus der Finstermünzer Schlucht herausgezogen, betritt man die freie Landschaft von Nauders. Dieses große Dorf, auf dessen Kirchhof zum ersten Mal der Ortler zu erschauen ist, liegt 4196 Fuß über dem Meer in einer Hochebene, die fast anmutig und lachend ist. Vornehm und ansehnlich erhebt sich daraus auf einem felsigen Bühel das alte Schloß Naudersberg, noch immer der Sitz des Gerichtes, dessen Sprengel jetzt allerdings beschränkter ist als vor vierhundert Jahren, wo es bis Pontalt im Engadin oben Recht zu sprechen hatte.

Staffler macht drei Nauderer namhaft, die ihrem Geburtsort zur Zierde gereichen. Der erste ist der im Jahr 1830 verstorbene Gottfried Purtscher, zuletzt geistlicher Rat und Regens des bischöflichen Seminars zu Chur, ein durch seltene Geistesgaben ausgezeichneter Mann. Der zweite ist Karl Blaas, im Jahr 1815 geboren, der vor vier Jahren noch zu Rom studiert und nach seinen damaligen Arbeiten einer der ersten Maler des Landes zu werden versprach; der dritte aber, der wunderlichste, ist Josef Bartlmä Kleinhans, der blinde Bildhauer von Nauders. Er wurde im Jahr 1774 einem Landmann und Bäcker geboren und verlor durch die Blattern schon das Augenlicht als er kaum fünf Jahre alt war, während von dreizehn Geschwistern, die er hatte, sieben an der Seuche starben. Von einem Nachbar, der ein Tischler war und die trostlose Langeweile des Knaben bemitleidete, in die Werkstätte aufgenommen, machte er sich bald daran, kleine Bildwerke nach betasteten Mustern zu schnitzen. Die ersten Versuche gelangen zum Erstaunen gut, und „schon im dreizehnten Jahr brachte der Blinde ein sehenswürdiges Kruzifix zustande". Nun schnitzte er einen gekreuzigten Heiland nach dem andern und diese Beschäftigung gab seinem frommen Gemüt einen solchen Schwung, daß er, um noch auf andere Weise zur größeren Ehre Gottes beizutragen, selbst die Orgel spielen lernte. Darin brachte er es soweit, daß er einmal in der Wallfahrtskirche zu Kaltenbrunn drei Vierteljahr hindurch den Organistendienst versah. Mittlerweile hatte er auch von dem berühmten Bildhauer Wißl in Fügen gehört, begab sich zu ihm, lernte vierzehn Tage von dem Meister und kehrte mit mancher Errungenschaft wieder nach Hause zurück. Seitdem hat er unermüdet und nicht immer frei von Nahrungssorgen noch manches Kruzifix und manchen Heiligen geschnitzt. Ein heiliger Franziskus ist in die Ambraser Sammlung zu Wien aufgenommen worden, andere Arbeiten befinden sich im Besitz der Bischöfe von Brixen und von Chur, und wieder andere sind im Land umher zerstreut. Ein heiliger Johannes von Nepomuk steht an der Heerstraße zu Latsch im Vinschgau.

Karl Blaas ist mittlerweile wirklich ein berühmter Maler geworden. Er lebt als Professor an der Akademie der bildenden Künste zu Wien, wo er die großen Freskobilder im Arsenal gemalt hat. – J. Bartlmä Kleinhans ist 1853 gestorben.

Zu Nauders hat sich der Reisende auf einen langweiligen Weg gefaßt zu machen, auf die Fahrt über die Heide oder Hoad, wie das Volk spricht, zuerst wohl nur der Name der Talfläche, jetzt auch der eines Dorfes und mitunter auch des ganzen Straßenzuges, denn der Tiroler setzt zuweilen auch die Straße über die Hoad, sonst die obere genannt, der Straße über den Brenner entgegen. Der höchste Punkt des Weges in der Nähe von Reschen ist 4598 Wiener Fuß über dem Meer und an dieser Stelle ist auch die Wasserscheide zwischen Inn und Etsch.

Die drei Seen, die nun nacheinander folgen, gehören zu den unbesungenen. Sie sind klein, liegen in rauher, kalter Gegend und die lange Strecksicht über ihren Wasserspiegel hinab ist nur dann anziehend, wenn sie der unbewölkte Ortler schließt. Ein Wert bleibt ihnen aber immer, nämlich der eines reichen Fischsegens. Kein Wunder, daß da die frommen Stifter ihre milde Hand auf die Wässerlein legten, und so gehörte denn die Fischerei in den beiden oberen ehemals dem Zisterzienser-Kloster zu Stams, in dem unteren aber der Kartause zu Schnals. Jetzt ist sie freilich nicht mehr in solchen Händen, sondern bei Bauersleuten, die an den Gestaden wohnen und alle Wochen mit den Fischen bis gen Meran fahren.

Zu Haid im Dorf hat ums Jahr 1140 Ulrich Primele von Burgeis ein Hospital zu St. Valentin gestiftet, den Reisenden zum Schutz und Obdach in den Winterstürmen, die hier mit schrecklichem Schneegestöber durch das Tal hinfahren und die Pilger verwirren, verschlagen und vereisen. Seine Satzungen verpflichteten, wie die der Stiftung Heinrich Findelkinds auf dem Arlberg, den Vorsteher samt seinen Leuten an stürmischen Abenden mit Laternen, Stricken und Stangen, auch wohl versehen mit Wein und Brot, schreiend und rufend in die Heide hinauszuziehen und nach Verunglückten zu spähen. Jetzt, da Häuser und Dörfer an der Straße ziemlich nahe aufeinander stehen, ist diese Übung schon lange nicht mehr nötig und aus der alten Stiftung ist ein Krankenhaus geworden – ein Wechsel, dem sich mit der Zeit auch manche andere tirolische Hospitäler unterworfen sahen, die einst in den Jahrhunderten der Kreuzzüge zum Besten der nach Jerusalem fahrenden Pilger errichtet worden. Es ist bekannt, daß diese gastlichen Herbergen als Aushängeschild für die müden Wanderer das Bild des heiligen Christoph wählten, der nach der uralten Legende das Jesuskindlein selbst über den Strom trug und daher als Beförderer der Reisenden betrachtet wurde. Die Bruderschaft auf dem Arlberg nannte sich nach diesem Heiligen, auf die Außenwand der Spitäler wurde seine lange Gestalt gemalt, und auf anderen Kirchen, bei denen keine Pilgerherberge gestiftet war, mag das alte Bild wohl auf die Gastfreundlichkeit der Seelenhirten deuten.

Die Leute, die hier oben auf der Heide wohnen, sind stark an Verstand und an Gliedmaßen, aber arm an irdischen Gütern. Der Boden ist unfruchtbar, hat in nassen Jahren von der Kälte, in trockenen von der Dürre zu leiden und liegt zu hoch, um mannigfache Bebauung zuzulassen. Drum gehen auch von hier aus viele ins „sogenannte Schwabenland", andere leben als Dörcher oder Lahninger.

Abwärts vom letzten der drei Seen, aus dem die Etsch als lärmendes Flüßchen abrinnt, beginnt die Malserheide. An dieser liegt das große Dorf Burgeis mit dem braunen Schloß Fürstenburg, in früheren Zeiten und bis zum Jahr 1803 den Bischöfen von Chur gehörig, jetzt der Sitz eines Rentamtes. Bei uns im Stellwagen wurde es nunmehr immer finsterer; Burgeis fuhren wir in der Dämmerung durch; die Zinnen von Fürstenburg stachen auch nicht sehr kenntlich in die Luft, doch strahlten aus den Fenstern helle Lichter. Darüber ragte am Berghang das Benediktinerstift Marienberg, weißlich durch den Nebel glimmernd. Vom Ortler her ging ein kalter Wind, und so hatte wohl jeder seine Freude, als wir in die engen Gassen von Mals, dem Marktflecken, einfuhren und endlich am Wirtshaus landeten, wo die Forellen schon unser warteten.

Wir gingen bald zu Bett, mehr uns freuend auf den kommenden Tag als über den vergangenen, denn außer dem Paß von Finstermünz und der Aussicht auf den Ortler hatte die Reise von Pfunds her wenig geboten was uns besonders angeregt hätte, und die nächste Sonne sollte uns im Etschland untergehen. An dem Kloster Marienberg sind wir aber jedenfalls zu schnell vorbeigefahren und wollen daher noch nachtragen, daß dieses Benediktinerstift im Jahr 1090 von einem Grafen Erberhard von Montfort zuerst zu Schuls im Engadin errichtet, später aber 1146 dahin verlegt wurde, wo es jetzt auf der Berghöhe prangt. Ulrich von Tarasp, der reiche Herr, legte aus, was der Neubau kostete, und gab dem Stift viele von seinen eigenen Gütern. Endlich als er von der Kreuzfahrt im Gelobten Land zurückgekommen, ging er selbst als Mönch in seine Stiftung und starb darin. Seine Hausfrau Uta nahm den Schleier im Frauenstift zu Münster, das hinter Taufers liegt. Am meisten hatte das Kloster zu erleiden von seinen Schirmherren, den Vögten von Matsch; Ulrich von Matsch, der gegen das Ende des dreizehnten Jahrhunderts lebte, vergriff sich gewaltsam an des Klosters Besitztum, und als Hermann von Schauenstein, der Abt, ein Mann von dreißig Jahren, bei Otto dem Grafen von Tirol Schutz erbeten hatte, fiel der Vogt von Matsch mit seinen Reisigen über das Stift, nahm jenen gefangen und ließ ihn im Tal von Schlinig enthaupten. Darauf pilgerte er zum Papst nach Avignon und kam mit einer Ablaßbulle zurück, die ihm aber viel mehr Buße auflegte als er leisten mochte. So trieb er sein Sündenleben fort, bis er, wahrscheinlich auf Anstiften der heiligen Ferne, durch seinen Oheim Egeno von Matsch erstochen wurde. Danach 1311 übernahm der Landesfürst die

Schirmvogtei. Der Abt des Klosters darf die Inful tragen und hat ihm dies Recht das Konzilium zu Basel verliehen; auch ist er tirolischer Landstand und Hofkaplan. Seit 1724 besetzt das Kloster auch das Gymnasium zu Meran mit Lehrern. Eine alte Zelebrität des Stiftes ist der Prior Goswin, welcher ums Jahr 1390 Herzog Leopolds von Österreich Hofkaplan war und eine Chronik von Marienberg schrieb.

Mals selbst, der Flecken, ist ein malerisches Durcheinander von hohen Häusern, verfallenen Mauern, von grauen Türmen, welche vielleicht die Römer erbaut haben, von Obstgärten, Grasplätzen, Kornfeldern, uralten Kirchen, lebendigen Hecken und rauschenden Bächen. Die schöne Ruine, welche sich in den Büchern Fröhlichsburg nennt, mit dem runden Turm ist besonders zu bemerken. Von den Kirchen sind jetzt einige dem Gottesdienst entzogen; vordem aber waren es deren sieben an der Zahl, sodaß die gelehrten Mönche von Marienberg den Flecken bedeutsam Septifanum nannten. Die sieben Kirchen, sowie ihre schmalen und hohen Türme mit den drei enganeinander gedrückten Rundbogenfensterchen und den niederen Dächern verleihen dem Ort ein eigentümlich mittelalterlich lombardisches Aussehen und scheinen von großen Reichtümern zu sprechen, die der venezianische Handel der Vorzeit hier zusammengetragen. Es ist jedenfalls etwas Ungewöhnliches, fast Geheimnisvolles in dem großen Stil dieser Flecken und Dörfer, in diesen uralten, so zahlreichen Kirchen, diesen Schlössern und gewaltigen Ruinen, etwas, das darauf hinweist, wie hier einst viel mehr Leben, Verkehr und Wichtigkeit obgewaltet habe, als in unseren Tagen.

Am andern Morgen früh war lärmendes Leben im Wirtshaushof. Zwei Stellwagen wurden gepackt, angespannt und fertiggemacht. Der eine ging nach Landeck, der andere nach Meran; beide waren zum Erdrücken voll. Mir war noch die langweilige Bequemlichkeit von gestern zu sehr im Sinne, als daß ich wieder hätte einsteigen mögen; es schien viel angenehmer, das Vinschgau hinab zu Fuß zu gehen. Bald fand sich auch jemand, der geneigt war, mich zu begleiten, ein tüchtiger Professor von Dorpat, der nach Italien fuhr. Mit diesem brach ich auf am wunderschönen Morgen, der mählich zum warmen hellen Sommertag wurde.

Zuerst also gingen wir eine Viertelstunde weit nach Tartsch und stiegen auf den Tartscher Bühel, eine freistehende Höhe, die eine alte Kirche mit einer alten weitberühmten Heidenglocke trägt und eine herrliche Rundsicht gibt. Da sahen wir hinunter auf das alte, ehrwürdige Mals, das wir eben beschrieben. Weiter oben zeigt sich Burgeis und die Fürstenburg und das Stift Marienberg, und abwärts davon in den weiten Wiesen, welche die Etsch durchströmt, liegen Schleiß und Latsch, reich durchgrünt von Obstbäumen, und das Städtchen Glurns, ehedem als Handelsort von Wichtigkeit, jetzt ein stilles Nestchen, ein „rotten borough", wo fast nur mehr Fußgänger zusprechen, da es außer dem Zug der Heerstraße liegt. Seine starken Zinnen erheben sich noch wehrhaft über seine Dächer, aber die Gräben hat der Friede ausgefüllt und üppige Gärten darauf gelegt. Zwischen Latsch und Glurns geht das Tal von Taufers ein, auf dessen grüner Hochebene die alten Raubschlösser Rotund und Reichenberg, deren Herren einst die Schenken des Bistums Chur gewesen, und der Turm von Helfmirgott erscheinen, letzterer so benannt, weil sich in alten Tagen von seiner Höhe mit solchem Ruf eine Jungfrau stürzte, um vor dem Reitersmann, der sie bedrängte, ihre Unschuld zu retten. Auch hat ihr Gott geholfen – sie ging unversehrt von dannen, der Verfolger aber entsetzte sich und ward ein Büßer. Dahinter geht's ins romanische Münstertal in Graubünden, wo das Frauenstift, das Kaiser Karl der Große gegründet haben soll.

Unter Glurns liegen die weiten Mauern von Lichtenberg und Agums mit vielbesuchter Wallfahrtskirche und Prad, der Geburtsort der beiden gelehrten Primisser, von welchen der eine, Kassian, 1771 als Mönch zu Stams gestorben, der andere, Johann Baptist, als Kustos des Münz- und Antikenkabinetts und der Ambraser Sammlung 1815 zu Wien. Dahinter gegen Süden über grünen Alpen und grauen Schroffen steigt, alle Nachbarn weit überragend, der Ortler empor, ein titanischer Kegel, jetzt von der verklärenden Morgensonne herrlich beschienen. Auf der anderen Seite der Etsch liegt Schluderns und das große Schloß Churburg, eine vorstehende waldige Höhe krönend.

Dort auf der grünen Fläche zwischen Glurns und Mals und hinein gegen die Höhen von Taufers war eine blutige Schlacht, als am 22. Lenzmonat im Jahr 1499 die Engadiner durch das Münstertal herauskamen und achttausend Tiroler mit ihren dreihundert Herren von Adel und Ulrich von Habsberg, dem ungeschickten Feldhauptmann, ihnen das Land verwehren wollten. Während die berittenen Edlen auf dem Plane von Mals ganz ruhig zuschauten, kämpften die Tiroler Bauern heldenmütig für ihre Mutter Erde auf der Schanze bei Latsch, wurden aber umgangen, von allen Seiten angegriffen und zum größten Teil erschlagen. Das tirolische Landbanner, dessen Adler die Erzherzogin Katharina von Sachsen mit eigenen Händen gestickt hatte, und viel anderes Kriegszeug ging verloren. Neunhundert Frauen sind an diesem Tag im Vinschgau und zu Meran Witwen geworden, und bis dahin war in der gefürsteten Grafschaft eine solche Niederlage nicht erlebt. Glurns, Mals, Latsch, Schluderns und andere Dörfer an der Etsch hinab wurden niedergebrannt, der Schrecken weithin verbreitet. Nachdem sie dies verrichtet, zogen die Engadiner, welche selbst viel Blut verloren hatten, wieder heimwärts in ihr Tal. Den Tirolern, die alles Unglück dem schlechten Befehlshaber auflegten, hinterblieb aber eine namenlose Wut und ein Haufen der Entkommenen, der nach Meran geeilt, erwürgte dort dreißig Engadiner, die als Geißeln in der Stadt lagen. Rühmlich ist dagegen, wie sich gleich in den nächsten Tagen der Landtag zu Meran erhob und mit kräftigem Entschluß den Schaden gut und die Grafschaft wieder wehrhaft zu machen strebte. Am achten Tag nach der Niederlage kam Kaiser Max von Landeck her mit achttausend wohlgerüsteten Kriegsleuten selbst nach Glurns und ritt auf das Schlachtfeld, wo er, die unbegrabenen Leichen der treuen Tiroler gewahrend, seiner Rührung nicht wehren konnte und den Gefallenen kaiserliche Tränen weinte. Auf der Walstatt leuchten noch jetzt von Zeit zu Zeit seltsame Feuer auf, die an der Stelle, wo sie flackern, einen Halbmond ausbrennen und den Boden für ein Jahr lang unfruchtbar machen. Im Jahr 1799 kamen auch die Franzosen vom Münstertal her, warfen den österreichischen General Loudon, legten Glurns, Mals und Schluderns in Asche, verübten viele Grausamkeiten, zogen darauf wieder zurück und verschanzten sich zu Taufers.

Vom Tartscher Bühel gingen wir nach Schluderns, was abermals ein großes Dorf ist von tausend Seelen, wie sich deren im Vinschgau noch mehrere finden. Ober Schluderns steht die hochansehnliche Churburg, den Grafen von Trapp gehörig und ihr Sommersitz, zu der wir auch hinaufpilgerten, um den Waffensaal zu sehen, der manch merkwürdiges Rüstzeug aus früheren Jahrhunderten enthalten soll. Wir hatten schon den Steig zurückgelegt und das Haupttor gefunden, waren auch schon eingetreten in den Burghof und der Schaffnerin ansichtig geworden, und baten endlich um den Schlüssel, als uns eröffnet wurde, dieser befinde sich beim Herrn Verwalter zu Mals. Wir wußten nicht, sollten wir uns ärgern, daß der Herr Verwalter in Mals den Schlüssel habe, oder daß wir dort nicht danach gefragt, wir ärgerten uns aber doch. Die Schaffnerin war freundlich genug uns an die Fenster ihres Wohnzimmers zu führen, wo wir wenigstens eine treffliche Aussicht ins Vinschgau genossen.

Von Schluderns gelangt man dem Saldurbach nach auf beschwerlichem Weg in das Tal von Matsch, tief zerrissen von

Wildbächen, aber gesegnet mit grasreichen Alpen und manchen Kornfeldern und dabei ein Lieblingsaufenthalt der Wölfe. Es gibt kaum ein Seitental in Tirol, das so früh und so oft genannt wird, das durch kirchliche Weihe und Rittertum so bedeutsam ist, als dieser enge rauhe Winkel, wo Isländisch Moos sich um Zirbelbäume schlingt. Hier wurde nach der Legende im siebenten Jahrhundert St. Florinus geboren. Seine Eltern waren aus England und hatten im Matscher Tal sich von einer Pilgerfahrt nach Rom zurückkehrend niedergelassen. Sie übergaben den Knaben dem Pfarrer zu Ramüs im Engadin, wo er noch in jugendlichem Alter Wunder zu wirken begann. In dem Kasten, aus dem er den Armen Brot verteilte, wuchs Getreide, und wenn er den Tischwein des Pfarrers genommen hatte, Kranke zu erquicken, so wurde aus dem frischen Quellwasser, das er dafür auf die Tafel setzte, der beste Traubensaft. Als sein Lehrer, der Pfarrer, verschieden war, wurde Florin der Seelenhirt der Gemeinde und starb jung, aber im Leben schon als Heiliger verehrt. Die Einwohner von Matsch, zu denen er nicht mehr zurückkehrte, errichteten wenigstens ein Kirchlein auf der Stelle seiner Geburt. – Geschichtlich ist, daß Kaiser Lothar in einer Urkunde vom 3. Jänner 824 dem Bischof Leo von Como seine längst erworbenen Rechte auf die Pfarren zu Burmis (Bormio) und Amatia (das war der damalige Name von Matsch) bestätigte. Daraus geht hervor, daß in dem Tal schon altes kirchliches Leben war, wie denn überhaupt in den frühesten Zeiten die großen Täler, wo jetzt die Heerstraßen ziehen, wenig belebt erscheinen gegen die schwer zugänglichen Höhen und Gebirgsschluchten. Serfaus, Galtür, Matsch und mehrere andere abgelegene Stellen kommen als kirchliche Vereinigungsorte viel früher vor, als die benachbarten Niederungen. Es mag wohl sein, daß zur Zeit der Völkerwanderung mancher Strich am Heerwege ganz ausgefegt und für lange menschenleer wurde, denn die geringe Zahl der bekannten Alpenpässe mußte die Last des Durchzugs für die am Weg liegenden Orte nur umso drückender machen. Drum waren dazumal diese Einsamkeiten wohl reich bevölkert von ursprünglichen Bewohnern und von Flüchtlingen aus der gefährdeten Nachbarschaft, welche letztere sich vielleicht erst nach längerer Zeit wieder in die öde gelegten Haupttäler wagten.

Fünf Jahrhunderte, nachdem Florinus, der Pfarrer von Ramüs, im Geruch der Heiligkeit gestorben, erscheinen die Herren von Matsch, gewöhnlich die Vögte von Matsch genannt, als Gebieter des Tales und weithinab im Vinschgau und drüben im Engadin. Später kamen dazu noch Güter am Oberrhein und in Schwaben.

Ihnen gehorchte auch das Veltlin vom Comosee bis zum Stilfser Joch; Dörfer und Burgen waren mit Wagenwart, Frohne und Öffnung pflichtig, auf den Landsprachen zu Mals führte ihr Amtmann den Vorsitz. Die Leute des churischen Bistums von Pontalt bis zur Etschbrücke bei Meran, die Klöster Marienberg und Münster, das Hochstift Chur selbst standen unter ihrer Bevogtung. Die Nonnen zu Münster mußten ihre Hunde füttern, und wenn die Gewaltigen mit Jägern und Knechten, Rüden und Rossen auf ihren Jagdzügen in Marienberg übernachteten, so hatte der Abt Futter und Nahrung umsonst zu schaffen. Lang wäre es, die Namen der Herrschaften und Güter anzuführen, die sie im Laufe der Zeiten erobert und erkauft, verloren und veräußert haben. Noch im Jahr 1471 überkamen sie, aber nicht für lange, ein völlig fürstliches Besitztum in Graubünden, zumeist aus dem toggenburgischen Erbe. Im dreizehnten, vierzehnten und fünfzehnten Jahrhundert ist ihr Name einer der öftest genannten in der Geschichte von Tirol, zumal auch wegen des zweihundertjährigen Zwistes, den sie mit den Bischöfen von Chur geführt haben. Ulrich der ältere und Ulrich der jüngere von Matsch waren hochbeliebt bei Margaretha, der Maultasch, und wußten ihre Huld und Gnade gut zu nützen, insbesondere in den letzten zehn Tagen vor St. Polykarpentag 1363, wo die Gräfin von Tirol, ehe sie das Land an die Herzoge von Österreich übergab, den Matschern noch auf einmal die Gerichte Laudeck und Naudersberg, die Propstei Eiers und das Schloß Juval im Vinschgau schenkte, welche Güter sie freilich gegen die neuen Herren von Österreich nicht alle behaupten konnten. Die letzten des Geschlechtes waren Ulrich der Landeshauptmann († 1500) und Gaudenz von Matsch, Graf von Kirchberg, der 1504 zu Churburg starb und zu Marienberg begraben wurde, Herr im Prätigau und zu Davos, oberster Erbschenk des Bistums Chur, Kaiser Maxens und Herzog Sigmunds zu Tirol geheimer Rat, auch des letztern Feldhauptmann im Venediger Krieg 1487, seiner Zeit der reichste Dynast des Landes. Durch des erstern Tochter Barbara kam das ganze Erbe und mit diesem auch Churburg an Jakob von Trapp, einen steirischen Edelmann, bei dessen Nachkommen, die unterdessen Grafen geworden, es noch heutzutage ist. Die beiden Burgen im Matscher Tal sind verödet und halb zerfallen.

Bemerkenswert ist, daß Guler von Wineck in seiner Rätia, die im Jahr 1616 erschien, die Nachricht gibt, daß das Tal von Matsch noch in seiner Zeit rätische, d. h. romanische Sprache gebraucht habe. Bekanntlich ist auch das obere Vinschgau jene Gegend des jetzigen Deutschtirols, wo sich dieses Idiom am längsten erhalten hat. Die von Freiherrn von Hormayr öfter wiederholte Behauptung, daß noch bis zur Zeit der Kaiserin Maria Theresia im oberen Vinschgau und bis Schlanders das Romanische in Übung gewesen sei, wird sich zwar in dieser Ausdehnung nicht beweisen lassen, doch ist gewiß, daß im Tauferer Tal erst vor wenigen Jahren die letzten Greise ausgestorben sind, denen das ladinische noch Muttersprache gewesen war. Immerhin ist zu bedenken, daß das Deutsche, welches von Meran und von Landeck her getragen wurde, im Haupttal viel früher Fuß fassen mußte, als in den unwegsamen Zutälern von Taufers und von Matsch.

Eine gute Stunde unterhalb Schluderns geht rechts die Straße ab, welche über das Wormserjoch ins Veltlin führt und erst in den zwanziger Jahren beendigt worden ist. Sie steigt da von Prad an aufwärts, anfangs im engen Tal, dann wendeltreppenartig an nackten Höhen hin, zur Linken die gletscherreichen Halden des Ortlers, immer höher bis in die Region des ewigen Schnees, aus welcher sie stets durch großartige Gegend rasch hinunterzieht in die schönen welschen Gelände. Es ist der höchste fahrbare Paß in Europa. 8900 Fuß über dem Meer, und in Ansehung der schwierigen Ausführung als ein Weltwunder zu betrachten. Deswegen wurde auch schon viel darüber geschrieben, was Grund genug ist, hier davon nicht mehr zu reden.

Nicht so schnell können wir den Ortler aus den Augen lassen, den prachtvollen Berg, der das ganze obere Vinschgau mit seiner Majestät erfüllt. Die Ortlerspitze ist im Anfang dieses Jahrhunderts zum ersten Mal erstiegen worden und die Nachricht davon im dritten Band des tirolischen Sammlers niedergelegt. Erzherzog Johann machte dazumal seine erste Reise in Tirol und war, als er des ungeheuren Kegels ansichtig wurde, der Meinung, daß derselbe den höchsten Bergen von Savoyen und der Schweiz wenig nachstehen dürfte. Es war niemand zur Hand, der diese Meinung bestätigen oder widerlegen konnte; denn noch lag auf dem erhabenen Felsen unbetreten der vieltausendjährige Schnee. Der Bergoffizier Gebhard erhielt sofort den Auftrag, von Mals aus alles einzuleiten, was die Ersteigung ermöglichen könnte. Manche Nachbarsleute versuchten nun, durch die versprochene Belohnung gereizt, ihr Glück, kehrten aber wieder zurück, ohne etwas ausgerichtet zu haben. Jede Hoffnung schien verloren, als am 26. September 1804 ein kurzgewachsener Jäger aus Passeier, namens Josef Pichler, insgemein Josele geheißen, sich bereit erklärte, das Wagstück zu unternehmen. Es wurden ihm zwei Zillertaler mitgegeben und sie kamen selbdritt, der kleine verwegene Gemsenjäger an der Spitze, am nächsten Tag wirklich auf den

Gipfel des Ortlers, wo sie aber nur vier Minuten aushielten. Tags darauf fanden sie glücklich wieder nach Trafoi und hatten begreiflicherweise viel zu erzählen von den Schrecknissen, die sie überstanden. Auch war ihr Aussehen ganz danach, um ihre Berichte zu unterstützen. Ungerechnet der erfrorenen Finger und Zehen waren sie mit einer Schneekruste überzogen und der Sprache beraubt, da ein heftiger Wind den losen Schnee gegen sie geblasen hatte. Im darauffolgenden Jahr stieg der kühne Gebhard selbst zweimal auf die Spitze und ließ einmal, um die hartgläubigen Malser zu überzeugen, auf der Kuppe zur Nachtzeit einen Holzstoß anzünden, was den bekehrten Zweiflern ein prachtvolles Schauspiel gewährte. Danach wurde der Berg zum ersten Mal wieder 1826 von dem Genieoffizier Schebelka aus Wien bestiegen, und zwar unter großen Beschwerden. Endlich 1834 warf auch Professor Thurwieser zu Salzburg, der König der rätischen Bergsteiger, sein Auge auf ihn und fand sich am zehnten August zu Churburg ein, wo er Josele, den Passeirer, der zum ersten Mal die Ortlerspitze erklommen, noch am Leben traf. Freilich war der Jäger unterdessen siebzig Jahre alt geworden, aber noch mutvoll, rüstig und behend. Am elften August begab sich der Professor mit ihm und dessen Sohn Lex nach Trafoi, ins Posthaus an der neuen Straße. Dort warben sie noch einen dritten Führer und begannen das Abenteuer. Die erste Nacht blieben sie auf dem Bergl, 6327 Pariser Fuß hoch, im Freien über Nacht. Anderntages 36 Minuten nach zwölf Uhr war die Spitze erreicht, deren Höhe zu 12.044 Pariser Fuß bestimmt wurde. Das Wetter war gut und die Aussicht unermeßlich – umso lohnender nach den Fährlichkeiten, deren Darstellung dem mit solchen Begegnissen minder vertrauten Leser manchen Schauer erregt. Man erblickt dort die Hochgebirge des größten Teils von Tirol und sieht gegen Salzburg und Kärnten hinein noch Kuppen, welche jenseits des Großglockners stehen. Der Spiegel des adriatischen Meeres, der doch in die Aussichtsweite fällt (?), war gleichwohl nicht mehr zu unterscheiden, bestimmt aber traten hervor die Gletscher von Piemont und Savoyen, die Hörner der Schweiz und über diese und die Ferner des Ötztales hinaus ging der Blick bis in die Ebenen von Bayern und Schwaben.

Seitdem sind wieder mehrere Besteigungen unternommen worden, als z. B. von Herrn Dr. von Ruthner 1857, von Herrn Egid Pegger 1863, von Herrn F. F. Tuckett mit zwei anderen Engländern 1864, endlich am 7. Juli 1865 von Herrn Edmund von Mojfisovics. Letzterer eröffnete auch eine neue Ära für die bis dahin sehr vernachlässigten Ortlerforschungen durch seine

Abhandlung „Über den Ortler" und verschiedene „Touristische und topographische Notizen" im Jahrbuch des österreichischen Alpenvereins 1866. Bald folgte ihm Oberleutnant Julius Payer mit trefflichen Arbeiten in Petermanns Mitteilungen. Am 19. Juli 1867 erstieg auch Herr Heinrich Waitzenbauer aus München die Spitze. Seitdem vermehrten sich die Ortlerfahrten dermaßen, daß im Jahr 1869 deren schon fünfzehn gezählt wurden. Die Höhe des Berges wird jetzt zu 12.356 Wiener Fuß angegeben. – Die wachsende Beliebtheit des Ortlers hat auch neuerdings das zu seinen Füßen liegende Suldental schnell emporgebracht. Es ist dort jetzt viel Touristenverkehr und beim Herrn Kuraten gute Unterkunft. Im letzten Jahr ist sogar der Bau eines Hotels unternommen worden.

Auch Herr Dr. P. G. Lorentz aus Altenburg, ein junger strebsamer Naturforscher, den ich zu München kennenlernte, und der jetzt auf der Universität zu Cordoba in den La-Plata-Staaten einen Lehrstuhl einnimmt, hat im Jahr 1864 Streifzüge um den Ortler und den damals noch fast unbekannten Adamello unternommen und diese in Petermanns Mitteilungen beschrieben.

An dieser Stelle, wo die Ortlerstraße abgeht, macht übrigens das Tal eine Biegung. Das kalte Hochland der Gerichte von Nauders und Glurns ist zu Ende und es beginnt das warme untere Vinschgau, ein verdeutsches Italien. Rechts stehen die Eisberge, die Suldner und der Laaser Ferner mit weißen Scheiteln und grünen bewaldeten Hängen, links liegen die Sonnenberge des Vinschgaus, zumeist dürre, gelbe, zerbröckelte Halden. Im Tal geht die Etsch, die sich vielfach in weite Moosgründe verliert, auf welchen man die Vinschgauer Gäule weiden sieht.

Eiers, das erste Dorf nach diesem Scheitelpunkt, weist noch die verfallenen Mauern des längst verlassenen Schlosses, worin die Grafen von Moosburg aus Bayern seßhaft gewesen. Über der Etsch am steilen Berghang steht das Dorf Tschengels, mit Wallfahrtskirche und der Tschengelser Burg. Nicht weit davon ist das neue Gebäude des heilsamen Bades zu Schgums. Auch dort soll mit ungemeiner Billigkeit und zarter Sorge gegen die Gäste verfahren werden.

Das Tal nimmt nun eine milde, liebliche und doch große Art an. Um die Dörfer lag noch immer der bläuliche Duft des Morgens, den der Rauch aus den Schornsteinen kräuselnd durchbrach. Überall ist Raum genug für Kornfelder und für Wiesen, und die dicken Vinschger Bauern, die des Weges kommen, sind an sich schon ein gutes Zeugnis für die Fruchtbarkeit des Bodens. Die Sonnenseite bietet zwar nicht viel zu schauen, aber die Schattenseite ist gerade hier am schönsten, denn oft geht der Blick an stürzenden Wassern, an weiten Almen und über unermeßliche Forste hinauf in die weißen Wildnisse der Ferner. So gelangten wir allmählich in den Grund von Kortsch und Schlanders, wo auf einmal alle Reize südlicher Landschaft aufgehen, wo an der Straße Kastanien- und Nußbäume ihre dichten Schatten zu werfen anfangen, rechts und links goldene Korngefilde prangen, wo an den mürben Sonnenbergen die ersten Rebengelände sich zeigen und die alten Burgen sich dergestalt häufen, daß kaum mehr Zeit übrig bleibt nach ihren Namen zu fragen. Darunter war vor Zeiten die angesehenste jene Feste über Schlanders, keck hingebaut an den schwindelnden Berghang und Schlandersberg genannt – ehedem der Stammsitz eines ritterlichen Geschlechts, aus welchem einer mit andern fünfunddreißig Herren vom Vinschgau in der Schlacht bei Sempach fiel. Später war Heinrich von Schlandersberg als ein streitbares Haupt bei dem großen, Bund der tirolischen Ritterschaft gegen Herzog Friedel, bei jenem Bunde, den der Fürst mit Hilfe seiner Bauern zu Boden schlug und dessen Festen er eine nach der andern brach. Damals ging auch Reichtum, Gewalt und Ansehen der Schlandersberger unter, und sie kamen so lange sie dauerten nicht mehr dazu, obgleich das Geschlecht erst im vorigen Jahrhundert ausstarb. Schlanders selbst ist ein großes Dorf mit steinernen, städtisch aneinander gebauten, hohen Häusern. Auf dem anderen Ufer der Etsch liegt das Dörflein Göflan, in dessen Bergrevier die Brüche des schönen weißen Marmors sind, der als Schlanderser Marmor bis in die Werkstätten der Bildhauer zu München verführt wird. Eine Stunde unter Schlanders liegt links von der Straße der noch wohlerhaltene Stammsitz der Edlen von Goldrain und darüber das Schloß Annenberg, ehemals den Annenbergern zugehörig, die im vierzehnten Jahrhundert zur Zeit Margarethens an Macht und Reichtum den ersten Geschlechtern des Landes gleichstanden. Anton von Annenberg, der in der Mitte des fünfzehnten Jahrhunderts lebte, ist berühmt geworden durch den regen Fleiß, mit dem er den Wissenschaften oblag und Minnegesänge und Heldenlieder aus der Zeit der Hohenstaufen wie die ersten Drucke der römischen Schriftsteller und der Kirchenväter auf seiner Burg zusammenbrachte. Die Annenberger sind schon lange ausgestorben; das Schloß selbst ist verkauft und sitzt jetzt ein Bauer in der alten Burg. Auf der anderen Seite der Etsch liegen die Festen Ober- und Untermontan. In ersterer hat man vor mehreren Jahren noch etliche vergessene Nummern einer ritterlichen Bibliothek gefunden, darunter auch eine wertvolle Handschrift des Nibelungenliedes, welche nach Berlin verkauft worden ist.

Weiter zogen wir gen Latsch, aus dem die Trümmer einer Burg aufragen, die vor Zeiten auch ein Sitz der Annenberger war. Heinrich von Annenberg hat das Spital zu Latsch erbaut, wo ein schöner gotischer Altar und etliche alte Malereien. Latsch ist auch eines besonderen Erzeugnisses wegen berühmt, nämlich der Vinschger Laibeln wegen, die in Tirol große Beliebtheit genießen. Es sind dünne Scheiben, braun wie Lebkuchen, oberhalb mit einer zarten weißen Lasur überzogen. Frisch werden sie selten gegessen; man hält sie erst für lecker, wenn sie ganz trocken sind. Sie werden dann überm Knie gebrochen oder mit dem Messer zerhauen und in kleinen Brocken aufgetragen. Übrigens sind die Zelten von Latsch nur gesuchter als das Gebäck, welches andere Dörfer liefern, denn das Verfahren ist überall dasselbe. Die Landleute haben dabei den besonderen Vorteil, daß sie des Jahres nur drei- oder viermal backen dürfen. Der Vorrat wird mittlerweile in langen Rahmen auf dem Speicher aufgehängt.

Eine halbe Stunde unter Latsch stehen auf einem großen Felsblock die Ruinen des Schlosses Castelbell, vor nicht langer Zeit noch ein wohnlicher Rittersitz, dann durch einen Brand zu stolzen Trümmern geworden. Sie sind, obgleich ihnen die Weihe fehlt, die auf langvergangener Zerstörung ruht, doch ein schöner Schmuck der Straße, über der sie wie eine zackige Krone ruhen.

Nicht weit davon auf derselben Seite liegen schier ganz verkommen die Trümmer von Hochgalsaun, einst ein Gut der Herren von Schlandersberg, deswegen auch von Herzog Friedrich in Schutt gelegt. An den Fall dieser Burg knüpft die Sage dieselbe Begebenheit, welche die Lieder von Weinsberg in Schwaben singen. Bekanntlich wird sie noch an verschiedenen anderen Orten erzählt.

Sofort erreichten wir auch das Dörflein Staben, über dem hoch oben die schöne Burg Juval liegt, an welcher wir voriges Jahr vorübergingen, als wir aus dem Schnalser Tal kamen. Am Fuß des steilen Berges, der die Burg trägt, bricht durch die schwarze Felsenschlucht der Schnalser Bach heraus. An den jähen Wänden oben geht auch, weit her aus dem Innern des Tales, eine hölzerne Wasserleitung, welche die Einwohner von Naturns, dem nächsten Dorf, angelegt haben, um die dürren Äcker und Wiesen an der Sonnenseite zu wässern. Auf der andern ist des Wassers dagegen wieder zu viel. Da befeuchtet die Etsch ein weites Sumpfland und erzeugt im Sommer schwierige Krankheiten. Über dem Dorf wieder ein Schloß, namens Hochnaturns; auf dem rechten Ufer des Flusses, etwas abwärts, ein zweites in reicher Landschaft, Tarantsberg, jetzt Dornsberg, das seinen Namen von den Edlen Tarant führt, welche schon im vierzehnten Jahrhundert ausgestorben sind. Später kam es an die Annenberger und jetzt ist es Eigentum der Grafen von Mohr.

Die zahlreichen Burgen des Vinschgaus sind ein großer Reiz dieser Landschaft, aber es ist viel leichter sie zu sehen, als sie dem Leser durch Schilderung vor Augen zu bringen. Glücklicherweise sind sie schon alle mannigfach gezeichnet und in Stahlstichen vervielfältigt worden. Auch mit ihrer Geschichte kann sich der Vorbeiziehende nicht ausgiebig beschäftigen, und wir haben es daher bei etlichen Namens- und Zeitangaben bewenden lassen. So viele ritterliche Liebes- und Heldentaten ein romantisches Gemüt auch in die grauen Trümmer verlegen mag – die Summarien, welche aus vergilbten Dokumenten über ihre einstigen Schicksale hergestellt worden, sind doch sehr dürftig. Die Erbauung der meisten fällt in die graue Vorzeit. Einige sind vielleicht so alt als die rätischen Burgen, welche Horaz einst besungen hat. In der historischen Zeit dreht sich ihre Geschichte zumeist um das Lehensverhältnis, um bestrittenes, erzwungenes, zugestandenes Öffnungsrecht, um Verkauf, Abbruch, Wiederaufbau – um Nachrichten, die dem Provinzialhistoriker höchst anziehend sind, die aber der unterhaltungssüchtige Leser schockweise herlassen würde für einen interessanten Jahrgang aus dem Tagebuch eines mittelalterlichen Edelfräuleins. Eine belehrende und den trockenen Stoff kunstreich bewältigende Darstellung der ritterschaftlichen Verhältnisse, wie sie nicht allein im Vinschgau, sondern hinab bis gegen Trient im dreizehnten Jahrhundert bestanden, hat Hormayr in seiner Chronik der Grafen von Eppan gegeben. Als Herzog Friedrich mit der leeren Tasche lebte, waren aber fast alle diese Burgen wieder bei ganz andern Herrn. Zumal hatten nun die Starkenberger, deren Stammsitz nicht ferne von Imst, viele feste Schlösser, so im Vinschgau wie im Etschland, Schlandersberg, Naturns, Juval, Vorst, Schenna, Eschenloh und Greifenstein waren in ihren Händen, wurden aber deswegen von Herzog Friedrich gebrochen, wobei sein Büchsenmeister Abraham von Memmingen sich viel Verdienst erwarb. Auffallend ist es, daß der Anblick dieser schönen Kastelle, der herrlichen Landschaft und des eigentümlichen Volks im Etschland noch keine Walter Scott'schen Richtungen, sei's nun unter den Tirolern oder unter fahrenden Belletristen, hervorgerufen hat.

Allmählich öffnet sich auch ein Blick durch die Kluft der Töll hinunter auf die Höhen um Meran, und die schönen Hoffnungen, die bei dieser Ansicht aufgehen, trösten uns für die letzten anderthalb Stunden, die nach all dem Reichtum der Landschaft, wie sie sich von Mals herab erschlossen hat, fast etwas trübselig scheinen. Die Straße zieht zwischen Weidenbäumen in langer Zeile hin, rechts sind bebuschte Sümpfe und Erlenauen, zu beiden Seiten wenig bewohnte, unliebliche Berge.

Und nun waren wir endlich auf der Stelle, wo links im Tal das kühle Partschins liegt, an der Straße dagegen die Töll, die ehemalige Zollstätte, hochberühmt wegen der herrlichen Ansicht der Gefilde von Meran, die sich da in all ihrer paradiesischen Üppigkeit auseinander legen. Da sah ich sie mit Freuden wieder, die Burg von Tirol und den hohen Turm der alten Stadt und alle die Schlösser und Dörfer und Höfe und Kirchen und Kapellen, die auf den Bergen herum und hinauf liegen bis zu St. Katharina in der Scharte und hinab bis an die Mendel, die den Boznern in die Gassen schaut, alles so feierlich angemeldet durch die Donner der Etsch, die hier weißschäumend in das tirolische Eden hinunterspringt. Und erst das laute Entzücken, in das der nordische Gefährte ausbrach, als er zum ersten Mal im Leben diese südliche Schönheit sah! So gingen wir plaudernd und schweigend, aber nachhaltig erstaunt und bewundernd auf der Heerstraße fort, die sich in sanfter Senkung abwärts zieht. Mächtige Kastanienbäume säuselten leise ober unsern Häuptern. Allerlei malerische Häuser und Hütten stehen an dem Weg, die Herbergen schlanker Männer und schöner Mädchen, die jetzt von des Tages Arbeit heimwärts zogen. Dann kamen wir unter den Lauben durch, die sich schattig über die Straße wölben, und voll von Trauben hängen. Die höchste Ehre als Schmuck der Landschaft muß in der Tat der Rebe bleiben – ihre bacchische Fruchtschnur geht überall hin, wo es etwas zu verzieren gibt, über Felsen und Bäume, an den Häusern hinauf und in die Stuben hinein. Ja, sogar um die Wegkreuze schlingt sie sich und umwindet den Erlöser mit ihrem erfrischenden Laub und hängt dem leidenden Christus ihre blauen Trauben kühlend über die Brust.

VII.

Ins Pustertal

1870

Es war am 14. September 1870, als ich, eben von der Eisenbahn kommend, durch die unscheinbare Stadelgasse der Bischofsstadt Brixen auf den rühmlich bekannten Gasthof „Zum Elefanten" zuschritt. Schon von ferne sah ich mehrere Gäste auf der Veranda, die sich in bester Stimmung zu befinden schienen.

Als ich näher kam, hörte ich meinen Namen rufen, und noch näher zusehend, erkannte ich bald einen werten Münchener Freund, Herrn Heinrich Hügel, der jetzt zu Bruneck haushält, um als Haupt und Gebietiger die Eisenbahn von Brixen durch das Pustertal nach Kärnten zu bauen. Da es eben Essenszeit, so setzten wir uns zu Tisch, und da Herr Hügel nachher wieder heimfahren wollte, so nahm ich gern die freundlich gebotene Gelegenheit an, mit ihm nach Bruneck zu gehen.

Wir fuhren also davon und kamen zuerst nach Neustift, welches eine halbe Stunde von Brixen am Eisack liegt. Dies ist ein namhaftes Kloster, aus dessen Geschichte etwa folgendes zu erzählen wäre:

Im zwölften Jahrhundert lebte zu Brixen der selige Hartmann, ein Bischof, welcher sich nach einer stillen Zelle in der Nähe seines Sitzes sehnte und darin auch Gastfreundschaft gegen die Pilger üben wollte.

Herr Reginbert, Burggraf zu Säben, und andere fromme, reiche Herren und Lehensmänner der Kirche, kamen dem Bischof bereitwillig entgegen und schenkten ihm Land und Güter, soviel er begehrte. Also führte dieser seinen Gedanken aus und gründete da nach der Regel des heiligen Augustin ein Kloster, das er einfach nova cella, Neustift nannte. Nach damaliger Sitte, die jetzt manchem argwöhnischen Moralisten auffällt, war die neue Zelle aber nicht nur für Priester und Laienbrüder gegründet, sondern auch für Laienschwestern, nur daß letztere abgesonderte Wohnungen hatten. Unter diesem Namen ließ sich manch edles Fräulein, manche ritterliche Witwe im Stift nieder. Doch scheint die Regel gewesen zu sein, daß jede für ihre „Lebsucht" selber sorgte, denn was das Kloster gab, war nur sehr weniges, nämlich alle Jahre ein schwarzer Tuchmantel, ein barchentnes Hemd, alle zwei Jahre ein Pelz und das nötige Schuhwerk, zur Sommerszeit auch ein Trunk um die Non, das Neunertrankl. „Diese Pfründe", heißt es weiter, „soll aber die Schwester in Ruhe und Anstand empfangen, denn wenn sie (was man damals den edlen Frauen alles zutraute!) unerträgliche Exzesse begehen würde, so solle sie derselben verlustig sein."

Äußerlich hat das Stift wenig Großes erlebt. Im Jahr 1525 kamen fünftausend aufrührerische, der Ketzerei ergebene Bauern und plünderten es, im Jahr 1807 tat die bayerische Regierung ungefähr das nämliche. Sie hatte die Aufhebung des Klosters verfügt und führte drei Zentner Kirchensilber, kostbare Monstranzen, Ringe, ein altes Meßgewand, welches aus dem Festkleid Oswalds von Säben († 1465) gefertigt war, und vieles andere nach Bayern. Ebenso wurden Bücher, Urkunden und Manuskripte, fortgeschleppt und werden, sagt unsere Quelle, Herr Regens Tinkhauser, jetzt noch in München den Fremden als auserlesene Seltenheiten gezeigt.

Im sechzehnten Jahrhundert war das Kloster nach der Weise jener Zeit in bedenklichem Verfall, doch kam es im siebzehnten wieder zu sich und grünte von neuem bis in das Jahr der Aufhebung 1807. Aber auch diese tat ihm keinen bleibenden Schaden, denn als Tirol wieder mit Österreich vereinigt war, wurde das Stift seinem Orden zurückgestellt und erlebte wieder schöne Tage.

Das Kloster ist übrigens ein Haufen von allerlei aus verschiedenen Zeiten stammenden Gebäuden. Der viereckige Hof, den die Wohnungen des Propstes und der Väter umschließen, reinlich weiß getüncht, mit grünen Jalousieläden, von dem alten grüngedeckten Kirchturm überragt, von hesperischer Sonne warm beschienen, zeigt ein gemütliches Bild klösterlichen Stillebens. Die alte Kirche ist im vorigen Jahrhundert durch eine andere im damaligen Geschmack ersetzt worden. Diese bietet gar nichts Anziehendes, der Kreuzgang dagegen einige alte Grabsteine.

Als ich von Bruneck zurückkehrte und wieder nach Neustift kam, nahm ich mir vor, den Herrn Pater und Professor Theodor Mairhofer zu besuchen, einen freundlichen und gelehrten Mann. Er führte mich durch die Bibliothek, die Waffensammlung und durch den Bildersaal, der manches schöne alte Stück enthält. Nachher setzten wir uns in seinem Stübchen zusammen, welches hochgelegen ist und eine herrliche Aussicht bietet. Es war nachmittags, um die Non, und wie ehemals die Pfründnerinnen, so gingen auch wir ans Neunertrankl und schlürften mit vereinten Kräften eine Halbe, oder – seien wir aufrichtig – eine ganze Maß Wein. Eine ergiebige Sammlung vortrefflicher Äpfel lag auf dem Schrank und wurde ebenfalls zur Erquickung beigezogen. Wir plauderten über einen Gegenstand, den nur einige Auserwählte zu würdigen wissen, nämlich über die Abstammung der alten Rätier. Es ist fast indiskret, dieses aschgraue Thema vor einem modernen Publikum zu berühren, aber es gibt immerhin schöne Seelen, die sich gerne mit ihm beschäftigen, darunter Herr Professor Mairhofer und ich. Leider liegen wir in verschiedenen Heerlagern. Ich meinerseits verbinde diese handfesten Älpler, welche von den Römern weder Zivilisation noch Freiheit annehmen wollten, mit ihren italischen Nachbarn, den Etruskern. Warum, will ich hier der Kürze halber nicht einmal von ferne andeuten. Herr Professor Mairhofer aber, der überhaupt schon mehreres geschrieben hat, namentlich in diesem Jahr ein Programm zu Dio Cassius über Rätiens Unterjochung durch die Römer, er ist anderer Meinung und leitet jenes verschollene Volk von den Kelten ab. Er beweist seine These, indem er eine große Zahl von Ortsnamen, die jetzt in Tirol zu finden, aus dem Keltischen zu erklären sucht. Er verfährt dabei in Mones und Obermüllers bekannter Manier, welche sehr leicht zu lernen ist.

Das Rezept lautet ungefähr: Nimm einen beliebigen deutschen Ortsnamen und ein beliebiges hochschottisches Wörterbuch, zerhacke den ersten in beliebige Stücke und sieh dann in letzterem nach, ob sich nicht Klänge finden, die mit jenen Trümmern irgend eine beliebige Ähnlichkeit zeigen. Astfeld z. B. kommt von keltisch iosta, Wohnort, und bille, klein; Landeck von Ion, Haus, und aighe, Berg. Es kann dabei nicht stören, daß Ast und Feld, Land und Eck eigentlich deutsche Wörter sind, denn den Germanen wird die Fähigkeit, Ortsnamen zu bilden, überhaupt nicht zugestanden. Ebenso geht es den romanischen Ortsnamen. Galtür und Gleif z. B. werden mit nicht minderer Virtuosität aus dem keltischen erklärt, obgleich ihnen ganz deutlich das Lateinische cultura und clivus zugrunde liegen. So überzeugend jene Deutungen diesen Gelehrten klingen mögen – mir fehlt die Gnade – ich kann nicht an sie glauben. Daß wir bei so verschiedenen Ansichten und deren Besprechung gleichwohl die verbindlichste Haltung bewahrten, zeigt nur, wie gebildet wir sind. Aber übertreten konnte und wollte ich nicht, so angenehm auch der dunkle Wein und die süßen Äpfel schmeckten.

Über Neustift hinaus geht die Straße, von Weingärten begleitet, von Kastanienbäumen beschattet, eine gute Strecke in die Höhe. Bald erscheinen hoch oben an dem nördlichen Bergzug zwei Dörfer, deren weiße Kirchlein weithin sichtbar sind. Das eine heißt Spinges, das andere Meransen.

Spinges war einmal das Tatenfeld für einen Heroismus der Tiroler, der vielleicht schon besungen, aber doch nie recht bekannt worden ist. Als nämlich 1797 General Joubert mit starken Heerhaufen über Brixen und das Pustertal an die Drau hinunterzog, um sich dort mit Bonaparte, der aus Italien hervorgebrochen, zu vereinigen, sammelten sich etliche Fähnlein des Tiroler Landsturms auf den Höhen von Spinges, um dem Feind den Durchzug zu verwehren. Die Franzosen stiegen den rauhen Pfad hinan, um sie auseinander zu werfen. Die Tiroler gingen ihnen entgegen, aber wie die Ritter zu Sempach den Eidgenossen einen Wald von Speeren, so stellten hier die Franzosen den Tirolern eine Mauer von Bajonetten entgegen. Doch fand sich zu rechter Zeit auch ein Winkelried, Anton Reinisch von Volders, der Hauptmann einer Unterinntaler Kompanie, der sich mit einer langen Sense mitten in die französischen Reihen stürzte, freilich bald von elf Stichen getroffen, unter fünfzehn Feinden, die er allein erlegt hatte, niedersank, aber auch seinen Brüdern eine Gasse bahnte, durch die sie mächtig einbrachen, sodaß es ihnen bald gelang, die Gegner in die Flucht zu schlagen.

An jenem Tag wurde auch um den Kirchhof zu Spinges gekämpft, welchen die Franzosen dreimal vergebens zu stürmen suchten. Damals sei mitten unter den kämpfenden Landleuten ein Mädchen auf der Kirchhofmauer gestanden und habe mit einer Heugabel Wunder der Tapferkeit verübt. Man hat nie erfahren, wie sie geheißen – in den Büchern lebt sie als „das Mädchen von Spinges" fort.

Das Mädchen von Spinges ist allerdings schon gemalt und besungen worden, aber die tirolischen Zweifler haben sich auch schon an ihre Glorie gewagt. Staffler begleitet die Erwähnung ihrer Tat mit einem vorsichtigen „wie erzählt wird". Dr. Schuler sagte mir einst, daß die Wissenden eigentlich nichts von dieser Heldin wissen wollen. Professor Mairhofer meinte dagegen, die Tatsache sei richtig und das Mädchen sei als alte Köchin hinten in Enneberg gestorben.

Indessen, wenn auch das Mädchen von Spinges nur ein im Pulverdampf entstandener Mythos wäre, aus dem Jahre 1809 sind genug Walküren bekannt, welche dem schönen Geschlecht in Tirol den Ruhm des Heldenmutes für ewige Zeiten sichern.

Zu Meransen, in der Kirche, werden drei wenig bekannte, aber sehr interessante Jungfrauen verehrt. Vor etwa fünfundzwanzig Jahren lebte im Bayernland ein Baurat, Friedrich Panzer, der diesen Jungfrauen, die auch bei uns in manchen Kirchen vorkommen, viel Mühe widmete und allerlei wunderbares Zeug über sie zutage förderte. (Beitrag zur deutschen Mythologie von Friedrich Panzer, München 1848). Er fand, daß sie da und dort noch jetzt beim Volk unvergessen sind und als „Stifterinnen" im besten Andenken stehen. Es sollen nämlich, sagt der Landmann, drei edle Fräulein aus karolingischem Geblüt gewesen sein, die ihr Eigen, Wald und Feld, der Kirche des Ortes vermachten.

Als ein guter Kenner der deutschen Mythologie wußte Friedrich Panzer allmählich herauszufinden, daß die drei Stifterinnen ursprünglich heidnische Schicksalsgöttinnen oder Nornen gewesen und daß ihr Tempelgut, als das Heidentum abgeschafft wurde, den christlichen Bethäusern zufiel, die sich an ihren Kultusstätten erhoben. Die Jungfrauen, welche übrigens Ainbet, Wilbet und Gwerbet heißen, lassen sich bis nach Worms und selbst den Rhein hinunter verfolgen, treten aber doch am häufigsten in Altbayern auf. Südlich gehen sie nicht weiter als bis Meransen und es ist ganz gewiß, daß die alten Bajuwaren sie dahin gebracht. Vielleicht daß sie in ihren blutigen Kämpfen mit den Pustertaler Wenden gerade ihre heimischen Nornen als Siegesgöttinnen recht nahe bei sich haben wollten und daß sie ihnen ein Heiligtum gerade deswegen auf jener Höhe gründeten, die soweit ins Land bis zum alten Aguntum hineinsieht, damit die deutschen Helden ihnen nie aus den Augen kommen sollten, ihrer Hilfe immer sicher sein könnten.

Es ist nicht zu verwundern, sondern ganz natürlich, daß der Mythos die Meranser Heiligen auch wieder pustertalisch lokalisiert hat. Nach der dortigen Legende sind die drei Jungfrauen vor den Hunnen auf diesen Berg geflohen, um ihre schwer gefährdete Ehre zu retten. In der Sonnenhitze auf dem steilen Pfad waren sie nahezu erlegen, als ihnen plötzlich eine neue Quelle entgegensprudelte und ein jählings aufschießender Baum seine erfrischenden Früchte bot. Quelle und Baum werden noch jetzt gezeigt und die Stelle heißt die Jungfernrast. Übrigens sollen, wie man im Pustertal behauptet, die drei Fräulein ursprünglich zu dem Heer der elftausend Jungfrauen gehört haben, welches St. Ursula bekanntlich aus Britannien nach Köln geführt hat. Sie wären also Engländerinnen gewesen und man könne in ihnen, die mit soviel Mut, Geschick und Glück vom Rhein bis ins Pustertal durchgedrungen, sogar ein Vorbild jener modernen englischen Touristinnen erblicken, die sich ja auch mit staunenswerter Verwegenheit bis unter die Menschenfresser hineinwagen. Andere erklären wieder anderes; doch scheint mir jene oben geäußerte bajuwarische Ansicht und Deutung immerhin die richtigste.

Zwischen Brixen und Mühlbach, dem ersten Flecken im Pustertal, ist so etwas wie eine Völkerscheide. Aber auch das Klima scheidet sich hier mit raschem Absatz. Von Italien heraus bis in den Brixner Kessel wachsen Wein, Mandeln und Feigen – im Pustertal, welches bis Toblach immer steigt und dort fast die Höhe des Brenners erreicht, herrscht nordisches Klima und nordische Vegetation, obgleich es südlich der großen Gletscherkette liegt. In seinen höheren Strichen fehlen außer Wein, Mandeln und Feigen auch Äpfel, Birnen und Zwetschken. Ebenso reicht bis Brixen die welsche Physiognomie der Landschaft – die Ortsnamen sind meistens rätisch oder romanisch und klingen fremd und seltsam. Hier zum Beispiel treffen wir, am Eisack lustwandelnd, auf Clerant, Pallaus, Sarns, Albeins, Tschötsch; im Pustertal hören wir dagegen unsere wohlbekannten Mühlbach, Bruneck, Niederndorf, Abfaltersbach usw. Diese welsche Physiognomie ist aber schon mit den Römern um Christi Geburt hereingekommen, als sie Rätien eroberten, und dauert also jetzt über achtzehnhundert Jahre. Eine Physiognomie, die schon über achtzehnhundert Jahre dauert, muß aber immerhin starke Spuren des Alters aufweisen.

So ist denn auch das Aussehen der Dörfer, Höfe, Häuser und Kirchen am Eisack wie an der Etsch meist ganz vorzeitlich, oft ruinenhaft und verlottert – aber immer interessant. Das überwiegende Gepräge ist eine malerische Verfallenheit. Wir sehen allenthalben Menschenwerke, die uns so ehrwürdig, aber auch so müde und altersschwach anschauen, als sehnten sie sich, wenn nicht nach dem Tod, doch nach einer Auferstehung.

Ganz anders das Pustertal. In diesem haben zwar einst die Römer auch gehaust, Straßen angelegt und die stolze Stadt Aguntum bewohnt, allein am Anfang des siebenten Jahrhunderts, als sich die Bajuwaren da festzusetzen begannen, brachen auch die kärntnischen Slawen herein und stifteten eine große Verwüstung an. Aguntum wurde zerstört und der Bayernherzog Garibald in einer großen Schlacht geschlagen. Doch gelang es den Bajuwaren, die wendischen Eroberer nach mörderischen Kämpfen wieder endgültig hinauszuhauen. Was herinnen blieb – bis zum Anraser Bach reichte damals ihre Nation – wurde bekehrt und germanisiert.

Aus dieser Bluttaufe ging das Pustertal gleichsam wieder als eine Jungfrau hervor, als ein verwüstetes, unbewohntes, neu zu besiedelndes Land. Das Jahr 770 ist sozusagen der Anfang seiner zweiten Kultur. Damals kam Herzog Tassilo von einer Romfahrt zurück, hielt zu Bozen einen Rasttag und stiftete da auf der Stelle, wo einst Aguntum gestanden, das Kloster Innichen, „um das ungläubige Geschlecht der Slawen auf den Weg der Wahrheit zu führen". Dabei sagt er, es sei bekannt, daß die Gegend von alten Zeiten her öde und unbewohnt gewesen. In dieser Annahme täuschte sich zwar der Herzog, aber aus seinen Worten läßt sich jedenfalls entnehmen, daß sie zu keiner Zeit ganz wüst und leer war. Von da an begann nun die bayerische Einwanderung mit Schwert, Pflug und Heugabel. Die Physiognomie des Pustertales ist also etwa um acht Jahrhunderte jünger, als die der Täler am Eisack und an der Etsch, aber diese achthundert Jahre bewirkten einen Unterschied, der jetzt noch auffällt. Dort die Architektur, wie gesagt, meist alt, wettergebräunt und düster, hier alles jung, heiter und lachend, die Häuser meist hoch und stattlich, sauber erhalten, mit großen, glänzenden Fenstern, sodaß die Dörfer an der Straße ein sehr gesundes und wohlgenährtes Aussehen zeigen. Es fehlt zwar keineswegs an Altertümern, aber das durchgehende Gepräge ist so frisch und flott, als wäre die bajuwarische Kolonie erst vor wenigen Jahren eingezogen. Ja, es will mich bedünken, als habe sich hier das bayerische Blut noch reiner erhalten, als selbst im Unterinntal, als seien die Pustertaler – weiß nicht, ob es eine Schmeichelei ist – die reinsten Bajuwaren in Tirol.

Wer sich auf dem Weg nach Mühlbach einmal umwendet, sieht im Hintergrund eine gewaltige Bergfeste, lange Reihen von weißen Mauern, über welche ein mächtiges Gebäude aufragt. Das ist die Burg Rodeneck. In uralten Zeiten von eigenen Herren gegründet und behaust, fiel sie später an die Landesfürsten und wurde von Kaiser Max I. dem Ritter Veit von Wolkenstein als Belohnung für geleistete Kriegsdienste verliehen. Nicht lange danach teilte sich das Geschlecht der Wolkensteiner in zwei Äste, in den der Rodenecker und den der Trostburger. Bei ersteren ist das Schloß geblieben bis auf den heutigen Tag. Jetzt liegt es verlassen und öde in tiefer Trübsal, aber es hat schon schöne Tage gesehen. Christoph von Wolkenstein sammelte nach dem Vorbild seines Herrn, des Erzherzogs Ferdinand, gegen Ende des sechzehnten Jahrhunderts auch auf Rodeneck ein Museum nach Art der Ambraser Sammlung, zunächst eine kostbare Rüstkammer, dann auch Bücher, Münzen, Antiken, Porträts und andere wertvolle Sachen.

Damals zogen diese Seltenheiten viele Besucher heran. Eine Erztafel im Hof verewigt, daß einst Erzherzog Karl, der Bischof von Brixen, eine andere, daß Erzherzog Leopold, Graf von Tirol und seine Gemahlin Claudia von Medici hier eingekehrt. Später wurden die Schätze leider alle zerstreut, verkauft, geplündert, zerstört. Jetzt fällt die ungeheure Burg, still und unbeachtet, langsam aber sicher zusammen. Als ich sie vor Jahren einmal im Innern zu besehen trachtete, über die Zugbrücke gegangen war und an die Pforte klopfte, wollte sich lange kein sterbliches Wesen zeigen. Endlich, nachdem ich wiederholt gepocht, erschien eine Dirne, stieß den Riegel auf und verschwand mit den kreischenden Worten: „Ich bin so viel verzagt!" Sie schien des menschlichen Umgangs ganz entwöhnt zu sein und ließ sich nicht mehr sehen. Hierauf trat aus einer Tür eine betagte Witwe, die schon mehr unter die Leute gekommen war und meinen Anblick ertragen konnte. Sie führte mich in den öden Räumen bereitwillig herum. Sie und die Dirne und ein Mädchen waren damals die einzigen Bewohner der Burg, wo einst soviel Pracht und Herrlichkeit gewaltet. Ich glaube auch nicht, daß sich seit damals die Bevölkerung erheblich vermehrt hat. Einige Porträts der Wolkensteiner hängen noch in den verfallenden Sälen, deren Fenster eine wundervolle Aussicht bieten. Die Gegend umher ist fruchtbar und das Volk nennt sie deswegen den goldenen Berg.

Wir nähern uns dem Flecken Mühlbach. Er liegt als ein ansehnlicher weißer Häuserhaufen oberhalb der Rienz, dem Talstrom der Pusterer, und wird von einem anderen Wildbach, der aus dem Valsertal kommt, durchschnitten. An letzterem bietet sich eine ungemein malerische Schau. Die Häuser stecken da alle ihre Hinterteile traulich zusammen und zeigen sich so unbefangen, als wenn sie gar niemand beobachten könnte. Düngerhaufen, Laubengänge, Treppen, Vorbauten, Erker, Dachrinnen, Vogelnester, Blumentöpfe, trocknende Wäsche, andere unnennbare Anstalten, und unten die zerrissenen buschigen Ufer des Baches bilden zusammen einen bunten Wirrwarr von Farben und Linien, der zum heitersten Gemälde Anlaß geben könnte. Da wir schon Interieurs haben, sollten wir von unserer Kunst nicht auch Postérieurs oder Derrières erhoffen dürfen?

Herrn Stegers Gasthof zu Mühlbach ist das erste, aber glänzende Wahrzeichen pustertalerischer Herrlichkeit. Wer da vom Süden kommt und sich an die dortigen Wirtshäuser mit ihrem romanischen Schmutz und Dunkel erinnert, der freut sich umsomehr über diese teutonische Pracht. Hier ist alles stattlich, reinlich, hell und groß. Man fühlt deutlich, daß diese Landschaft eine andere Geschichte hat und von einem anders gemischten Stamm bewohnt wird, als die Täler am Eisack und an der Etsch.

Um Mühlbach herum sind noch die letzten spärlichen Weinberge zu sehen. Aber die Pusterer Lüfte sind ihnen nicht günstig und sie werden wohl auch in nicht zu langer Zeit verschwinden.

Der·Wagen rollt fort. Zunächst erscheint die Mühlbacher Klause, ein Festungswerk aus früheren Tagen, das der lebenslustige Herzog Sigmund oft besuchte, um der Jagd da obzuliegen – jetzt nur noch ein hohes, zerschossenes Mauerwerk ohne Dach, an den Ecken mit Türmen bewehrt, deren höchsten aber die Eisenbahn fortgenommen. Ursprünglich war die Klause eine Landmark. Die Grafen Meinhard und Albrecht von Görz, welche Tirol und die görzischen Lande gemeinschaftlich besaßen, teilten nämlich im Jahr 1271 in der Art, daß ersteres dem Grafen Meinhard, letztere seinem Bruder Albrecht zufielen. Dieser erhielt aber auch das Pustertal zu seinem Teil und die Klause war die Grenze zwischen Tirol und Görz. So blieb es bis zum Jahr 1500, als Leonhard, der letzte Görzer, starb und Kaiser Max als dessen Erbe das schöne Pustertal mit Tirol vereinigte. Die Mühlbacher Klause wurde aber noch in wehrhaftem Stand erhalten bis in den November 1809, wo sie die Franzosen in Brand steckten, da Peter Mayr, der Wirt von der Mahr, mit den Tirolern sie gegen den General Rusca mit seinen dalmatinischen Schlachthaufen nicht hatte halten können. Auch im Jahr 1813 wurde noch blutig um sie gekämpft. Später verkaufte die Regierung die Ruine an Privatleute. Es kann kaum überraschen, daß es in diesen unheimlichen Mauern bei Nacht nicht recht geheuer ist. Auch sind schon ganz verlässige Personen, welche nach dem Gebetläuten durchgingen, von wehenden Lichtern gespenstisch verfolgt worden. Einmal kam es vor, daß ein Wirt, der in einem Wäglein durchfuhr, eine schier unendliche Herde von Schafen passieren mußte, von welcher anderentages in gesamter Gegend niemand etwas wissen wollte u. dgl.

Da wir oben von der Eisenbahn gesprochen, so sei noch kurz erwähnt, daß jetzt auf der ganzen Strecke von der Franzensfeste bis Lienz die Talsohle in voller Auflösung ist. Hier werden Berge abgegraben, dort Höhen aufgeschüttet, alte Häuser niedergerissen, neue aufgebaut, alte Felsen zerbröckelt und neue zusammengesetzt, Bäche abgeleitet oder in steinerne Bette gefaßt, überhaupt alle die wunderbaren Arbeiten unternommen und durchgeführt, welche die Herstellung einer Alpenbahn erfordert. Die Bauleute sind meistens Welsche, aus dem italienischen Tirol und aus Friaul, jetzt über neuntausend Mann. Sie nähren sich äußerst genügsam von Polenta und schlechtem Käse, führen sich sehr ordentlich auf und schicken alle Wochen ihre Ersparnisse nach Hause – Charakterzüge, die man den deutschen „Eisenbahnern" selten nachrühmen hört. Es ist da plötzlich eine neue Völkerwanderung hereingebrochen und mit ihr ein Italianismus, der allerdings schnell vorübergehen wird, aber im Augenblick sehr mächtig auftritt. Viele Pusterer Wirte haben ihm zuliebe ihr Schilder verdoppelt und führen jetzt neben dem deutschen auch einen welschen. Vendita di vino, vendita di carne liest man allenthalben. Der „blaue Bock" in Dietenheim heißt jetzt nebenbei auch al becco turchio. Am Abend, wenn man durch die Dörfer geht, in welchen die Leute von des Tages Mühen ausruhen, hört man überall italienisch sprechen, singen, johlen.

Der Wagen rollt weiter und weiter. Wir fahren durch das Dorf Untervintl, das von Sommergästen gerne besucht wird, durch das uralte St. Sigmund mit seiner schönen gotischen Kirche und sehen dann jenseits des Baches Ehrenburg liegen, ein stolzes Schloß, welches der Ursitz der Grafen von Künigl ist. Dort wäre mancherlei Merkwürdiges zu betrachten, allein jetzt haben wir keine Zeit, uns ins Altertum zu verlieren, und so fahren wir dahin und kommen an einen hohen, schroffen Felsenvorsprung, von welchem ein großes, aber trübselig aussehendes Gebäude herunterschaut.

Hier stand einst, sagt man, ein römisches Kastell, nach diesem aber eine feste Burg der Gaugrafen von Pustertal, Suanaburc, die Sühneburg geheißen. Einer derselben, Volkold, der Levit genannt, verwandelte das Schloß seiner Ahnen 1020 in ein Frauenkloster, dem er seine Nichte Wichburg als Äbtissin vorsetzte und seine Güter im Ennebergertal verlieh. Das Stift befolgte die Regel des heiligen Benedikt und nahm nur Töchter des Adels in seine vornehme Gesellschaft auf. Die Frauen hielten gemeinschaftliche Tafel, wohnten aber in abgesonderten Zellen. Aus dem Düster der früheren Jahrhunderte leuchtet wenig Kunde über die Schicksale des Stiftes herüber, aber von der Zeit an, wo eine Chronik geschrieben werden kann, hat es nur eine Chronique scandaleuse.

Schon am Anfang des fünfzehnten Jahrhunderts wagte es eine Äbtissin, sich und ihre Frauen mit weltlichen Dienern zu umgeben, was bald die unheilige Folge hatte, daß einer der Getreuen mit einer hochadeligen Nonne durchging und diese heiratete. Der Bischof verhängte den Bann und gedachte das Kloster zu reformieren, allein die schönen Frauen von Sonnenburg protestierten und behaupteten, sie hätten gar keine Anlage zu einem tugendhaften Lebenswandel. Dreißig Jahre später wollte der Kardinal Nikolaus von Kusa, damals Bischof zu Brixen, abermals einige Zucht einführen, aber die fröhlichen Damen wendeten sich an den Erzherzog Sigmund von Tirol, der eigentlich nicht ihr Landesherr war, da das Kloster damals noch auf görzischem Boden stand und baten ihn dringend, sie in ihren Freiheiten zu schützen. Nichtsdestoweniger trachtete der Kardinal, sein Vorhaben durchzusetzen, aber unter allen Nonnen war nur eine, welche sich seinem Heilverfahren unterziehen wollte. Übrigens fanden sich damals allerdings sehr erhebliche Gebrechen im klösterlichen Leben; die Frauen gingen gern auf weltliche Reisen, auf Hochzeiten und in Bäder, ja die Äbtissin Verena von Stuben hatte sich aus ihren Vettern und deren jungen Freunden einen ganzen, vielleicht paphischen Hofstaat gebildet. Der Kardinal belegte die hohe Frau nunmehr mit dem Banne und dehnte diesen, als die Nonnen nicht von ihr lassen wollten, auf das ganze Stift aus. So kam es endlich dahin, daß die Äbtissin Verena aus dem Kloster treten und ihre Nachfolgerin dem Bischof Gehorsam geloben mußte. Auch in späteren Zeiten fehlte es nicht an Hader, Zwist und Streitigkeiten mit dem bischöflichen Stuhl, die wir aber auf sich beruhen lassen wollen.

Josef II. hat das Kloster 1785 aufgehoben und Gebäude wie Kirche an weltliche Leute verkaufen lassen. Über jene wie diese ist ein grausiger Verfall hereingebrochen. In den berstenden Mauern, die einst so viele „hellenische Lebensherrlichkeit" gesehen, hausen jetzt arme Leute, die anderswo keine Unterkunft finden können. „Unter dem Schutte", sagt Tinkhauser, „klaffen wie Höllenschlünde die schwarzen Kellergewölbe und schaurig drohen die zerrissenen Mauerzähne vom hohen Felsen in das Tal herunter zur warnenden Erinnerung, daß die von Gott gesetzte Gewalt der Bischöfe sich nicht ungestraft verhöhnen lasse."

Wenn wir um den Felsenvorsprung herumgebogen, sehen wir in schöner, offener Gegend den Marktflecken St. Lorenzen vor uns liegen. Hier soll einst die Römerstation Litamum gestanden sein; die schwere, dumpfe Pfarrkirche ist nach der Volksmeinung auch ein römischer Bau. In früheren Zeiten, lang ehe Bruneck erstand, scheint St. Lorenzen vielmehr bedeutet, als jetzt. Seine Pfarrer wenigstens waren Archidiakone und Dekane von ganz Pustertal. Selbst die Stadt Bruneck löste sich erst 1609 von dem St.-Lorenzer-Sprengel ab, um einen eigenen Pfarrer zu erhalten. Aus der Geschichte des Ortes mag nur erwähnt werden, daß er im sechzehnten Jahrhundert ein Sitz der ärgerlichsten Ketzerei gewesen indem sich dort die Sekte der Wiedertäufer auftat und nur langsam wieder verschwand.

Bald danach erreichten wir bei einbrechender Dämmerung das freundliche Bruneck, wo ich auf der Post meine Herberge nahm.

Ich gestehe, daß mir das Pustertal, das ich in den nächsten Tagen bis Innichen verfolgte, eigentlich abwechselnder und reizender vorkam, als selbst das Unterinntal. Während dieses meilenweit in einer geraden Rinne hinzieht, sodaß der Fußreisende, wenn es überhaupt noch deren gibt, schon am frühen Morgen das Endziel seines Tagwerkes vor Augen hat, so wendet und dreht sich das Pustertal fast jede halbe Stunde, die Landschaft öffnet sich und schließt sich wieder, eine neue tritt an die Stelle der alten und die Bilder ziehen daher in unaufhörlichem Wandel vorüber. Ein besonderer Reiz sind auch die mancherlei Nebentäler, die sich mit breiter Mündung ins Hauptttal öffnen und mit ihren Häusern, Kirchen und Schlössern sich bis ins Hochgebirge hinein verfolgen lassen. Dazu kommen dann die vielen hübschen Dörfer und Flecken, die mancherlei Burgen, teils erhalten, teils verfallen, und als glänzendes Mittelstück die prangende Stadt Bruneck in ihrer großartigen Landschaft.

Pustertaler Trachtenpaar auf einem Holzschnitt um 1875.

VIII.

Bruneck

1870

Bruneck, die Hauptstadt des Pustertales, ist ganz und gar, was man in Tirol ein feines Örtel nennt, eine nette, reinliche, wenn auch kleine Stadt, bewohnt von liebenswürdigen, frohsinnigen Leuten. Sie liegt überdies in einer sehr schönen Gegend. Hier mündet nämlich das breite Tauferer Tal in das Tal der Rienz ein und es entsteht daher eine geräumige Fläche, in welcher viele kleine Döfer, wohlerhaltene und verfallene Burgen das Auge erfreuen.

Die Stadt legt sich wie ein Halbmond um einen Felsen, auf welchem das alte Schloß steht, einst die Sommerresidenz der Bischöfe von Brixen, jetzt der Sitz des Gerichtes und der Frohenfeste, zuweilen auch ein Aufenthalt der Kaiserjäger. Die pustertalische Landstraße, welche von Brixen nach Klagenfurt geht, zieht außen vor den Toren entlang und wird da von hübschen Häusern eigefaßt. So bildet sich ein ansehnlicher Platz, eben so geeignet für Musterungen, Aufzüge, Festlichkeiten, als für Wochen- und pustertalische Viehmärkte. Der Landeshauptmann von Grebmer ist auch Postmeister zu Bruneck und besitzt da auf dem eben beschriebenen Platz einen neuerbauten stattlichen Gasthof, der vom reisenden Volk gern besucht und nie unzufrieden verlassen wird.

Unser Lieben Frauen Kirche stand schon lange, ehe zu Bruneck eine Pfarre errichtet wurde, da die Stadt, wie wir bereits erzählt, in älteren Zeiten dem Pfarrer von St. Lorenzen untergeben war. An der Stelle der alten Kirche erhob sich vor achtzig Jahren eine neue, die aber im März 1850 vom Blitz getroffen und von den Flammen verzehrt wurde. Nun beschlossen die Brunecker eine Pfarrkirche im romanischen Stil zu bauen nach Art der Ludwigskirche in München und das Innere mit schönen Bildern auszuzieren. Hermann Baron von Bergmann, Ministerialarchitekt zu Wien, entwarf den Plan und leitete den Bau. Franz Hellweger fertigte die vier Altarblätter, Georg Mader führte die Fresken aus. Das ganze ist vortrefflich gelungen. Es herrscht eine heitere Pracht in den lichtreichen Räumen und die Altarblätter, die Fresken, das Gold und der graue Marmor der Wände spielen wundervoll zusammen.

Franz Hellweger, der Maler der Altarbilder, ist übrigens ein Pustertaler und im Jahr 1812 zu St. Lorenzen geboren. Da sein

Vater, ein Krämer daselbst, schon früh gestorben war, stand er unter Leitung der Mutter, welche ihn auf sein dringendes Begehren einem ländlichen Maler im Tauferer Tal als Lehrling übergab, hoffend, er werde es in diesem gewagten Beruf doch wenigstens so weit bringen, daß er als bescheidener „Tuifelemaler" mit Totenkreuzen und Bildstöckeln sein ehrliches Brot verdienen könne. Der junge Anfänger zog jedoch um diese Zeit die Aufmerksamkeit des Herrn Johann von Vintler zu Bruneck auf sich, welcher ihm als Kunstkenner gute Lehren und als Besitzer einer Bildersammlung Gelegenheit gab, den Geschmack zu veredeln und die Meister zu studieren. Als Hellweger zwanzig Jahre alt geworden, ließ ihn die Mutter endlich nach München ziehen, wo er sich rasch ausbildete und Wertschätzung fand. Er malte drei Jahre mit Kornelius in der Ludwigskirche, hierauf im Dom zu Köln und zu Speier. Später nahm er seinen Sitz zu Innsbruck, wo er jetzt noch als christlicher Maler in großem Ansehen lebt und bei der andächtigen Stimmung seiner Landsleute mit ehrenvollen Aufträgen förmlich überschüttet wird.

Georg Mader ist eines Müllers Sohn von Steinach im Wipptal und in den zwanziger Jahren geboren. Auch er hatte den Vater früh verloren und mit der guten Mutter wegen der Berufswahl heiße Kämpfe zu bestehen. Nachdem er zu Innsbruck einige Zeit lang zeichnen gelernt, kündigte ihm jene die Mittel zur weiteren Ausbildung, sodaß er als ehrsamer Müllersbursch nach Österreich und Ungarn wanderte. Allein er fand keinen Gefallen an diesem nahrhaften Gewerbe, kehrte wieder in die Heimat zurück und bestürmte die Mutter so lange, bis sie nachgab und ihm nach München zu gehen erlaubte. Dort wurde er ein Schüler Schraudolphs, mit dem er später im Dom zu Speyer malte. Die Arbeit an der Pfarrkirche zu Bruneck begann 1858 und dauerte acht Jahre. Nach ihrer Vollendung verliehen die Brunecker dem Meister das Ehrenbürgerrecht. Seitdem malt er die Kirche in Steinach, seinem Geburtsort, aus, eine Aufgabe, mit der er in diesem Sommer fertig zu werden hofft. Den letzten Winter brachte er in München zu, wo er mir dieses und anderes aus seinem Leben erzählte.

Von den anderen Merkwürdigkeiten dieser Stadt wollen wir keine nennen, als die Bildersammlung der Herren von Vintler, die diesem der ältesten Geschlechter des Landes entsprossen sind und die Fremden mit tirolischer Zuvorkommenheit aufnehmen. Man sieht da manches gute Stück, aus alter wie aus neuer Zeit. Zumal wird jeder mit Freuden das Konterfei des Herrn Georg von Freundsberg betrachten, des tapferen Feldobristen, der mit seinen tirolischen Landsknechten auf so vielen Schlachtfeldern gewesen und soviel Ruhm und Ehre erlebt. Auch besitzen die Herren von Vintler eine alte Reimchronik, die mit Erschaffung der Welt beginnt und bis auf Kaiser Friedrich den Zweiten fortläuft. Sie ist laut der Nachschrift gefertigt von Heinz Sentlinger von München, an der Etsch auf dem Rungelstein bei seinem Herrn, Niklas dem Vintler, und vollendet in dem Monat Junius am dreizehnten Tag des Jahres 1394. Es ist ein sehr gut erhaltner, sehr lesbarer, schöng geschriebener, pergamentner Kodex in Großfolio. Die Handschrift blieb seit Herrn Niklas des Vintlers Zeiten immer in den Händen siner Familie. Dieser Herr Nikolaus aber ist derselbe, welcher die Malereien im Schloß Runkelstein bei Bozen herstellen ließ, ein kunstsinniger und mit den Wissenschaften vertrauter Edelmann.

Das Brunecker Schloß, mit gelblichen Mauern, roten Dächern und ragendem Turm sitzt wie ein zierliches Krönlein auf dem Hügel, der gleich hinter der Stadt ersteht. Der Gang hinauf ist ein angenehmer Lustpfad und oben überrascht eine prachtvolle Aussicht .Wer den Schloßturm besteigt, kann unterwegs in der Wohnung des Gerichtsdieners das lebensgroße Ölbild einer Bauersfrau betrachten, die zu ihrer Zeit im Pustertal einen großen Namen hatte. Es ist ein rüstiges, tiefgebräuntes Weibsbild mit der Büchse auf der Schulter und dem Bandelier, an welchem die Puverfläschchen hängen, also eine Kriegerin. Nach der Sage soll dieselbe in den neunziger Jahren mit dem Tauferer Landsturm gegen die Franzosen ausgezogen sein. Zuerst von den Auszüglern zurückgwiesen, sei sie endlich als Waffenbruder aufgenommen worden, aber erst nachdem sie den stärksten Mann der Fahne niedergerungen. Kleidung, Bewaffnung und Malerei sind indessen älter als ein Jahrhundert und lassen jene Zeitangabe gewiß als irrig erscheinen. Es ist daher wahrscheinlicher, daß die wilde Männin ihren Kriegszug im „bayerischen Rummel" (1703) unternommen habe.

Ferner hängen in derselben Stube etliche Tafeln, welche die europäischen Trachten in der ersten Hälfte des sechzehnten Jahrhunderts darstellen. Sie sind aus der Versteigerung eines Herrn von Söll erworben worden und eben, obwohl die Malerei sehr kunstlos, als Modejournal der damaligen Zeit viel anschauliche Belehrung.

Lange nachdem in dieser Gegend Kehlburg, Lamprechtsburg, Michaelsburg und Sonnenburg gegründet waren, erbaute Bischof Bruno von Brixen um die Mitte des dreizehnten Jahrhunderts das Schloß und die Stadt Bruneck. Die Bischöfe besaßen im Umkreis viele Güter und mochten daher gerne eine verlässige Feste haben zu eigenem Aufenthalt. Den Kardinal von Kusa konnten ihre Mauern aber gleichwohl nicht schützen. Als das Kriegsvolk Herzog Sigmunds, mit dem er zerfallen war, am Morgen des Ostertages 1460 das Schloß erstürmt hatte, mußte er vielmehr als Gefangener einen Vergleich eingehen, was derA nfang neuer Zwiste war. Ein anderer Kirchenfürst von Brixen flüchtet sich 1525 hierher, als das Bistum wegen des Bauernaufstandes in der ärgsten Verwirrung lag. Auch Kaiser Karl dem fünften bot das Schloß die erste sichere Ruhestätte, als er vor Herzog Moritz von Sachsen aus Innsbruck entflohen und gichtkrank in einer Sänfte über den Brenner gekommen war. Was die neuere Zeit betrifft, so ist die Stadt im Jahr 1809 von vielen Nöten bedrängt worden, deren ausführliche Erzählung bei Staffler zu finden.

Bruneck, das heitere Städtchen, zählt einen bedeutenden Beamtenstand, viele gebildete Herren, Frauen und Fräulein. Man lebt sehr gesellig zusammen und es fehlt nicht an gemeinschaftlichen Spaziergängen, an Abendunterhaltungen mit Gesang, Deklamation und Tanz.

Im Jahr 1843, wo ich mich einige Tage hier aufielt, befand sich da auch Hermann von Gilm, ein junger Poet, dessen Gedichte zwar nur handschriftlich umliefen, aber im Land schon großes Aufsehen erregten. Hermann von Gilm war damals einunddreißig Jahre alt, eine hohe schlanke Gestalt, mit langem schmalem Gesicht, rabenschwarzen, lockigen Haaren und lodernden Augen - im Ganzen eine Erscheinung, die mehr an Italien erinnerte, als an Deutschland. Er wurde am 1. November 1812 zu Innsbruck, wo sein Vater Apellationsrat war, geboren, studierte später die Rechtsgelehrtheit und ging in den Staatsdient. So lebte er einige Zeit zu Bruneck, dann zu Rovereto, von 1847 bis 1854 zu Wien, hierauf als Statthaltereisekretär in Linz, wo er am letzten Mai 1864 in den Armen seiner jugendlichen Gattin starb. Seitdem ist zu Innsbruck an dem Haus, in welchem der Dichter das Licht der Welt erblickte, dessen Büste feierlich aufgestellt worden.

Die vormärzlichen Zeiten lagerten schwer und trübe über dem Land Tirol. Die Zillertaler waren vertrieben, die Jesuiten berufen worden - das waren die wichtigsten Begebenheiten, die sich seit den Befreiungskriegen ereignet hatten. „Es war", sagt A. von Schullern in einem Vortrag, den er über den dahingegangenen Dichter zu Innsbruck hielt, „es war eine unheimliche Öde und Stille im Lande, kein geistiger Lufthauch regte sich, tiefe Nacht hatte sich über die Täler gelagert, und kein Morgenstrahl entlockte den Memnonssäulen unserer Alpen einen Klang. Da, auf einmal, wie in schwüler Sommernacht aus dunklem Busch hallten laut und keck freie, entzückende Töne durch die Berge, Töne, bald süß und lockend wie Nachtigallenflöten, bald schmetternd und zürnend wie Fanfaren zur Schlacht. Das klagte so rührend über die schöne Heimat, deren Blüten umsonst zum Licht ringen, deren Lieder verstummt, deren Söhne vertrieben sind, das rief so mutig, das blitzte so freudig, Lied auf Lied, jedes ein funkelnd Schwert!"

Diese Nachtigall war Hermann von Gilm. die herrlichen Lieder, die er im Vormärz sang, würden, wenn sie damals durch Deutschland gegangen wären, wohl allenthalben Bewunderung erregt haben. Er fuhr auch fort zu singen, als der Tag der Freiheit über Österreich angeborchen, aber er zögerte von Jahr zu Jahr, seine Gedichte herauszugeben. Nach seinem Tod erst unternahm es die Familie, eine Auswahl zu veröffentlichen. Doch sind die Tiroler mit dieser Ausgabe nicht recht zufrieden und behaupten, es seien manche Gedichte, die das Licht des Tages keineswegs zu scheuen hätten, seinen Verehrern vorenthalten worden.

In derselben Zeit lebte zu Bruneck Herr Theodor Ritter von Kern, der als Hauptmann über den Kreis Pustertal und am Eisack gesetzt war. Eines Tages, als die Herren beim Abendtrunk saßen, hatte ich als unbekannter Wanderer auf meinen Stuhl am Tisch, wurde von dem Haupt der Landschaft freundlich angesprochen und bald auch in den näheren Umgang aufgenommen. Später, als Herr von Kern nach Innsbruck versetzt worden, kamen wir auch da wieder zusammen. Er war ein hochgebildeter, geistreicher, freisinniger und dabei schwäbisch gemütlicher Mann, der eine höchst anziehende Unterhaltung zu führen wußte. Ich bin immer sein Verehrer gewesen und wünsche auch jetzt noch als solcher betrachtet zu werden.

Geboren war der Edle 1786 zu Pfullendorf in Oberschwaben, erzogen zu Haslach im Schwarzwald und zu Kempten im Allgäu. Als er die Hochschule zu Freiburg überstanden hatte, begab er sich nach Wien und wurde dann nach dem Heimfall Tirols als Gubernialsekretär zu Innsbruck angestellt. Doch erschien er bald höherer Würden wert. Schon im Jahr 1821 wurde er zum Kreishauptmann im Pustertal und am Eisack ernannt - eine Stelle, die er bis zum Jahr 1843 rühmlich verwaltete. Seine Verdienste um diese Lnadschaft sind jetzt noch unvergessen. Er half den Armen, baute Straßen und Wege, errichtete Schulen, wies der verwüstenden Drau ein festes Bett an und führte noch viele andere löbliche Einrichtungen durch Bruneck, das feine Örtel, hat sich unter seinem Einfluß verjüngt. Ihm verdankt es seine heitere Außenseite, den schönen Platz vor den Toren, wo ehemals der Stadtgraben lief, die stattliche Promenade und die schattigen

Baumpflanzungen. - Als er das schöne Pustertal unter allseitiger Anerkennung verlassen, lebte er noch sechzehn Jahre zu Innsbruck, zuerst bei der höchsten Landesstelle beschäftigt, dann im Ruhestand und starb daselbst am 14. Februar 1859, vom ganzen Land tief betrauert.

Der Nachfolger des Ritters von Kern als Kreishauptmann zu Bruneck war der Gubernialrat Dr. Johann Jakob Staffler, derselbe fleißige Sammler und Schilderer, welcher in den Jahren 1839 bis 1846 jenes statistisch-topographische Werk über Tirol und Vorarlberg herausgab, welches wir so oft als unsere Quelle anführen. Man dürfte die Tiroler fast beneiden, daß sie eine so treffliche Darstellung ihrer Heimat besitzen. Auch Gubernialrat Staffler war ein bescheidener, gefälliger Mann, umgänglich und offen, wie es tirolische Geschäftsmänner meistens sind. Er trat später zu Innsbruck in den Ruhestand und starb daselbst am 6. Dezember 1868 im fünfundachtzigsten Jahre seines Alters.

Wer im Sommer zu Bruneck lebt, dem ist zu Ausflügen nach allen Seiten Gelegenheit gegeben. Gerade am Eingang des Tauferer Tales liegt in einem Viereck eine Tetrapolis von hübschen Dörfern, Stegen, St. Georgen, Aufhofen und Dietenheim. Alle vier sind sehr alt und jedes hat seine historischen Merkwürdigkeiten. In Stegen war es zum Beispiel, und zwar am 8. Juni 1027, daß Kaiser Konrad II., der dort, aus Italien heimkehrend, ein Lager geschlagen, dem Bischof Hartman von Brixen alles Lnad vom Trientner Bistum bis ins Inntal mit herzoglichen Rechten verlieh, womit er Brixens Größe für ewige Zeiten zu sichern schien. Aber diese Gebiete gingen fast alle wieder an die Landesherrn verloren und zuletzt, als der Bischof säkularisiert wurde, war ihm außer Brixen und Klausen nur noch Bruneck, eine kleine Herrschaft in Enneberg und das Fassatal geblieben.

St. Georgen wird schon im neunten, Aufhofen im zehnten Jahrhundert erwähnt. In beiden Orten finden sich alte Ansitze, doch nicht so viele als von dem nachbarlichen Dietenheim, welches deren ein halbes Dutzend zählt. Es war auch schon zweimal ein Regierungssitz, einmal in halbmythischer Zeit, vor mehr als tausend Jahren, als sich der bayerische Herzog Theodo in der Schönhueb, einem altertümlichen Haus, das noch jetzt gezeigt wird, niedergelassen und das Dorf nach seinem Namen Dietenheim, theodonis Villa (französisch wäe es thionville) genannt haben soll und das andere Mal unter der Kaiserin Maria Theresia, welche die Regierung oder das Kreisamt vom Pustertal hierher verlegte. Die alten Schlösser sind jetzt allerdings zum größeren Teil in bäuerliche Hände gefallen. Aber des Herrn Landeshauptmanns von

Grebmer feiner Ansitz ist noch bei seinem adeligen Haus geblieben und bietet verschiedene altdeutsche Malereien und Familienporträts bis ins sechzehnte Jahrhundert hinauf.

Wie der Name Dietenheim an Herzog Theodo, so mahnt das nahe Tesselberg an die Tassilonen, also beide an die Agilolfinger, die vorkarolingischen Landesherrn des jetzigen Deutschtirols.

Auch im Namen Pfalzen, welcher einem auf naher Berghöhe gelegenen Dörfchen zusteht, ist die Erinnerung an eine uralte Hofburg festgehalten. Die Nähe der slawischen Feinde mag die bedrohten Fürsten oft in das Pustertal (Vallis Pustrissa) gezogen haben, und die Anmut dieser Gegend lud vielleicht zu längerem Verweilen ein - daher jene monumentalen Namen.

Da ich nun schon vier Dörfer abgegangen war, so glaubte ich ein Seidel trinken zu dürfen und trat in den blauen Bock, Dietenheims bestes Wirtshaus, das aber wie schon früher erwähnt, sich jetzt den Welschen zu Liebe auch die Aufschrift: Al becco turchino beigelegt hat. Im Garten saßen der Kurat und ein junger Doktor aus dem Orte. Ich fragte, ob das angenehme Dietenheim auch schon als Sommerfrische benützt werde und erhielt zur Antwort, daß wenigstens eine englische, aus mehreren Damen bestehende Familie sich jetzt da aufhalte.

In Dietenheim steht auch ein großes, nicht eben altertümliches, aber altmodisches, rot und gelb angestrichenes Haus, beim Maier im Hof genannt. Vor hundert und siebzig Jahren hat es einer der Herren von Sternbach, die im Tauferer Tal reiche Bergwerke besitzen, von Grund auf neu erbaut und dabei einen prachtvollen Ziergarten mit Springbrunnn angelegt. Jetzt gehört es eiem wohlhabenden Landmann, namens Mutschlechner, dessen Sohn, eben der junge Doktor, der mit dem Kuraten im Garten saß, mich verbindlich einlud, den väterlichen Hof einer Betrachtung zu unterziehen. Der prachtvolle Ziergarten und die Springbrunnen sind zwar nicht mehr erhalten, doch finden sich in dem Haus Ansätze zu einem klein pustertalischen Nationalmuseum, alte Trachten, kostbare Brautkleider aus vergangenen Zeiten, die schönen gelben Hüte mit den grünen Bändern, wie sie früher die Pusterinnen trugen und dergleichen. Im Schrank wird auch einer von jenen Kränzen verwahrt, wie man sie beider Heimfahrt von der Alm der Maierkuh auf das Haupt setzt, ein sehr zierliches Gerüst von künstlichen Blumen, Blättern und goldenen Schnüren, angeblich achtzig Gulden wert. Es ist bekannt, daß die Kühe um solche Dekorationen ebenso wie verdiente Männer um ihr Ordenszeichen sich beneiden. Ein riesiger Ofen aus der schönsten Zeit der alten Öfen ziert die Stube. Wie in jedem

Ansitz findet sich auch hier eine Hauskapelle. In dieser haben sich vor dem Oratorium der Herrschaft noch zwei hölzerne, künstlich gschnitzte, von Alter gebräunte Gitter erhalten, ein Gegenstand, der schon manchen Sammler angezogen, für den „die Juden" schon fünfhundert bare Gulden geboten haben. Aus solchen spärlichen Resten mag man übrigens entnehmen, welche Menge von wertvollen Sachen in den zahllosen tirolischen Ansitzen, ehe sie in die Hände der Bauern übergingen, vorhanden gewesen. Aber wo sind die hingekommen?

Cortina d'Ampezzo auf einem Holzschnitt um 1875.

IX.

Ampezzo

1870

Viel Wunders hört man in ganz Tirol von Ampezzo sagen. Nirgend anderswo sollen die höchsten Berge so meisterlos durcheinander geworfen, so schauderhaft anzusehen sein. Wen würden solche Schilderungen nicht hinziehen? und wer, der einmal in der Nähe, möchte nicht gerne ein paar Tage opfern, um auch mit vielen anderen sagen zu können: Ich bin dort gewesen und habe selbst gesehen!

Diesem Zug folgend, fuhren auch wir eines Tages von Bruneck durch die schönen Landschaften des Pustertales gegen Toblach hinauf.

Auf dem Toblacher Feld am hohen Kreuz zweigt sich von der Pustertaler Straße jene andere ab, die nach Ampezzo zieht. Der Wagen biegt um die Ecke, fährt gegen Süden, noch eine Viertelstunde und das grüne Pustertal, das heitere Toblacher Feld ist verschwunden, und wir stehen in einem engen unbewohnten Tal, unten von schwarzen Fichtenwäldern eingesäumt, oben von schauerlichen Dolomitwänden überragt.

Am Anfang dieser Gegend liegt der kleine Toblacher See. An seinen Gestaden stiegen wir aus dem Wagen und begannen den Weg zu Fuß zurückzulegen. Zwei gute Stunden hatten wir zu gehen und fanden auf der langen Strecke kein Dorf, keinen Hof, keine Kirche, sondern nur einmal ein einsames Wegmacherhäuschen. Davor stand in der Dämmerung die Wegmacherin, welche uns bitterlich weinend fragte, ob wir nichts von ihrem Mann wüßten, was ihm wohl passiert sein müsse? Das arme Weib, dem es sonst ganz leidlich ging, ist nämlich nicht recht bei Trost und obgleich ihr Mann jeden Abend sicher nach Hause kommt, so wartet sie doch den ganzen Tag vor der Tür auf ihn und klagt jedem Vorübergehenden ihre Angst. Seltsame Begegnung in dieser Wildnis!

Nach zwei langen Stunden also kamen wir bei nächtlicher Weile im Posthaus zu Höllenstein an. So wird gewöhnlich geschrieben, besser aber wäre wohl Höhlenstein, da der Name italienisch Landro, will sagen l'antro heißt und von einer nahen Höhle herrührt. Es steht hier ein ansehnliches Gehöft, links ein geräumiges Gasthaus und ein großes Stallgebäude, rechts eine Kapelle und ein stattliches Brauhaus. Seltsames Phänomen, das

Brauhaus in Höhlenstein! Wenn ich da bedachte, wie draußen im Bayernland, in den belebtesten Gegenden, das edle Brauwesen, durch den Geschmack der ganzen Nation gehoben und getragen, wie es gleichwohl seine schönsten Tage schon überlebt hat und oft mit lauter Stimme über die schlechten Zeiten klagt, so schien es mir wirklich wie eine Idee der Verzweiflung, hier in den öden Dolomitenwald herein eine Pfanne zu setzen. Aber ich wurde bald belehrt, daß die Unternehmung zu ihrer Zeit eigentlich sehr wohl ausgedacht und ganz an ihrem Platz gewesen. Der Posthalter erzählte nämlich, sein Schwager, der der Gründer, habe ehedem ein vortreffliches Geschäft gemacht, habe sein Getränk bis nach Belluno, nach Padua, ja nach Venedig verführt, habe viel dazu beigetragen, die Welschen zu deutscher Sitte heranzuziehen und die Annäherung beider Nationen zu vermitteln. Nicht die Lage sei dem Glück des Hauses entgegengestanden, sondern der Verlust Venetiens habe seinen Untergang herbeigeführt. Jetzt nämlich erheben die Italiener, sagte der Wirt, so schwere Zölle und Accise von dem edlen Getränk, welches der König von Flandern erfunden, daß es im Paduslande nicht mehr aufkommen kann. In der Tat steht jetzt die Brauerei mit verschlossenen Fensterläden, wie ein hohes Trauerhaus, in stillem Schmerz da.

Die Aufnahme in der Post zu Höllenstein - jetzt schreib' ich wieder lieber so, weil es poetischer ist, sich schon bei lebendigem Leib gleichsam in der Hölle zu wissen, mit der angenehmen Hoffnung, unversehrt wieder herauszukommen - diese Aufnahme also war so artig und liebenswürdig, wie man sie nur immer wünschen konnte, nur daß die Türen eben mit Ölfarbe angestrichen und daß wir ohne Verzug voll gelber Flecken waren. Ich hielt es lange für eine landesübliche Naivität, daß die tirolischen Wirtinnen ihre Gasthäuser am liebsten anstreichen und ausweißen lassen, wenn der Zug der Reisenden am lebhaftesten ist. Auch in Rattenberg kam es einmal vor, daß das Brauhaus, in welchem ich wohnte, plötzlich unter Quarantäne gesetzt und für jeden gebildeten Wanderer unzugänglich wurde. Eines schönen Morgens hatten sich nämlich etliche Maurer breit gemacht, überall herum Farben, Mörtel und Kalk gespritzt und eine wahre Schweinewirtschaft etabliert. „Ja, was ist denn das?" sagte ich bei Ansicht dieser Gräuel zur Frau Bräuerin, „jetzt um Barthelmä, wo die Reisenden scharenweise daher trollen, jetzt ziehen Sie Ihr Haus aus dem menschlichen Verkehr und übergeben es diesen Scheusalen?" - „Ach leider", sagte die Brauerin, „aber ich kann nicht anders. Ich kann nicht weißen lassen, wenn ich will, sondern wenn mir die Maurer kommen. Man hängt ja ganz von ihnen ab und muß Gott danken, wenn sie einem die Ehre schenken. Es ist ein erschrecklicher Menschenmangel im Land." - Dieselbe Entschuldigung ertönte damals auch in Höllenstein - man hört sie allenthalben bei Betrachtung zerbrochener Fensterscheiben und zerknickter Stuhlbeine, deren es im Lande viele tausende gibt. Man kriegt keine Arbeiter, man kann nichts richten lassen! heißt es überall, südlich und nördlich des Brenners. Nun sollte doch ein National-Dekonom einmal einen Vers darauf machen, warum jährlich so dreißigtausend Tiroler, die zu Hause nichts verdienen können, ins Ausland wandern, während im Inland wegen Mangels an Händen das Notwendigste nicht beschafft zu werden vermag. Wenn man übrigens einmal daranginge, im schönen Etschland alle zerbrochenen Fensterscheiben, alle zerknickten Stuhlbeine, alle ausgekegelten Türen, alle zersprungenen Tische usw. wieder in Ordnung zu bringen, so hätten mehrere Glaser- und Schreinervölker auf Jahre hinaus zu tun.

So warm aber die Aufnahme, so kalt war die Stube in der Post zu Höllenstein. Das gesamte Heizungswesen der Deutschtiroler - von den Welschtirolern ganz zu schweigen - liegt noch in der Kindheit oder vielmehr: es ist uralt, aber vor Alter wieder kindisch geworden. Da steht noch allenthalben der Ofen aus Kaiser Maximilians Tagen wie eine feste Burg in der Stube - vier Mann können ihn kaum umspannen und keiner reicht mit der Hand an seine Zinnen. Vulkane von solcher Mächtigkeit waren erlaubt, als das Holz noch wertlos; jetzt, da es teuer geworden, verstoßen sie gegen die Vernunft. Mit weniger als einer halben Klafter sind jene Gebäude überhaupt nicht zu erwärmen, wenn sie aber einmal in Hitze geraten sind, läßt man sie wochenlang fortbrennen wie die Hochöfen. Eine warme Stube vergönnt man sich also nur im tiefen Winter; in kalten Lenz- und Herbsttagen hüllt man sich lediglich in die eigene Entsagung oder in die Erinnerung an den heißen Sommer ein. Die erlaubte Behaglichkeit, mittels kleiner Öfen sich, so oft es wünschenswert, auf kurze Zeit das Kämmerlein zu wärmen, diese kennen nur etliche Fortschrittler, Freimaurer und andere problematische Naturen in den größeren Städten. Als vor ein paar Jahren zu Meran einmal im September ganz eisige Winde eintraten und der Thermometer fast auf den Gefrierpunkt fiel und die nordischen Traubengäste ganz „griechenblau" herumliefen, erschien den Meranern eine Anspielung auf den Ofen gleichwohl als eine Versündigung an ihrem herrlichen Klima und ihren tausendjährigen Überlieferungen. „Einheizen tun wir nur im Winter", sagten sie, „jetzt ist erst Herbst." So wird es auch auf der Post in Höllenstein gehalten, obgleich sie 4500 Fuß über dem Meere liegt und daher die kalte Jahreszeit hier viel früher anfängt als zu Meran. Zudem zählten wir an diesem Tage schon den 19. September.

Abgesehen von den Ölflecken und der Stubenkälte war aber nichts zu tadeln an der einsamen Post zu Höllenstein. Wir wurden sehr gut bewirtet und verbrachten einen angenehmen Abend. Die Posthalterin, rittlings zwischen Deutschland und Italien sitzend, hat beide Länder zur Verfügung und weiß für Küche und Keller aus beiden das Beste herauszuziehen. Der Posthalter ist ein aufgeklärter, gesprächiger Mann, welcher gerne freisinnige Zeitungen liest. Durch die letzten Siege der Deutschen in Frankreich wurde sein Nationalgefühl dermaßen gehoben, daß er die Aufschrift auf seiner Wirtschaft, welche bis dahin „Posthaus zu Landro" - oder gar: „Albergo di Landro" gelautet hatte, umändern und dafür: „K. K. Post Höhlenstein und Gasthof des J. Bauer" aufmalen ließ. Herr Bauer ist übrigens aus dem nahen Toblach hierhergezogen; seine Frau ist zu Gratsch geboren, was nicht weit davon liegt.

So einsam die Gegend, so menschenleer der Ort - die gute Einrichtung des Gasthofes, die angenehmen Manieren der Wirtsleute haben doch schon manche schöne Seele hergelockt, welche in der alpenhaften Stille des Gehöfts und seiner großartigen Umgebung für den Abgang ständiger Gesellschaft reiche Entschädigung fand und wochenlang da verweilte. Auch jetzt entdeckten wir wieder zufällig ein solitäres Innsbrucker Fräulein, welches sich anfangs still am dunkeln Ofen hielt, gleich als wärme dieser auch, ohne geheizt zu sein, dann aber, freundlich eingeladen, an unserem Tisch Platz nahm und erzählte, daß es schon ziemliche Zeit hier seiner Sommerfrische obliege und sehr gerne da sei. Sie sprach lieber vom Konzil und Heiligen Vater, während der Posthalter lieber von den deutschen Armeen in Frankreich plauderte. Einzelne Sonderlinge haben sich auch schon gefunden, die selbst im Winter hereinkommen, um einige Zeit hier zuzubringen, „in hermetischer Abgeschiedenheit von der Welt", meinte ich. „Ist nicht so hermetisch", sagte der Posthalter. „Im Winter ist viel mehr Leben als im Sommer. Da kommt ein Schlitten nach dem anderen mit Holz und Getreide und anderen Waren und Leute genug. Da ist oft die ganze Zechstube voll und die Gäste sind immer gut aufgelegt, weil sie viel Geld verdienen."

Im Fremdenbuch zu Höllenstein haben auch die Sommer- und die Wintergäste aus aller Herren Länder sehr vorteilhaftes Zeugnis ausgestellt, wie gut es ihnen hier gegangen und wie höchlich es ihnen da gefallen.

Am anderen Morgen war das Erste, vor die Türe zu gehen und die Gegend zu betrachten. Diese ist eine flache Alpenwiese, über welche der Monte Cristallo aufragt, ein Berg, der 10.266 Wiener Fuß hoch, von der höchsten Bedeutung und den wundersamsten Formen ist. Gestern Abend sah er so leichenblaß und gespensterhaft aus, daß ich gar nichts von ihm sagen wollte, heute am sonnigen Morgen stieg er vor uns auf, wie eine stundenbreite Flamme, welche zu Stein geworden und über das Tal noch 6000 Fuß emporragt. Unten ein schmaler Saum des dunklen Waldes, über diesem kein Grashalm mehr. Nur zwei schmale Gletscher haben sich an des Felsen Leib gelegt. Oben züngelt er in hundert Zacken auf, in Zacken, die alle denkbaren Gestalten zeigen, von der breiten Zunge bis zur spitzigen Nadel. Es sind auch Scheren, Stemmeisen, Beißzangen, „Schwammerlinge" oder Regenschirme, kurz was man will, vertreten. Wie man im Kopf des Hechtes bekanntlich das ganze Leiden Christi, d. h. alle dabei verwendeten Marterwerkzeuge findet, so könnte man sie mit wenig andächtiger Nachhilfe auch am Monte Cristallo aufzeigen. Jetzt trug dieser zudem eine sehr angenehme Farbe - blaßorange, wie ein schön angerauchter Meerschaum. Übrigens braucht kaum gesagt zu werden, daß auf beiden Seiten des Tales noch dieselben phantastischen Dolomitenreihen stehen, durch die wir des Abends vorher hereingewandert, allein hier sieht man sich wenig nach diesen um, denn der Monte Cristallo schlägt sie alle tot, obwohl die drei Zinnen (le tre cime), welche links neben ihm aufsteigen, auch sehr ansehnliche Berghäupter sind. Sie erheben sich bis zu 9500 Wiener Fuß.

Der Monte Cristallo, so unersteiglich er aussieht, ist in neuester Zeit doch schon dreimal, aber mit großen Fährlichkeiten erklettert worden, von den Wiener Herren Paul Grohmann und Leopold Wallner und von dem englischen Touristen Tuckett. Paul Grohmann war auch der erste, der 1869 die drei Zinnen erstieg.

Beim letzten Abendtrunk hatte uns der Wirt mit besonderer Wärme den Monte Piano zu besteigen empfohlen. Erstens sei leicht hinaufzukommen und oben eine Aussicht, wie nirgends in der Welt. Nickel, der Hausknecht, ein ehrsamer Pusterer, werde uns führen.

Als der Morgen gekommen und der Abschied von den trefflichen Wirtsleuten genommen war, gingen wir mit dem ehrsamen Nickel dahin, zuerst über eine bereifte Wiese, dann einen Bach entlang, zuletzt hinter dem Monte Cristallo hinein und rasch aufwärts. Der Weg wurde aber immer steiler und beschwerlicher, sodaß ich endlich meinen Reisegefährten fragte, ob er sich nicht entschließen könnte, diesen rauhen Pfad der Tugend nach dem Monte Piano mit Nikolaus, dem Pusterer, allein zu verfolgen, mich aber auf der breiten Heerstraße des Lasters nach Ampezzo wandeln zu lassen. Er hatte mich schnell verstanden und billigte mein Vorhaben; wir drückten uns die Hände und gaben uns ein Stelldichein auf Nachmittag im schwarzen Adler zu Ampezzo.

Wäre mir damals eingefallen, was ich zu Hause erst in meiner Rhätischen Ethnologie wieder fand, nämlich, daß der Monte Piano schon in Herzog Tassilo's Schenkungsurkunde für Innichen 770 vorkommt, so wäre ich vielleicht als Geschichtsfreund dennoch hinaufgestiegen.

So ging ich aber wieder auf die Ampezzaner Straße herunter und setzte bei schönem Sonnenschein meine Wanderung fort. In einer kleinen Stunde kam ich nach Schluderbach, dem letzten deutschen Wirtshause, welches nach seinem Gründer, der es 1836 erbaute und mit seinem Hausnamen der Schluderbacher hieß, zum ewigen Andenken so benannt ist. Es ist etwas weniger ansehnlich als jenes zu Höllenstein, strebt aber in rühmlichem Wetteifer mit diesem nach der Palme touristischen Lobes. Daß sie ihm nicht entgeht, zeigt auch wieder das Fremdenbuch, in welchem namentlich die Engländer das große Wort führen und ihre ungemischte Zufriedenheit aussprechen. Der Wirt heißt Georg Ploner und ist ein sehr braver Mann. Er findet ein Vergnügen darin, seine Gäste auch auf ihren Bergwanderungen zu begleiten und hat als Führer einen wohlbegründeten Ruf. In Schluderbach hörte ich übrigens sagen, daß der Weg von hier auf den Monte Piano ungleich bequemer sei, als von Höllenstein aus, was vielleicht andere sich zu Nutzen machen können.

Die Ampezzaner Straße, auf der ich mich nun wieder einsam fortbewegte - denn es kam mir kein Fußgänger, kein Reiter und kein Wagen, kein Mensch und kein Vieh entgegen - diese Straße war einst fast ein Weltwunder. Jetzt, da die Ingenieure der Eisenbahnen ganz andere Schwierigkeiten überwunden haben, denkt man allerdings nicht mehr so groß von ihr, wie vor vierzig Jahren.

Bis zum Jahr 1830 gingen nämlich auf der weiten Strecke von Tirolisch-Brixen bis Kärntnisch-Villach nur einige schlechte, im Sommer beschwerliche, im Winter gefährliche Wege nach Friaul und Venedig hinunter. Um jene Zeit aber beschloß die Staatsverwaltung, eine Kunststraße zu bauen vom Toblacher Feld bis gegen Belluno. Einem venetianischen Bau-Adjunkten, Malvolti, wurde das Werk übertragen, einem Bau-Adjunkten, wahrscheinlich mit 1 fl. 45 kr. C. M. für den Tag, während nach jetzigem Glauben eine solche Unternehmung nicht gelingen könnte ohne eine Aktien-Gesellschaft und zehn Verwaltungsräte mit je 5000 fl. Ehrensold für's Jahr. Aber damals gelang sie noch und der Bau-Adjunkt verrichtete sein Geschäft zur allgemeinen Zufriedenheit. Die Straße zieht in stattlicher Breite durch das öde Tal, steigt nur selten so, daß es merklich wird, hat manche örtliche Hindernisse kunstreich überwunden und ist gegen die Wut der Wildbäche und die Gefahr der Lawinen allenthalben ausgiebig geschützt. Sie ist für diese Gegenden ein großer Segen geworden und hat namentlich den Wohlstand von Ampezzo bedeutend gehoben.

Wenn der Forscher die Art und Weise der Menschen kennen lernen will, sie aber unterwegs nicht trifft, so bleibt ihm nichts übrig, als ins Wirtshaus zu gehen. Dort findet er wenigstens den Herrn, die Frau oder die Kellnerin, die ihm einstweilen als Repräsentanten des Volksschlages gelten können. Aus diesem Motiv kehrte ich auch, als ich erst eine oder zwei Stunden über Schluderbach hinausgekommen, in dem kümmerlichen Wirtshaus zu Ospedale ein. Es ist das erste welsche Haus an der Straße. Sein zerlumptes Aussehen gemahnte mich lebhaft, daß ich das moderne flotte Pustertal hinter mir und das uralte, aber wurmstichige Italien vor mir habe. In seinen Räumen bewegte sich eine junge, fast elegante Dame, die Gemahlin des Hoteliers von Ospedale, durch deren schwarze Haare sich ein messingener Reif zog. Sie sah wirklich etwas distinguiert und vornehm aus, war vielleicht vom seme puramente latino, vielleicht eine Enkelin der römischen Legionen, die einst hier lagerten, vielleicht Italianissima. Jedenfalls schien sie über ihre bescheidene Lage hocherhaben und ihre niedere Umgebung nicht im mindesten zu beachten, denn Tische, Stühle, Fenster, Boden, Wände, ihre eigenen Kinder - alles war über die Maßen schmutzig. Ich nahm folgerichtig an, daß sich die Padrona auch um Knödel, Strauben, Krapfen, um Ragout, Schnitzel und Hammelbraten, wie um andere vergängliche Dinge nicht halb so viel zu schaffen machen dürfte, als ihre anspruchslose Kollegin in Höllenstein. Überdies liest sie vielleicht den Dante mit den neuesten Kommentaren, während die andere nur stellenweise die alte oder neue „Presse" hernimmt. Wäre ich ein Sänger oder Held, so würde ich die Dame von Ospedal feiern, aber als hungriger Wanderer, der ich öfter, und als bescheidener Liebhaber guter Speise, der ich immer bin, muß ich unbedingt der Frau von Höllenstein den Vorzug geben. Sie beide ergänzen sich gegenseitig - die Herren Ghedina in Ampezzo sollen sie zusammen auf eine

Leinwand malen - es wäre ein Bild wie Overbecks „Germania und Italia". In diesen beiden Figuren, würde Riehl sagen, liegt eine ganze Geschichte.

Ospedale ist übrigens eine uralte Kneipe. Da hat schon Kaiser Max gezecht, vielleicht schon vor ihm mancher andere Potentat und jedenfalls vor und nach ihm Landsknechte, Schmuggler und Wildschützen ohne Zahl. Der Name Ospedale, Hospital, bedeutet ja selber schon, daß hier vor Alters eine Pilgerherberge gewesen. Ebenso alt wie die Schenke ist das Bethäuslein daneben, ein gotischer Bau, dem heiligen Nikolaus geweiht. Neben der Kirchentür ist auf der grauen Wand einerseits der bekannte lange Christoph, andererseits ein verblichenes Bild zu sehen, ein reich bemanntes Schiff, das, wie mir schien, sich in den Hafen zu retten sucht. Was es bedeutet, habe ich nicht erdenken können. Beda Weber, Staffler und Tinkhauser schweigen. Mehr als sie alle weiß Frau P. v. S. in Amthors Alpenfreund, welche behauptet, das Bild stelle eine Episode aus den Zeiten dar, da Kaiser Max hier mit den Venedigern in Krieg lag. Damals habe er seiner Gemahlin ein Fest auf dem Toblacher See veranstaltet und zu dessen Andenken hier das Bild aufmalen lassen. Das Schiff sucht sich also nicht in den Hafen zu retten, sondern es legt an einem Vorsprung an, um die wartende Kaiserin mit ihrem Hofgesinde aufzunehmen. Diese soll auch in dem Kirchlein zur Erinnerung eine eigenhändige Stickerei hinterlassen haben.

In diesem duftet es übrigens stark nach Altertum. Schon die flache Holzdecke führt weit über unsere Urgroßmütter hinaus. Auf den drei Altären sind drei alte Bilder zu sehen, welche sehr schön sein sollen, was ich aber nicht finden konnte. Zwei derselben werden der Schule Titians zugeschrieben. Der Name des großen Malers, der ja im nahen Cadore geboren war, wird in diesen Gebirgen noch oft gehört und ihm oder seiner Schule da und dort ein Altarbild beigelegt. Die rechten Kunstkenner sind aber noch nicht herangekommen und so bleiben diese Fragen bis auf weiteres unentschieden.

Eine halbe Stunde von Ospedale liegt Peutelstein - eine Jugenderinnerung! Vor einem halben Jahrhundert, als ich eben lesen gelernt, hatte ich nämlich ein großes „Städtebuch" zum Geschenk erhalten, mit Bildern aus allen Weltteilen, zurück bis auf den dreißigjährigen Krieg. Gar schön war namentlich dargestellt wie Gustav Adolf an der Front seiner schwedischen Armee vorüber, von einem zahlreichen Gefolge verbündeter Fürsten begleitet, in die freie Stadt Frankfurt einreitet. Ach, wie gern wäre ich mitgeritten! Ebenso lieb war mir aber unter hundert anderen das Bild von Peutelstein. Es stellt schauerliche Gebirge dar, auf welchen sich Gemsen und Bären tummelten. Über die Gebirge hin liefen im regelmäßigsten Zickzack und ohne perspektivische Verkürzung die gefährlichsten Alpenpfade. Auf dem „Weg nach Welschland" sah man Saumrosse ziehen. Ach, wie gern wäre ich mitgezogen!

In des Bildes Mitte aber stand auf ragendem Felsen, am stürzenden Bach der einsame Turm zu Peutelstein, nur oben unter dem Dach mit einem Luftloch versehen, aus welchem eine Laterne weithinaus hing. Der Turm kam mir immerdar sehr geisterhaft und gespenstisch vor. Ach, wie gerne wäre ich hineingegangen und bis zur Laterne hinaufgestiegen! Das Bild ist wohl in der Kinderstube längst zerrissen worden; aber als ich nun von Ospedale fortging, kamen mir alle jene Jugendeindrücke wieder. Ich freute mich, den einsamen Turm zu sehen, der mir als Knabe so unheimlich erschienen, und war fest entschlossen, bis zur Laterne hinaufzusteigen.

Nun war ich an Ort und Stelle, in enger wilder Gegend. Da ragt der Felsen, dort rauscht der Bach, hier geht der „Weg nach Welschland" - aber das Hauptstück, der Turm, ist nicht mehr da. Vor etlichen Jahren erst haben sie ihn abgetragen. So hatte ich mich denn umsonst gefreut! So gehen unsere Wünsche in Erfüllung!

Das Kastell zu Peutelstein oder, wie die Italiener sprechen, Podestagno, war seinerzeit als deutsche Grenzwacht gegen die Welschen ein sehr erhebliches Besitztum. Seine Erbauung schreibt die Sage einer vornehmen Frau zu, die sich aus Rom hierher geflüchtet. Aber Name der Gründerin und Jahr der Gründung ist unbekannt. In alten Tagen, um das Jahr Tausend herum, gehörte die Burg mit der ganzen Grafschaft Cadore zum Bistum Freising. Im vierzehnten Jahrhundert saß in der Feste ein deutscher Herr, Degen von Villanders, was bei Klausen am Eisack liegt. Ihm hatte ihre Hut Kaiser Karl IV. verliehen. Bald aber fiel sie in die Hände der Venetianer, welche sie behielten, bis Kaiser Max 1516 sie samt dem Ampezzaner Tal wieder für Tirol eroberte. Seit dieser Zeit residierte in der Burg ein tirolischer Schloßhauptmann mit Kaplan und „acht redlichen Knechten". Er war auch Statthalter von Ampezzo. Wie mag sich diese Garnison in dem öden Turm wohl die Zeit vertrieben haben? Schwerlich durch Lektüre, schriftstellerische Arbeiten oder geognostische Untersuchungen. Eher ist zu vermuten, daß ein guter Keller vorhanden gewesen und daß sie die Langeweile in italischem Wein ersäuft haben. Ach, nur einen Tag auf dieser deutschen Burg im welschen Land anno 1570, 1670 oder auch anno 1770 mitten unter den Dolomiten - einen heiteren Abend mit dem biederen Schloßhauptmann, dem lustigen Kaplan, der sittigen Köchin und den acht redlichen Knechten! Was müssen die für Zeug gedacht und geschwatzt haben in ihrer düsteren Klause! Vielleicht hat aber diese ihr eigener Humor doch glänzend erhellt. Ach, die viele Romantik ist uns spurlos dahingegangen, die durch die Dogmen unserer Sozial-Demokraten nur notdürftig wieder ersetzt wird!

Kaiser Josef II. hob die Schloßhauptmannschaft auf und ließ die Burg mit den Gütern, die dazu gehörten, an einen Untertanen verkaufen. Seitdem zerfiel sie und jetzt ist sie, wie gesagt, ganz verschwunden.

Hier ist der Paß wirklich sehr eng und wild. Unten im unsichtbaren Felsenbett stürzt der Bach dahin, die Boita, zu beiden Seiten starren die Dolomiten auf in allerlei Farben und Gestalten. Nachdem ich aber nachgerade bald vier Stunden lang mutterseelenallein zwischen ihnen hingegangen und ihre stumme Gesellschaft genossen, waren sie mir fast zuwider geworden. Im Anfang überraschten sie, nachher werden sie uns gleichgültig und zuletzt langweilig.

Auf solche Stimmungen haben aber Ermüdung und Hitze auch ihren Einfluß, und der verständige Fußgänger sollte durch schöne, aber einförmige Gegenden eigentlich immer in offenem Einspänner fahren. Ein mehrstündiger Gang auf der Ampezzaner Straße wird endlich ebenso monoton als eine gleich lange Wanderung durch das Zillertal.

Ich war zuletzt ganz gedankenlos einhergeschlichen wie ein wandelndes Stück Dolomit, bis ich plötzlich rechts von der Straße eine Ruine sah und dadurch wieder an die Weltgeschichte, an die Menschheit und ihre Schicksale erinnert wurde.

Etliche Mauern, etliche Türmchen, alles grau und verfallen, das sind die ehrwürdigen Überreste des Edelsitzes der Herren von Zanna. Johann Maria von Zanna war unter Kaiser Leopold I. Oberstwachtmeister der Landmiliz, nährte aber dabei den heimlichen Gedanken, sich zum Grafen, Herzog oder Großherzog von Ampezzo aufzuwerfen; seine Landsleute, welche lieber bei der angestammten Obrigkeit verbleiben wollten, wußten jedoch dem Wallenstein in Taschenformat sein hochfahrendes Trachten bestens zu verleiden. Ein anderer des Geschlechtes wurde 1767 zum Prälaten von Neustift erwählt. Ein dritter Zanna zog Anno Neun als Hauptmann einer Ampezzaner Kompagnie gegen die Franzosen, welche dann, als sie siegreich nach Ampezzo vorgedrungen waren, mit anderen Gebäuden auch diesen seinen Edelsitz niederbrannten, sodaß er jetzt nur noch in Ruinen sichtbar ist. Die übrigen Angehörigen des Hauses, sagt der sonst so gutmütige Staffler, beschäftigten sich lediglich damit, das von ihren Ahnen fleißig Erworbene fleißig aufzuzehren.

Als ich aus meinem Dämmern erwachte, waren die ersten Häuser von Ampezzo schon hinter mir und allerlei Menschenvolk auf der Straße, meist vom anderen Geschlecht, welches mit Spaten und Hacken in das Geld ging. Ich bin keiner von den glücklichen Touristen, denen beim ersten Schritt in einen neuen Gau immer gleich, wie eigens bestellt, die schönsten Mädchen begegnen; mir begegnen nur alte Weiber, oder wenn jüngere, so sind sie nicht schön. So ging es auch damals wieder, wenigstens anfangs - denn endlich kamen doch ein paar annehmbare Typen des Weges, etliche junge Frauen von gutem Mittelschlage, etwas brauner als die Pustertalerinnen, mit etwas dunkleren Haaren, in welchen lange silberne Nadeln staken. Auch führten sie große silberne Ohrenschwengel, wie sie die Italienerinnen lieben, obgleich die Ohrenringe eigentlich der letzte Rest aus Europas längst vergangener Tätowierungs-periode sind, und eine Dame, die einen Ring im Ohr trägt, billigerweise einen solchen auch in der Nase tragen sollte. Ich hatte gehört, daß die Ampezzanerinnen wie die Badiotinnen beim Gruß den Hut abnehmen wie die Männer und war sehr gespannt auf diese Erscheinung, aber es grüßte mich keine. Ihre Tracht ist übrigens ernst und einfach - schwarze, weiche, kleine Filzhüte, rote Halstücher, dunkelblaue Röcke und Schürzen, von denen die roten Strümpfe mächtig abstechen. Was Strümpfe betrifft, so weiß ich aber nichts schöneres als rote. Rot war sicherlich vor hundert Jahren noch der allgemeine weibliche Alpenstrumpf. Montafon, Meran, Pustertal und Ampezzo sind jetzt die übergebliebenen Inseln des versunkenen Kontinents, über welchen einst nur Füßchen wandelten, die in die Farbe der Liebe gekleidet waren. Und ob der rote Strumpf nicht eine Zukunft haben sollte? Eine der kleineren Folgen des großen Krieges, den wir jetzt geführt haben, möchte vielleicht auch die sein, daß wir nicht allein die Friseure und die Tanzmeister, sondern auch die Modistinnen wo es nicht schon bisher geschehen, aus Hermanns Samen erstehen lassen werden. Aber mit bloßer Negation der französischen Moden ist nichts getan. Wir können sie nicht ausziehen, ohne andere anzuziehen. Es muß daher jeder sachgemäß positive Vorschlag willkommen sein. Wir wollen die neue Tracht von unten aufbauen und schlagen zu kurzen dunklen Röcken lange rote Strümpfe vor. Ein pickelhaubenförmiges Hütchen würde dem Kostüm die Krone aufsetzen. Die erste Berliner Dichterin oder andere Löwin, die in der neuen Nationaltracht unter den Linden erschien, sollte eine wohlverdiente Auszeichnung, ähnlich dem eisernen Kreuz, erhalten. Diese Mode wäre so kleidsam, daß sie leicht nachhalten könnte, bis - die nächste wieder von Paris kommt.

Vor den Strümpfen hätte ich aber jedenfalls noch von den Dolomiten reden sollen. Wenn man sie auch unterwegs auf dem langen Paß zur Genüge genossen hat, hier in der Landschaft von Ampezzo nehmen sie wieder einen neuen Aufschwung. Das sind wohl die verrücktesten Linien, die man in der Alpenwelt sehen kann. Niemand begreift, warum diese welschen Berge das löbliche Herkommen und ehrenhaft solide Aussehen ihrer deutschen Brüder so vollkommen aufgegeben, sich so absonderlich und ungebärdig gestaltet haben. Es erscheinen da, wie am Monte Cristallo, Zungen, Stangen, Spitzen, Nägel und neben diesen schmächtigen Figuren auch wieder ungeheure, dicke, schwerfällige Massen von furchtbarer Höhe. Eine davon sieht einem Pferd mit abgehauenem Kopfe so ähnlich, daß ich vermutete, in der Nähe möchten sich auch die vier schlanken Beine finden, auf denen der Koloß ruht, aber leider stand ein anderer Berg davor. Ich war neugierig, wer diese Potentaten seien und fragte die Jungen und die Mädchen nach deren Namen, allein die Ampezzaner kümmern sich um die Berge, die außer ihrer Pfarre liegen, ebensowenig als die Deutschtiroler. Wer kein Vieh auf der Alm hat, fragt nie nach Alpennamen. Am liebsten hätte ich erfahren, wie jener wunderliche, kopflose Gaul sich nenne, allein die jungen Leute rieten hin und her, ohne etwas Gewisses behaupten zu wollen. Endlich kam eine Alte dazu, welche mit Entschiedenheit versicherte, es sei der Becco di mezzodi - zu deutsch der Mittagsbock. Diesen Namen fand ich auch wirklich auf meiner Karte verzeichnet. Jedenfalls bezeugt derselbe, daß auch die Vorfahren schon die seltsame Gestalt des Berges mit einem Vierfüßler verglichen haben. Zur linken Hand steht die mächtige, zuerst 1863 von Paul Grohmann erstiegene Pyramide des Antelao, deren Spitze sich mehr als 10.000 Fuß über das Meer erhebt, rechts der ungeheure Stock der Tofana. Alle diese Dolomiten sind kahl, bis auf die niederen Vorberge herab - an ihren schauerlichen Wänden scheint sich keine Jochaurikel, keine Edelraute halten zu können.

Bekannt ist übrigens, daß die Dolomiten ihren Namen von dem französischen Geologen Dolomieu (✝ 1802) erhalten haben. Früher glaubte man, sie seien einmal vor langer Zeit glühend aus dem Erdboden geschossen und erst allmählich erkaltet; jetzt hat man gefunden, daß sie eigentlich zu den sedimentären Gebirgs-arten gehören und sich vom Kalkstein nur durch ihren Gehalt an Magnesia unterscheiden.

Hochachtung und Bewunderung hat diesen seltsamen Gestalten noch kein Passagier versagt, aber es fehlt ihnen doch etwas Erhebliches, nämlich die Gabe, unsere Sehnsucht zu erwecken und uns zu sich hinzuziehen. Wer so den Mittagsbock betrachtet, dem fällt schwerlich die Frage ein: wie mag es wohl dort hinten sein? weil er vorher schon überzeugt ist, daß es dort hinten gerade so ist, als da vorn - daß dort gerade so unbegreifliche, wild durcheinandergeworfene Ungetüme zu finden sind, wie in seiner nächsten Nähe. Die grünen germanischen Berge in ihrer ruhigen Folge, mit ihren mannigfachen Taleinschnitten, die hier fast gänzlich fehlen, mit den reichen Gewässern, den hellen Wiesen und dunklen Wäldern, den weißen Häuschen, Höfen und Alpendörfern, mit ihren Kirchen und Burgen geben eigentlich viel mehr zu schauen und wecken dadurch auch eine Fülle poetischer Ideen. Wie lieblich, wie schön muß es dort oben sein auf der grasigen Breite, wo das Bauernhaus mit seinen spiegelnden Fenstern winkt, wo das weiße Kirchlein, wo die grauen Türme stehen! Den welschen Dolomiten fehlt das gedankenreiche Gewand, in das sich die deutschen Berge hüllen.

Mitten in diesem märchenhaften Kranz von Zacken und Zinnen blüht also das Dorf Ampezzo (3858 Wiener Fuß), welches die deutschen Pustertaler „auf der Heiden" nennen. Es besteht zunächst aus einem stattlichen Kern, der enger zusammengebaut an der Straße liegt und Cortina heißt. Dort findet sich die Pfarrkirche, im vorigen Jahrhundert vollendet, groß, aber ohne Merkwürdigkeiten, außer etwa „einigen herrlichen Schnitzarbeiten" aus venetianischer Schule, welche Staffler erwähnt, die aber uns bei der Kürze des Besuches entgangen sind. Etliche Schritte von der Kirche entfernt, wie es italienische Weise, steht der neue gotische, sehr hohe Campanile, oben mit einem schwarzen Löschhütchen gedeckt. Die Ampezzaner haben eine große Freude an diesem ragenden Erzeugnis ihrer Baukunst, welches sie, obgleich es nicht ganz geschmackstüchtig ist, doch an den Campanile auf dem Markusplatz in Venedig zu erinnern scheint. Um diese Kirche herum haben sich denn auch Dechant- und Schulhaus gestellt, ebenso der ansehnliche Palazzo des Bezirksgerichtes, sowie mehrere Gast- und Wohnhäuser, alle sehr gut gehalten, sodaß man viel mehr an Pustertal, als an Italien erinnert wird.

Dieser Hauptort und Sammelplatz der Gemeinde ist von zahlreichen kleineren Ansiedlungen umgeben. Jene die sich gegen

Aufgang gelagert, sitzen auf dem Gebirge, das da rasch empor-steigt, sind zum Teil in seinen Schluchten verborgen und fallen weniger ins Auge; die anderen aber gegen Abend liegen über eine weite und breite grüne Halde hin, welche bis an den gewal-tigen Monte Tofana reicht. Die Häuser sind meist in kleinen Büscheln zusammengestellt, zwischen denen einzelne Bäume ihr Laubdach ausbreiten. Hin und wieder spitzt ein kleiner Kirch-turm hervor. Die Schindeldächer glänzen im Sonnenschein. Die Häuser sind zwei- und dreistöckig, säuberlich geweißt, mit Lau-bengängen (poggiuoli) verziert und mit der reich befensterten Vorderseite alle gegen den Hauptort gerichtet. Die ganze Halde sieht ungemein anmutig aus. Mich hat die liebliche Ansicht leb-haft an das Grödener Tal erinnert.

In alten Tagen hat diese Gegend, wie schon erwähnt, mit der Grafschaft Cadore als Zugehör des Stifts Innichen zum Bistum Freising gehört - es hat sich aber davon weder unter den Ampe-zzanern noch unter den Freisingern einiges Gedächtnis erhalten. Später fiel sie, wie auch schon angedeutet, den Venedigern, nach diesen durch Kaiser Max wieder den Tirolern zu. Es hat hier wohl einst, wie in Fleims, in den sieben und dreizehn Gemeinden, ein deutscher Schlag gewohnt, der aber allmählich still und langsam welsch geworden. Als kräftige, kriegerische Grenzleute wurden die Ampezzaner wie die Brandenberger oder die Cimbern von der Landesherrschaft immer mit besonderem Wohlwollen behandelt und in ihren Freiheiten geachtet. Die Gemeinde war in Rechtspflege und Verwaltung beinahe unabhängig von den tirolischen Obrigkeiten; erst Kaiser Josef schaffte die alten Sat-zungen ab und führte neue Ordnungen ein. Aber uralte Gebräu-che, namentlich bei den Hochzeiten, haben sich noch viele erhalten.

Anno Neun kämpften die Ampezzaner wacker mit, freilich auch nicht zu ihrem Vorteil. Ohne die Pustertaler waren sie zu schwach und diese scheinen sich soweit von ihrem Vaterland nicht recht gefallen, ja einmal ihre Waffenbrüder etwas im Stich gelassen zu haben. Das die Franzosen damals nach Cortina vor-drangen und es verbrannten ist schon oben erzählt.

Die Ampezzaner sind jetzt Italiener, machen aber nur den besten Gebrauch davon. Sie sind so viele Jahrhunderte mit den Tirolern verbunden gewesen, von diesen immer freundschaftlich behandelt worden und wollen es in politischen Dingen beim Alten lassen. Italianissimi kommen hier sehr selten vor. Für diese hersperischen Blumen scheint die Luft zu rauh zu sein, denn Süd-früchte gedeihen nicht „auf der Heiden", ja nicht einmal das gewöhnliche Obst, das im Pustertal reift, und ebensowenig kommt der Türken fort; dagegen wachsen andere Körner und Gras in Überfluß, und deswegen lebhaft betriebene Viehzucht und einträglicher Handel mit Pferden und Rindern. Auch die Heidener Schwämme werden ausgeführt und kommen weit herum. Getrocknet und in Kränze gefaßt werden sie das Pfund zu 2 fl. 24 kr. verkauft. Soll eine gute Speise sein, aber mir ist sie bisher immer ausgewichen, sodaß ich ihr Dasein nur aus Staffler dartun kann.

Den größten Nutzen zieht die Gemeinde aus ihren Waldungen. Was ihr der Holzhandel einbringt, soll sich jährlich auf 20.000 fl. stellen und sie ist schon deswegen unter den ländlichen Gemeinden die reichste im Lande. Daher auch der Glanz ihrer öffentlichen Gebäude, der Gerichtspalast und der stattliche Campanile. Dazu kommt die Durchfuhr aus dem Pustertal, denn auch die Pusterer schlagen ihre Wälder aus und entsenden ihre „Museln", d. h. die abgeschälten mannslangen Stämme, von Ampezzo auf der Boita nach Perarolo, wo sie von hundert Sägen zu Brettern geschnitten werden, um dann weiter zu schwimmen nach Italien und bis nach Ägypten. Leicht möglich, daß ein hieroglyphenkundiger Wanderer, der den Nil hinauf nach Theben fährt, auf einem Zwerchbrett sitzt, das im Tauferer Tal gewachsen. - Unzählige schöne Bäume in Tirol und Kärnten sind auch dem Suez-Kanal zum Opfer gefallen.

Der Holzhandel in Tirol hat allerdings seine eigenen Bedenken. Vor dreißig oder vierzig Jahren kamen da feine Herren aus Welschland mit schönen Damen nach Innsbruck und verbreiteten in den schlichten Kreisen der Hauptstadt einen eigenen vornehmen Duft. Man war glücklich, sich nahen zu dürfen, und die einfachen, aber hochgestellten Würdenträger wiegten sich mit wonnigem Behagen in dieser schmeichelhaften Atmosphäre. Unterdessen kauften die feinen Herren alles Holz, was feil war, zusammen, ließen es hauen, richteten überall Schleußen und Triftwerke ein und spendierten die tirolischen Museln ins hochherzige Italien, ins geistreiche Griechenland, ins fortschrittselige Ägypten. Als sie soundsoviele Millionen Museln fortgetrieben hatten, machten sie ihre Truhen zu und zogen mit dem Geld, das sie an den Barbaren verdient, wieder still und ohne Aufsehen in ihre gebildete Heimat. Nunmehr erwachten aber die Tiroler wie aus einem tiefen Schlaf, rieben sich die Augen und fanden, daß ihnen die welschen Herren die schönsten Wälder abgetrieben und überhaupt den Holzreichtum des Landes schonungslos verwüstet hatten. An vielen hochgelegenen Stellen, die damals abgeleert wurden, wächst kein Baum mehr nach, allenthalben aber haben seitdem Murbrüche und Überschwemmungen zugenommen, erstere weil der Erdboden seit dem Abgang der Baumwurzeln lockerer geworden ist, letztere weil die Gewässer, die in Regen und Gewittern niedergehen, nicht mehr so wie früher von den dichten Wäldern und ihrem Moosboden aufgenommen und aufgehalten werden, sondern mit viel stärkerer Macht verwüstend zu Tal stürzen.

In Cortina kehrt man bei Herrn Ghedina im schwarzen Adler ein. Das Gasthaus ist als italienisches nur zu loben. Wie überhaupt am ganzen Sprachraum vom Gotthard bis nach Kärnten auf der welschen Seite als Engel oder Schutzgeist der Reinlichkeit eine deutsche Kellnerin gehalten wird, so auch hier, und zwar eine Boznerin. Unter ihren Fittichen lebt man bei Herrn Ghedina ganz sauber und appetitlich. Sein Gasthof ist der letzte Vorposten deutschen Komforts gegen die lateinische Rasse, welche namentlich in Cadore und Belluno sehr schmutzig auftritt.

Damals saßen in des schwarzen Adlers Speisesaal zwei junge Männer beim Wein, zwei Kuraten, welche aus dem nahen Italien herübergekommen waren, um sich in dem gastlichen Ampezzo einen guten Tag anzutun. Da sie sehr artig grüßten, so fanden wir uns bald in ein lebhaftes Gespräch hinein. Dabei zeigte namentlich der eine, der jüngere, gar feine Manieren. Das war überhaupt ein niedliches anmutiges Herrchen, ein trefflicher Paladin der streitenden Kirche, auch ganz und gar geschaffen, wackelnde Seelen durch Liebenswürdigkeiten und Galanterie im süßen Zauber des alten Glaubens fest zu halten. In Deutschtirol dürfte man viele Täler ausgehen, bis man einen so fein geschliffenen, salongerechten Musterkuraten träfe.

Wir kamen allmählich auf Ursprung und Abstammung der Ampezzaner und ihrer Nachbarn zu sprechen. Der Kurat hatte sich mit diesen Fragen auch schon beschäftigt und berichtete, die Gelehrten an der Boita seien jetzt übereingekommen, ihnen griechische Abkunft beizulegen. Manche Orts- und Bergnamen ließen sich nur aus dem Griechischen deuten. Das neueste sei jetzt, Cadore als kat' ore zu erklären, weil es an den Bergen liege. Antelao, der ragende Fels, sei eigentlich ein griechischer Antilaos (anti gegen, laos Volk) und so benannt, weil zu seinen Füßen einst zwei feindliche Völker gegeneinander gerannt. Was Cadore betrifft, konnte ich nur die dämpfende Bemerkung entgegenhalten, daß es in alten Urkunden Cadubrium heiße. Über das immerhin sehr hellenisch klingende Antelao wußte ich damals gar nichts Zweckdienliches beizubringen.

Wenn aber - woran wohl kein Zweifel - das Tal der Boita einst deutscher gewesen als jetzt, so können da auch deutsche Namen in welscher Maske versteckt sein. Bodo und Resinego z. B. mögen einst Wald und Reiseneck gelautet haben. Sollte der Monte Cristallo nicht etwa ein Griestaler Berg sein? Ampezzo scheint dagegen in pezzo zu sein und wäre, da pezzo ein Stück Land oder Feld bedeutet, etwa mit Amfeld zu übersetzen, was dem Sinn nach mit dem deutschen Namen Heiden zusammenfiele. übrigens stehe an öfter für in und so ist vielleicht der Antelao auch nur ein intagliato, ein eingeschnittener. Der Name Tofana hängt aber nicht mit jenem giftigen Wässerlein zusammen das einst in Neapel so vielfache Verwendung fand, sondern ist aus Theophania entstanden, welches nach Schneller so gut wie Epiphania das Fest der heiligen drei Könige bezeichnet. Einer der vielen Weiler, aus welchen die Gemeinde besteht, führt den Namen Crignes und ist wohl der Ort, von welchem der in Süddeutschland weitverbreitete Clan der de Crignis ausgegangen.

Jener Zusammenstoß der Völker ist allerdings eine alte Überlieferung des Tales. Es sollen Ampezzaner und Langobarden gewesen sein, die da in längst vergangenen Tagen aufeinanderplatzten. Die ersteren aber riefen die Mutter Gottes an, welche alsbald einen dichten Nebel auf die Feinde herabsenkte, sodaß die sich selbst nicht mehr erkannten und gegenseitig niedermetzelten. Als die Ampezzaner hierauf zum Dank eine Kirche zu bauen gelobt, wies ihnen ihre Retterin selbst die Stelle an, indem sie in einer Sommernacht Schnee vom Himmel fallen ließ, welcher Platz und Umfang des Gotteshauses genau bezeichnete. So entstand die Kirche alla Madonna della difesa. In den Bildern des Gewölbes sind die kämpfenden Krieger dargestellt. Am 19. Jänner wird auch noch alle Jahre der Tag der Rettung gefeiert.

Während wir diese Dinge besprachen, traten mein Reisegefährte und Nikolaus, der Pusterer, zur Tür herein. Sie hatten die Höhe des Monte Piano glücklich erklommen, eine unermeßliche, erhabene Ein- und Aussicht in die Dolomitenwelt genossen und waren dann durch das Misurina-Tal wieder herunter und nach Ampezzo herausgekommen. Gegen ihre Erlebnisse hatte ich allerdings nur das Wirtshaus in Schluderbach, die Dame von Ospedal und den nicht mehr vorhandenen Turm von Peutelstein zu setzen, aber ich gestehe, daß ich diese Objekte, namentlich das mittlere, doch auch nicht gerne vermißt hätte. Ein einziges interessantes Menschenkind geht mir, da ich kein gelernter Geologe bin, oft über sieben Bergketten hintereinander.

Die Herren Kuraten nahmen nun Abschied, um noch alle

erlaubten Genüsse von Ampezzo durchzuschlürfen, während wir unsere Wege gingen, um den Ort zu beschauen. Das Erste, was wir trafen, war wohl auch das Schönste und Beste. Gegenüber dem schwarzen Adler findet sich nämlich ein Nebenhaus, das die Familie des Wirtes bewohnt und auf ihm eine Reihe neuer Fresken, welche in diesem Alpendorf um so mehr überraschen, als sie in Zeichnung und Farbe vortrefflich geraten sind. Auf den vier Feldern, welche die Fenster begrenzen, sind vier Allegorien, Malerei, Skulptur, Architektur und Industrie dargestellt. In letzterem Feld hat der Künstler sogar Telegraphie, Photographie und die Göttin der Dampfkraft aufgeführt. Mancher Wanderer, der vorübergeht, würde vielleicht vier historische Bilder aus der Geschichte von Ampezzo vorziehen, allein da der Maler nun einmal jene Gegenstände gewählt, so darf man ihm die Anerkennung nicht versagen, daß seine Ideen ansprechend, seine Zeichnung elegant, sein Farbenspiel harmonisch sei. Auf dem linken Eckfeld erscheint auch Merkur, als der bekannte Vertreter des Handels, auf dem rechten die Poesie. Oben aus den Medaillons schauen uns Rafaels, Dürers und Titians edle Häupter entgegen. Solche Wiederherstellung der alten Tiroler Sitte, die Häuser zu bemalen, würde dem Lande bald ein sehr farbenreiches Aussehen verleihen, doch sind mir nur in der Hauptstadt Innsbruck einige neuere, auch sehr gelungene Leistungen dieser Art bekannt.

Der Künstler, dem wir jene Malereien verdanken, ist eigentlich ein doppelter - Beppo und Lois, die Söhne des Herrn Ghedina, haben sich beide der Kunst gewidmet, beide in Venedig studiert und arbeiten jetzt meist zusammen. Auch im Speisesaal hängen einige hübsche Bilder von ihrer Hand. Ihr Atelier steht etwas weiter unten im Tal und wurde uns gerne geöffnet. Es ist voll von anziehenden Skizzen, historischen Figuren, Dolomiten-Landschaften, Kirchenbildern u. dgl.

Überhaupt wollen wir nicht unerwähnt lassen, daß die Anwohner der Boita sehr kunstfertig sind. In Ampezzo wurden jene Windbüchsen erfunden, welche man einst im österreichischen Heere einzuführen versuchte. Auch ausgezeichnete Uhrmacher, Sternseher, Kunstschlosser und Zimmerleute werden namhaft gemacht. Die anderen Ampezzianer, die sich nicht durch irgend eine Kunst auszeichnen, gelten wenigstens als treu und redlich. Sie sind verständig, aber fügsam, sodaß die Beamten, die etwa dort zu leben haben, sich in der Regel sehr gut mit ihnen vertragen.

Mittlerweile war es Abend geworden und die Sonne hatte sich geneigt. Die Herren vom Bezirksgericht kamen aus der Kanzlei und gingen ins Wirtshaus. Die Italiener fühlen bekanntlich einen unwiderstehlichen Zug nach dem Mode-Journal, nach gewählten Toiletten, und demgemäß bemühen sich auch die Ampezzaner Herren, etwas gleich zu sehen, so daß sie in diesem Stück nicht nur die Pustertaler, die Wipptaler und anderweitige Honoratioren der germanischen Täler weit übertreffen, sondern selbst mit den Boznern oder Innsbruckern nicht unrühmlich wetteifern. Das Geschick, mit dem diese Würdenträger ihre Hüte, ihre Paletots gewählt, die Eleganz, mit der sie ihre Plaids auf den Schultern wiegen, wäre in Hall oder Rattenberg umsonst zu suchen. überdies waren sie sehr höflich und nahmen uns artig auf, als wir ihre Gesellschaft in der Veranda des goldenen Ankers zu genießen kamen. Um diese Zeit sammelt sich ein guter Teil der rüstigeren Honoratioren zum Bocciaspiel. Dies ist ein italienisches National-Vergnügen und besteht darin, daß die Spieler mit leichten Kugeln nach einem Ziel werfen, ungefähr nach der Theorie unseres Eisschießens. Es hat den Vorzug, daß es keiner weiteren Vorrichtungen bedarf und auf jeder leidlich ebenen Fläche, auf dem Markt, auf der Straße geübt werden kann.

Etwas später gingen die Herren zum Abendessen, wir aber verloren uns, um weitere ethnographische Studien zu pflegen, in die Stella d'oro, in den goldenen Stern. Hier saßen drei junge Venezianer, selbstbewußt in ihrem Andenken an Paolo Anafesto und den alten Dandolo, und maßen uns mit vornehmen Blicken, obgleich die Schlacht bei Gravelotte schon geschlagen und die Deutschen außerhalb des goldenen Sterns zu Ampezzo in der Meinung der Völker schon bedeutend gestiegen waren. Da ich nur das reinste Toskanisch spreche, so wäre es mir willkommen gewesen, die pedantischen Ecken meiner Grammatik an dem weichlichen Dialekt der Lagunen etwas mouillieren zu lernen, allein es gab sich niemand die Mühe, das Geplänkel der ersten Reden zu eröffnen. So plauderten denn wir anderen in unserem barbarischen Deutsch, worin wir umsomehr ermuntert wurden, als der Gasthof selbst „Barbaria" heißt oder wenigstens den Sorelle Barbaria gehört. Letzteres lasen wir auf der Adreßkarte, die uns alsbald behändigt wurde, und welche auch „beste Bedienung, Reinlichkeit (pulizia), gute Küche und billige Preise" verspricht. Wahrscheinlich stammen die Schwestern aus dem Pustertal und dieses Programm, das ihre Ahnen vielleicht schon mitgebracht, kam der lateinischen Rasse wohl so ungewohnt und barbarisch vor, daß sie die Fremdlinge also gleich zeichnen zu müssen glaubte. Eine er beiden Schwestern Barbaria, jetzt verheiratet, eine muntere Dame, setzte sich zu uns und verkürzte uns angenehm die Zeit. Sie war bei den Ursulininnen zu Brixen erzogen, sprach geläufig Deutsch wie eine Brixnerin, vielleicht noch geläufiger, behauptete, sie sei sehr gern im Kloster gewesen und wußte über Lehrweise und Erziehungskunde der frommen deutschen Frauen nur rühmliches zu sagen.

Was die Pulizia betrifft, wollen wir aber doch noch eine kleine ehrenvolle Notiz einschalten, aus Staffler nämlich, welcher sagt, daß der Reisende auf dem Weg nach Buchenstein bei den freundlich bescheidenen Sennerinnen in den Alpenhütten von Impocoll gar gerne zuspreche, dort mit Milch und süßem Topfen (puina), was man nirgends so schmackhaft treffe, bewirtet, und durch die einladendste Reinlichkeit um so angenehmer überrascht werde, je seltener dieser Vorzug in den tirolischen Sennhütten zu finden sei.

Vom goldenen Stern zogen wir in den schwarzen Adler, nahmen das Nachtmahl ein und gingen schlafen, um anderen Morgens um fünf Uhr wieder ins Pustertal hinauszufahren. Und zu dieser Stunde saßen wir im k. k. Postwagen mit seinen zerbrochenen Fensterscheiben, die wahrscheinlich bei der künftigen General-Reparatur, welche Südtirol so sehr zu wünschen wäre, auch ihre Wiederherstellung erleben werden. Es war dunkel und bitterlich kalt. doch hatte uns die Kellnerin im schwarzen Adler wollene Decken geliehen, in welche wir uns sorgfältig einhüllten. Bald fielen wir auch in tiefen Schlummer. So kamen wir an Peutelstein, Ospedale und Schluderbach vorüber, ohne ihrer gewahr zu werden, sodaß ich abermals froh war, sie gestern gesehen zu haben. In Höllenstein kehrten wir ein und begrüßten den Monte Cristallo, Herrn Josef Bauer und seine Gattin zum letzten Mal. Dann erreichten wir allmählich das Toblacher Feld. Es war längst Tag und schon angenehm warm geworden. Was mich betrifft, so war ich etwas dolomitenmüde und freute mich herzlich die grünen Berge des Pustertales wiederzusehen.

X.

Stift Innichen

1870

Als wir damals von Ampezzo zurückkehrend wieder auf dem Toblacher Feld angekommen waren, trennten wir uns. Mein Gefährte fuhr mit dem Postwagen gegen Bruneck, ich ging zu Fuß im stillen Tal gegen Innichen, nach dem ich mich so lange gesehnt. Endlich öffnete die Wendung der Straße eine weitere Aussicht und der Flecken lag nicht mehr ferne, ein mäßiger Haufen von hundertdreißig gutgehaltenen Häusern, in welchen etwa tausend Menschen wohnen. Aus jenen steigen zwei Kirchtürme auf, ein viereckiger und mächtiger, ein runder und schmächtiger. Ersterer gehört zur Stiftskirche, letzterer zur Pfarre. Der Ort liegt 3700 Fuß über dem Meere, hat harte Winter, kühle Sommer, aber frische Wiesen und schöne Felder; sonst scheint das Tal, welches niedere Waldgebirge umschließen, ohne besonderen Reiz. Doch ragen die Berge des Sextentales, namentlich die ungeheure, von P. Grohmann am 18. Juli 1869 zuerst erstiegene Dreischusterspitze (10.000 Fuß), über jene niederen Höhen mächtig herein. Hier auf dem Hügel, der jetzt noch „die Burg" genannt wird, lag schon in rhätischen Zeiten die Stadt Aguntus, welche unter die arces Alpibus impositas tremendis, die Horaz besang, gezählt zu werden pflegt und unter diesen wohl eine sehr ehrenvolle Stelle eingenommen hat. Was den Namen des Gründers betrifft, so können wir nur Staffler beistimmen, wenn er angibt, daß er völlig unbekannt sei. Da Aguntus schier klingt wie Saguntus und letzterer Name von Zakynthus, jetzt Zante im Ionischen Meere, abgeleitet wird, so nahmen die Gelehrten des vorigen Jahrhunderts keinen Anstand, auch die Urpusterer von den Ionischen Inseln hereinkommen zu lassen, und zwar schon tausend Jahre vor Christi Geburt. Der Handelszug von Aquileja nach Augusta Vindelicorum, der splendidissima Rhaetiae colonia (ein Name, den man neulich auch für eine andere glänzende Kolonie am Starnberger See nicht unpassend gefunden), scheint hierher viel Reichtum und Üppigkeit gebracht zu haben. Ein geistlicher Tourist, Venantius Fortunatus, der im Jahre 564 von Ravenna zum Grab des heiligen Martin nach demselben Tours in Frankreich pilgerte, welches neulich der Feldmarschall Prinz Friedrich Karl besetzt hat, sagt in seiner poetischen Reisebeschreibung von diesem Orte:

Hic montana seens in colle superbit Aguntus -

Hier im hohen Gebirg prangt auf seinem Hügel Aguntus,

Worte, die jedenfalls zu erkennen geben, daß die Stadt damals einen sehr imponierenden Eindruck gemacht.

Wir haben schon früher erzählt, daß Aguntus am Anfang des siebenten Jahrhunderts von den Wenden zerstört worden, über hundertfünfzig Jahre in Trümmern gelegen sei, und daß dann im Jahr 770 Herzog Tassilo von Bayern hier, in der damals wüsten Gegend, das Kloster Innichen gestiftet habe. Er übergab die Stiftung, die er mit allem Land von Taisten bis an den Anraser Bach, damals die Grenze der Slawen, und mit Alpen in Cadober (Cadore) beschenkte, dem Abt Otto von der Scharnitz, der da eine Zelle für Benediktiner-Mönche und eine Kirche baute, welche er dem heiligen Candidus widmete. (Aguntus hieß zu jener Zeit Intica, von Aguntica, woraus Innichen geworden; die Gegend nannte man Campo Gelau <gelato>, Eisfeld). Da Abt Otto später Bischof zu Freising wurde, so fiel das ganze pustertalische Neufundland damals an jenes Bistum am Isarstrand.

In dem halben Jahrtausend, welches auf die Völkerwanderung folgt, ist das jetzige Deutschtirol wie verschollen. Urkunden haben sich nicht erhalten und ein einheimischer Chronist hat sich auch nicht aufgetan. Nur das liebliche Mais, wo St. Korbinian und St. Valentin sich gefielen, das wichtige Bozen und die Bischofsburg auf Säben werden hie und da erwähnt. Über Säben hinaus bis an die bayerischen Alpen ist alles finster. Aus diesen dunkeln Nebeln tirolischer Vorzeit erhebt sich aber das anspruchslose Innichen wie ein ragender Turm, den die erste Morgensonne bescheint.

Höchst merkwürdig ist ein einzelner Vorgang aus jener Zeit, welchen ich auch schon anderswo besprochen habe. (Herbsttage in Tirol, S. 130 ff.) Damals lebten nämlich im jetzigen Deutschtirol, welches also zum Herzogtum Bayern gehörte , noch zahlreiche Romanen, arme und reiche. Einer der letzteren, Quartinus mit Namen, der kinderlos mit seiner Mutter Clauza (Claudia) zu Wibitina (Sterzing) hauste, schenkte um 828 zu seinem und seiner Eltern Seelenheil alle seine Güter bei Sterzing und im Etschland dem heiligen Candidus zu Innichen.

Als Zeugen der drei Urkunden, die darüber errichtet wurden, sind neben den Bajuwaren Adalhart, Odalker, Ellanperht usw. auch eine ziemliche Anzahl Romanen: Urso, Minigo, Lupo, Johannes usw. aufgeführt. Der Enkel des Romulus, der Nachkomme der heidnischen Helden, welche einst die Rhätier besiegt, jetzt ein bayerischer Untertan und katholischer Gutsherr zu Sterzing, der all sein Besitztum an die bajuwarisch-christliche Bekehrungs- und Bildungsanstalt zu Innichen vergabt, und die Deutschen und Welschen, die als Zeugen dabei stehen - es ist ein eigenes, seltsames Bild!

Kaiser Otto I. befreite die Abtei von jedem weltlichen Gerichts- und Heeresbann und mehrt Tassilos Schenkungen durch neue. Deshalb wird ihm als zweiten Stifter jetzt noch am 23.Juli ein Jahrtag gefeiert und das Stift nennt sich heutzutage noch ein kaiserliches. Ob die dankbaren Herren auch das Andenken des ersten, allerdings unglücklichen Gründers und Herzogs, Tassilo, jetzt noch feiern finde ich nirgends vorgemerkt. Spätere Kaiser bestätigten dem Kloster auch die Alpen in Cadober, aus denen unter der Hand eine Grafschaft geworden zu sein scheint.

Seit jener Zeit hat sich viel verändert. Die Benediktiner scheinen nicht gut getan zu haben, wenigstens wurde die Abtei schon 1141 durch ein Kollegiatstift ersetzt. Das Kollegiatstift wurde unabhängig von dem Bischofsstab am Isarstrand und der Kirche zu Brixen untergeben. Der Bischof zu Freising blieb nur weltlicher Gebieter der Herrschaft Innichen, denn die Grafschaft Cadober ging ganz verloren, man weiß nicht wie und wann. Der lange Landstreifen von Taisten bis an den Anraser Bach wurde auch immer kürzer. Die Schädigung ging übrigens von den besten Freunden, nämlich von den edlen Herren aus, welche des Stiftes Vögte, d. h. Verteidiger sein sollten. Unter diesen prangen die pompösen Namen ihrer Zeit, wie Graf Otto von Valei, Graf Arnold von Mareit, Heinrich der Löwe, der Bayern und der Sachsen Herzog, Berthold Markgraf von Istrien, Graf Albrecht und Graf Meinhard von Tirol usw., aber diese biederen Recken trachteten fast alle nur nach ihrem, nicht nach des Stiftes Nutzen, und griffen zu, so soft sie konnten. In unseren Tagen wiegen sich die privilegierten Stände in seligen Erinnerungen an die Zeiten, da sie noch Hand in Hand die Welt regiert und die Menschheit beglückt zu haben glauben; sie meinen, wie schön es wäre, wenn es wieder so käme, aber eigentlich - um nur eine, aber wichtige Seite zu berühren - eigentlich schenkten die Ritter und Herren, die Grafen und Markgrafen jeweils nur auf dem Totenbett zur Rettung ihrer schäbigen Seele einige Hufen an die Kirche und die lieben Heiligen; so lange sie bei gesunden Gliedern waren, klopften sie unablässig und unerbittlich auf beide; an die Mitmenschen, z. B. die Bürger und Bauern, haben sie überhaupt sehr selten gedacht. Die größten Schinder weit und breit sind aber immer die alten vorhabsburgischen Grafen von Tirol gewesen, die ihren mancherlei Bischöfen zu Brixen, Trient, Chur, Freising usw. keine ruhige Stunde ließen und des Raubes nie genug hatten, was vielleicht der Grund ist, daß sie so früh aussterben mußten. Wenn es aber wirklich der Grund wäre, so ist es nur ein Zeichen der ewig unentwegten Loyalität tirolischer Geschichtsschreibung, daß sie auch heute noch nicht auf dieses Kausalverhältnis aufmerksam zu machen wagt.

Hintennach aber, wie es eben geht, freuten sich die Tiroler dennoch, daß ihnen die gestrengen Herren das Ländlein so ordentlich zusammengerichtet und die Pfaffheit, die nie einen leidlichen Staat zuwege gebracht, so unbarmherzig beschnitten hatten, bedachten auch trotz ihrer Frumheit nie daran, etwas herauszugeben. Ein Unrecht, das Segen bringt, hat die leichtsinnige Clio noch immer gesegnet. Doch dem sei, wie ihm wolle - am Ende des Mittelalters war dem Kirchenhirten von Freising, der hier einst ein Gebiet wie ein Herzogtum besessen, nur die kleine Hofmark Innichen mit etlichen hundert Einwohnern und der niederen Gerichtsbarkeit zwischen den drei Brücken des Marktes geblieben. Alles Übrige war der weltlichen Hand, zuletzt den Grafen von Görz als Landesherren im Pustertal, zugefallen. Haberberg, die Burg des Bischofs, lag längst in Trümmern, dagegen hatten sich auf dem Grund, der ehemals ihm gehörte, Welsberg, Heinfels und andere Festen erhoben, deren Herren ihm oftmals feindlich waren. Wie aber alles auf der Welt ein Ende nimmt, so sah auch die Freisingische Hofmark Innichen ihren letzten Tag, indem sie 1803 in Folge des Reichs-Deputations-Recesses still und schmerzlos mit der Grafschaft Tirol vereinigt wurde. Das Kollegiatstift war gewöhnlich mit zwanzig Kanonikern, einem Dechant und einem Propst besetzt. Ersterer war zur Residenz verpflichtet, letzterer hielt sich selten zu Hause, meistens am bischöflichen Hoflager zu Freising auf. Die irdischen Güter waren nicht im Überfluß vorhanden, vielmehr hatte die Anstalt wegen wiederholten Brandunglückes mit großer Schuldenlast zu kämpfen. Sonst ist ihr nicht viel Merkwürdiges begegnet. Nur eine seltsame Geschichte erzählt Herr Regens Tinkhauser aus dem Jahr 1482, die uns zeigt, welch ritterlicher Geist damals noch in den Pusterern lebte. Zwei Bauernsöhne aus Villgraten, deren Vater der Richter des Stiftes wegen rückständiger Zinsen von Haus und Hof gejagt, schreiben nämlich einen förmlichen Fehdebrief an die Chorherren, worin sie ihnen drohten, sie zu rauben und zu brennen, zu Wasser und zu Land, sofern sie nicht inner vierzehn Tagen Genugtuung leisten würden. „Ihre lieben Nachbarn zu Innichen" ließen sie in demselben Brief wissen, es wäre ihnen nicht angenehm, wenn sie in der Fehde von wegen der Pfaffen und Chorherren zu Schaden kämen; darum sollten sie diese lieber von sich tun; damit wären auch sie gerächt. Diese ritterliche Manier wäre indessen den beiden ländlichen Jünglingen bald übel bekommen. Der Graf von Görz als Landesherr ließ nach ihnen fahnden und sie mußten sich nach Venedig flüchten, söhnten sich aber später mit dem Stift aus und kamen wieder heim.

Im sechzehnten Jahrhundert fielen die Chorherren zu Innichen nach Art der anderen tirolischen Abteien und Stifter verschiedenen Lastern anheim, und zwar der Ketzerei nur einzeln, der Trunksucht und der Unzucht aber insgesamt, ja sie sollen es in diesen Stücken noch weiter getrieben haben, als ihre andern hochwürdigen Brüder in den rhäto-norischen Landen. Nach einem wüsten Jahrhundert voll verbotener Freuden nahmen sie sich aber wieder zusammen und suchten wenigstens öffentliches Ärgernis hintanzuhalten. Und so leben die Innicher Chorherren gottselig dahin, beteten ihre Matutinen wie ihre Nocturnen und erregten weder durch Wissenschaft, noch durch Künste den Neid der Welt, bis das Stift von Kaiser Josef II. 1785 aufgehoben wurde. Kaiser Franz stellte es aber 1816 wieder her, setzte einen Propst und vier Chorherren ein, verlieh jenem wieder seinen Sitz auf der tirolischen Prälatenbank, diesen ein goldenes Kreuz als Kapitelzeichen und ordnete alles so weise, daß er fast als dritter Stifter verehrt werden dürfte. Die Präbenden sind jetzt sehr gut ausgestattet und bieten, wie Tinkhauser sagt, alten verdienten Seelsorgern eine ehrenvolle ruhige Stelle. In den Tagen der Auflösung ist leider auch das Archiv, weitaus das wichtigste in Deutschtirol, nach allen Seiten zerstreut worden und sind nur noch die Abschriften vorhanden, welche der fleißige Dr. Resch im vorigen Jahrhundert von den Urkunden genommen. Die Stiftskirche zu Innichen ist wohl das merkwürdigste Gotteshaus in Deutschtirol. Schon der Friedhof, der sie umfängt, bereitet den Schauenden würdig vor durch den eigentümlichen Duft des Altertums, der über ihm schwebt. Hier sind manche alte Grabsteine und alte halbverblichene Fresken aus vergangenen Jahrhunderten. Die Kirche aber stammt aus der zweiten Hälfte des dreizehnten und ist ein dreischiffiger romanischer Bau voll Würde und Erhabenheit. Das Innere war früher, wie sich von selbst versteht, mit allem denkbaren Zopf- und Schnörkelwerk überladen, bis im Jahr 1846 der wohlmeinende Propst Rappold auf den Gedanken einer Restauration verfiel, zunächst aber die Krypta verschütten und andere Torheiten ausführen ließ, sodaß den Kennern, welche allmählich herbeieilten, bei deren Anblick die Haare zu Berge standen. Später nahmen die Pröpste F. J. Rudigier, jetzt Bischof zu Linz, und Josef v. Comini (1849 - 1853) die Arbeiten mit mehr Geschick wieder auf und jetzt ist der Dom glücklich in alter Reinheit hergestellt. Der schöne rote und grüne Marmor, der die Wände verkleidet, prangt in altem Glanz und die mystischen Steinbilder, die Einhörner und Zentauren, die auch übertüncht waren, schauen den andächtigen Christen wieder so rätselhaft und unverständlich an, wie vor sechshundert Jahren. Über dem Hochaltar erhebt sich ein Bild des Gekreuzigten mit seiner Mutter und dem (später beigefügten) Jünger Johannes, alle drei von tiefbraunem Holze. Das Bild hat nach glaubwürdigen Quellen schon einmal Blut geschwitzt, wird noch heute als wundertätig verehrt und soll von Herzog Tassilo, der es bei Polling auf der Jagd gefunden, hierher gestiftet sein. Dieses glauben selbst die Kenner, denn Entwurf und Ausführung des Kunstwerkes weisen in der Tat auf die frühesten Zeiten. Dieses Kruzifix und der Stiftungsbecher zu Kremsmünster scheinen die einzigen Denkmäler aus jenen Tagen der Agilofinger. Ein echter Bajuware müßte eigentlich vor dem Hochaltar in Innichen mit denselben Empfindungen stehen wie ein Hellene vor dem Löwentor zu Mykene, vor dem ich, nebenbei gesagt, auch schon gestanden bin. Es ist nur schade, daß die Gestalten zu hoch oben hängen, und nicht recht eindringlich betrachtet werden können. Wir mögen etwa noch beifügen, daß jene Blutschwitzung am 17. Oktober 1413 beobachtet wurde, als am Tage vorher ein gefährlicher Brand im Innern der Kirche gewütet und auch schon die drei heiligen Figuren ergriffen hatte. - Unerforschliche Laune der göttlichen Allmacht, welche heute die wundertätigen Bilder an ihren Hinterteilen anbrennen, sie aber morgen wieder zur Rettung ihrer Ehre vor aller Augen Blut schwitzen läßt! - ein Mysterium, dessen Erklärung selbst Herr Regens Tinkhauser nicht versucht hat. Auch der Leib des sonst wenig bekannten heiligen Candidus wird hier im silbernen Sarg aufbewahrt und vom Volk hoch verehrt. Papst Hadrian soll ihn um 780 der Kirche geschenkt haben. Ihm zu Liebe nennen die Welschen den Markt Innichen San Candido, die Ladiner San Ghiane. In Bezug auf die kaum vergangenen Kriegsläufe ist es vielleicht lehrreich, eine Geschichte zu hören, welche sich im Jahr 1809 zu Innichen begeben hat. Die wehrhafte Mannschaft des Marktes hatte rühmlichen Anteil an dem Aufstand genommen und dadurch die Rache des französischen Generals Broussier auf sich gezogen, welcher vier redliche Bürger einfangen, erschießen und dann aufhängen ließ, den einen am Anfang, den andern am Ende und zwei in der Mitte des Marktes. Die Bauern der Nachbarschaft mußten die Leichname der Hängenden achtundvierzig Stunden lang bewachen.

Jener Broussier hat sich überhaupt im Pustertal durch seine Grausamkeiten ein böses Andenken gestiftet. Er ließ auch noch an anderen Orten Priester, Bürger und Bauern erschießen und ihre Leichname wie dort zu Innichen als abschreckendes Exempel an der Straße aufhängen. Einmal warfen sich zehn Kinder eines zum Tode bestimmten Bauern flehend vor ihm auf die Knie. Er war nahe daran, erweicht zu werden, allein, um den Tirolern, wie er sagte, die Landesverteidigung auf die nächsten hundert Jahre zu verleiden, ermannte er sich wieder und ließ den Vater nichtsdestoweniger erschießen.

Der alte Tharer Wirt zu Ollang, ein ehrwürdiger Greis, war

gefänglich eingezogen worden, weil man seinem Sohn vergebens nachspürte. Wenn dieser binnen drei Tagen sich nicht stellen würde, sollte der Vater dem Tode verfallen sein. Und wirklich der Sohn stellte sich, um jenen zu erretten. Alles hoffte, diese hochherzige Kindesliebe würde den Franzosen begütigen. Auch des Sohnes junges Weib und seine unschuldigen Kinder erschienen weinend und flehend, aber es half nichts; ihr Vater mußte vor ihren Augen in den Tod gehen. Dort zu Ollang, auf einer bescheidenen Bauernkapelle, ist der tragische Vorgang noch jetzt gemalt zu sehen.

Brixen auf einem Holzschnitt um 1875.

XI.
Toblach - Niederdorf - Prags
1870

Von Innichens Merkwürdigkeiten habe ich mich schwer getrennt, aber der Stellwagen wartete nicht, bis ich meiner Altertümelei völlig Genüge getan, und so mußte ich früher abreisen, als mir lieb war.

Eigentlich habe ich mich damals, da mir das grüne Pustertal so wohl gefiel, der Drau entlang nach Sillian, nach Lienz gesehnt, Gegenden, die ich noch nie besehen, aber die freie Zeit, die mir zu Gebote stand, war nahezu verstrichen, das Etschland forderte auch noch einige Tage, und so kehrte ich denn in Innichen wieder um und fuhr auf der Straße nach Bruneck aufwärts gegen Toblach zu.

Toblach, das Dorf, liegt eine Stunde von Innichen und breitet sich hübsch und ansehnlich in weiten Wiesen hin. Die Kirche soll nach Staffler mit ihrem imposanten Helmdachturm schon aus weiter Entfernung mit Wohlgefallen zu schauen sein, was ich nur bestätigen kann. Im Dorf finden sich noch fünf adelige Ansitze, ehemals stattliche und von stattlichen Familien bewohnt, jetzt verkommen und in die Hand bescheidener Bauersleute gefallen.

Wer etwa aus Deutschland herein über den Brennerpaß gefahren ist und dann seinen Weg ins Pustertal genommen hat, der denkt hier vielleicht wieder an jenen zurück und stellt einige Vergleichungen an. Der Brennerpaß ist die Wasserscheide zwischen Deutschland und Italien. Aus der nördlichen Dachrinne des Wirtshauses fließt nach einer alten Sage die Traufe in die Sill, und die Sill fließt in den Inn, und dieser strömt, wie wir alle wissen, nachdem er sich bei Passau mit der Donau vereinigt, in das schwarze Meer, während die südliche Dachtraufe mit dem Eisack in die Etsch und mit dieser ins adriatische Meer rinnt. Das Toblacher Feld aber ist die allerdings minder berühmte Wasserscheide des Pustertales. Hier fließt als kleiner Wiesenbach die Rienz aus dem nahen Toblacher See, um sich bei Brixen in den Eisack zu ergießen; dort unten eine halbe Stunde weiter fällt als schmaler Wasserstriemen vom Rohrwaldberg herunter die junge Drau, die auf ungleich längeren Wegen durch Kärnten und Steiermark strömt, dann Kroatien und Slawonien von Ungarn scheidet, um sich endlich unterhalb Essegg mit der Donau zu vereinigen.

Der Brennerpaß liegt 4200 Fuß, das Toblacher Feld 3700 Fuß über dem Meere. Im Sommer sind beide Höhen gleich frisch und kühl, im Winter gleich frostig und gleich grimmigen Schneestürmen ausgesetzt.

So weit die Ähnlichkeiten. Sehr verschieden ist aber sonst das Aussehen dieser beiden Wasserscheiden. Der Brenner ist ein enges, ernstes Hochtal, das nur drei Bauernhöfe, eine Kirche und ein Wirtshaus beleben, das Toblacher Feld ist eine üppig grüne Fläche, allenthalben mit freundlichen Wohnungen der Menschen besetzt, ein lachendes Hirtenland. Die ersten germanischen Ansiedler hatten wohl keine Empfindung, wie hoch diese Gegend über dem Meere liege, führten auch wahrscheinlich keinen Barometer mit sich, denn sie stiegen alsbald noch eine halbe Stunde weiterhinauf und erbauten ein anderes Dörflein, Aufkirchen, welches sonnig und heiter am Abhang des Radsberges liegt, unten von schönen Saatfeldern, oben von düsterem Nadelgehölz umfangen. Aus dem Dörflein leuchtet eine ansehnliche Kirche hervor, ein berühmter Wallfahrtsort, wo ein uraltes, seltsames Bild der schmerzhaften Mutter Gottes aus Holz verehrt wird. Beda Weber schreibt ihm sieben Köpfe zu, was Tinkhauser in „lieben Figuren" mildert. Könnte leicht ein uralt wendisches Götzenbild oder sonst ein heidnischer Spuk sein. Über die zahlreichen, oft wirklich uralten Wallfahrtsbilder in Tirol ist die Kunstgeschichte noch sehr schweigsam. Sie hängen meistens sehr hoch und sind schwer zu betrachten. Die wegmüden, wenn auch kunstliebenden Touristen ruhen lieber im Wirtshaus, als in der Kirche aus, und daß sie auf Leitern an den Altären hinaufklettern sollen, um den Gegenstand ihrer Wißbegierde näher zu besehen, ist ihnen schon gar nicht zuzumuten.

Noch höher im Wald steht ein altes, einsames, jetzt halbverfallenes Kirchlein, St. Peter am Kofel. Dort sollen die ersten Christen des Pustertales zum Gebet zusammengekommen sein, lange ehe Herzog Tassilo von Bayern 770 das Kloster Innichen stiftete. Noch in manchem anderen Tal von Tirol wird so ein kleines, uraltes, auf schwindelnder Höhe gelegenes Bethäuslein als der erste Sammelplatz bezeichnet, wo sich die ersten Christen zum Gottesdienst vereinigt haben sollen.

Auf dem Toblacher Feld sind auch einst die Wenden, bald nachdem sie Aguntus zerstört und siegreich im Pustertal vorgedrungen, von einem bayerischen Herzog Garibald, dem zweiten seines Namens, ums Jahr 610 aufs Haupt geschlagen worden. Davon soll ein Hügel in der Nachbarschaft der Viktoribühel genannt sein. Die gewöhnlichen Leute wissen aber nichts von diesem Bühel und er scheint nur in den Büchern fortzuleben, weil unter den Historikern jeder Nachfolger seiner Pflicht zu fehlen meinte, wenn er die Märe nicht seinem Vorgänger getreulich nacherzählte.

Ein Stündlein traben wir abwärts und erreichten dann Niederdorf, den trefflichen Ort, der in neuester Zeit, namentlich durch die „Emma" einen großen Ruf erlangt hat. Die Emma, wie der kurz angebundene Sprachgebrauch der Pusterer sie nennt, heißt eigentlich in weiterer Ausführung des Namens und Charakters Frau Emma Hellensteiner, Wirtin zum schwarzen Adler in Niederdorf. Was Frau Anna Ruch, genannt Tiefenbrunner zu Kitzbühel im Tal der großen Ache, das ist Frau Emma Hellensteiner im Pustertal. Wenn jene Rhätiens (oder Noricums?) erste Wirtin, so ist diese sicherlich dessen zweite. Obgleich Emmas Verehrer und Verehrerinnen, die da zu Innsbruck oder Bozen hausen, außer der Eisenbahn noch sechzehn Wegstunden im Stellwagen zurückzulegen haben, so scheuen sie doch keine Beschwerden und kommen jeden Sommer pünktlich den langen Weg heran, um etliche Wochen hier zu verleben und sich an Pustertals besten Bissen gesund und froh zu essen. Beda Weber weiß schon vor mehr als dreißig Jahren zu berichten, daß sich „auswärtige Liebhaber der tirolischen Alpen" in den Sommermonaten gern zu Niederdorf aufhalten. Jetzt sind auch italienische Familien nicht selten. Die Zivilisation, die nach Frapporti und anderen welschen Autoren in Tirol erst jenseits der italienischen Sprachgrenze anhebt, glauben sie nach ihrem unpatriotischen Wahn schon in Frau Emmas Küche zu verspüren. Sie lassen diese, wenn auch als minder genial, doch als reinlicher und appetitlicher gelten, als jede andere in Dantes oder Petrarcas Vaterlande. Dabei herrscht unter Emmas Dach auch eine Billigkeit, die man weidlich rühmen sollte, wenn der Ruhm nicht der Todfeind aller Billigkeit wäre. Da das Dorf 3600 Fuß über dem Meere liegt, so fehlt es zur Zeit der Sommerfrische auch nie an Frische, doch zuweilen an Sommer. Das Klima ist nämlich, der hohen Lagen entsprechend, ziemlich rauh.

Niederdorf ist übrigens nach Staffler eine Dorfschaft „ersten Ranges", und zählt gegen neunhundert Einwohner in einhundertsiebzehn Häusern. Unter diesen sind viele große steinerne, welche verschiedener Bauart, verschiedener Farbe, aber meistenteils guten Geschmacks und reinlicher Haltung sind. „Welch stattliche Gebäude!" fragte ich, bei Frau Emma eintretend, „welch ein Reichtum muß hier herrschen!" „O bitt' recht sehr", sagte ein Niederdorfer, der unter der Tür stand, „wir haben doch alle nichts!"

Ob das Wahrheit oder nur rhetorische Selbsterniedrigung war, mag anderen, die sich länger hier aufhalten, zu erforschen überlassen sein.

Gerade gegenüber dem schwarzen Adler prangt noch das alte görzische Gerichtshaus, mit allerlei Wappen und Zeichen bedeutungsvoll bemalt, innerhalb mit zierlichem Getäfel ausgestattet. Die Kirche, welche außerhalb des Dorfes steht, enthält drei Altarbilder von Martin Knoller, die zu betrachten ich aber nicht Zeit fand. Ebensowenig gelang es mir, das berühmte Bad Maistatt zu besuchen, welches an der mittäglichen Seite des Tales auf einer grünen Anhöhe liegt - weißes Badhaus mit weißen Nebengebäuden und einem weißen Kirchlein. Im Pustertal hat jedes Dorf wenigstens ein Bad und dazu kommen noch eine Menge Intercalar-Bäder, welche auf freiem Feld zwischen die Dörfer eingeschaltet sind, zahlreiche Anstalten von jeder Gattung, vom entschiedensten Bettlerbädlein, wo sich der Gast des Tages mit einem halben Gulden fortbringt, bis zum bürgerlich gemächlichen, aber immer noch einfachen Kurort - denn eigentliche Luxusbäder sind, wie schon öfter gerühmt, im Land der Tiroler nicht zu finden. Unter all den Pustertalischen Bädern ist aber Maistatt das vornehmste, sowohl seines Wassers wegen, als auch weil Kaiser Max Anno 1511, als er mit den Venezianern Krieg führte, sich einige Zeit daselbst aufgehalten hat. Unglückliche Ethnologen sind daher auf die Idee verfallen, von seiner, des Kaisers Majestät, auch den Namen Maistatt abzuleiten, allein die ernstere Forschung hat diese Erklärung längst zurückgewiesen, da das Bad unter jenem Namen schon viel früher vorkommt, als Kaiser Max dort sein fröhliches Hauptquartier aufschlug.

In den Korridoren, Gemächern und Badestuben zu Maistatt hat aber allzeit ein fröhlicher Ton geherrscht. In früheren Jahrhunderten wurde die Anstalt sehr gerne von den reichen Kauf- und Weinherren aus dem Etschland besucht, welche sich, wie die Geschichte lehrt, immerdar durch gewaltige Eß-, Trink- und Lebenslust ausgezeichnet haben. Die Badegesellschaft tat sich als eine Hanse auf und jeder, der neu aufgenommen werden wollte, mußte sich festgesetzten Zeremonien unterwerfen, welche wir uns, nach dem damaligen Stand der Sitten, wohl als recht belustigend, aber auch als sehr derb und handfest vorstellen dürfen. Dieses „Hansen" war damals in solchen Fällen allgemeiner Brauch. Von vielen Beispielen will ich nur eines erwähnen, nämlich einen kühlen Brunnen vor dem Schloß zu Donaueschingen, in welchen die edlen Gäste, die der Schloßherrschaft längeren Besuch widmen wollten, zum feierlichen Empfang hineingeworfen wurden. Die Herren und Damen der höheren Gesellschaft ergötzten sich dann an den eigentümlichen und fremdartigen Gestikulationen, welche die sehnlichst erwarteten Lieben anstrengen mußten, um aus dem nassen Wasser wieder aufs Trockene zu gelangen, jedoch fanden sich weder die Hineingeworfenen in ihren Gefühlen verletzt, noch jene, welche ihnen zugesehen hatten. Übrigens übten diese Hansen schon damals den Brauch, ein eigenes Album anzulegen und die Namen der Mitglieder und deren geistreiche Einfälle einzutragen.

Im vorigen Jahrhundert zeichnete sich die Badegesellschaft zu Maistatt auch durch einen früh erwachten Sprachreinigungstrieb sehr vorteilhaft vor anderen aus. Für jedes Wort, das nicht „glatt und reindeutsch" von der Zunge lief, hatte jeder Gast einen Kreuzer zu bezahlen. Im Jahr 1733 betrug das Strafgeld, welches der Kapelle zugewendet wurde, 21 fl. 6 kr. und man kam durch eine einfache Berechnung zu dem interessanten Ergebnis, daß in jener Saison 1266 undeutsche Wörter gebraucht worden waren.

In der Nähe von Niederdorf gegen Welsberg hin geht das Pragser Tal auf, welches sich bald gabelt und in zwei Äste auseinanderläuft. Der eine heißt Innerprags, der andere Altprags. In letzterem liegt das berühmte Pragser Bad. Um auch dieses zu besehen, ging ich nach Tische allein von Niederdorf fort, überstieg ein sanft anschwellendes Vorgebirge, sah von oben herunter in ein grünes Tal mit vielen Höfen und einer Kirche, ging dann geradeaus gegen Süden und erreichte etwa nach anderthalb Stunden das Pragser Bad.

Zu dem Gebäude, das auf einer steilen Anhöhe steht, führt eine äußerst einfache Avenue. Blumenbeete, Bosquete, Statuen, Springbrunnen und dergleichen Zierden, welche anderswo Hygiena Tempel schmücken - sie werden hier in das große Kapitel sündhafter Augenlust gestellt und ängstlich vermieden. Wenn man dem Badehaus näher kommt, sieht man rechts einen Misthaufen unter Dach, links ein Gärtchen mit Sonnenblumen und Kabiskraut, ferner eine schlichte Kegelbahn und zwei schlichte Brunnen. Statt eines Trosses aufdringlicher Kellner kamen mir nur etliche zurückhaltende Gänse entgegen, die letzten ihrer Art, welche auf dem mageren Wiesenplatz vor dem Haus ihr Futter suchten. An einem zerbrochenen Gestell hängt hoch über der Tür eine Glocke, welche mit einem Bindfaden gezogen wird, um den süßen Augenblick zu betonen, der den Kurgast zu Tisch ruft. Von der Tür bis zur Ecke des Gebäudes spannt sich eine lange hölzerne Bank, wo in bunter Reihe die Milchschüsseln sich sonnen und die Badegäste.

Die Wände des Hauses sind hundertfach mit Rötel beschrieben lauter italienische Namen, Vor- und Zunamen, zuweilen auch Stand und Wohnort. Das ist eine Errungenschaft der neueren Zeit. Seitdem die Welschen zu Tausenden an den deutschen Bahnbauten Beschäftigung suchen und auf ihrem Weg ganz Tirol durchwandern, haben sie ihre Spuren dem Land so umfassend eingedrückt, daß diese jedenfalls in Dorf und Stadt, auf den Höhen und in den Niederungen ganz neu überweißt werden müßte, wenn es jene Andenken wieder los werden wollte. Denn es ist keine Gartenmauer, kein Bildstöckl, keine Feldkapelle, keine Kirche und kein Wirtshaus, überhaupt keine Wand in der gefürsteten Grafschaft, so jene Wanderer nicht als Album oder Denkmal zu benützen pflegten. Übrigens können wohlwollende Seelen, die nach dem Süden ziehen, in diesem reichen Namenschatz vielleicht auch eine Vorbereitung, ein Hilfsmittel zur Erwerbung nützlicher Personalkenntnisse finden. Wie oft habe ich dich gelesen, Giovanni Ferrari von Agordo, oder dich, Guiseppe Pedrotti von Cadore, oder dich, Luigi Pellegrini von Primiero! Was hindert mich, ihre Namen, die ich von Kufstein bis nach Ampezzo verfolgen konnte, gewissermaßen als Visitenkarten zu betrachten, die sie mir als unbekanntem Freund dediziert, sozusagen mit der stummen Bitte, ihre Signatur zu merken und bei guter Gelegenheit entsprechenden Gebrauch davon zu machen? Wenn ich nun in ihre Heimat kommen und sie aufsuchen und ihnen sagen würde: Ich hatte bereits die Ehre, an der Gartenmauer der Kufsteiner Klause, in Brixlegg beim Judenwirt, am Bierhaus bei der Zillerbrücke, am Salinengebäude zu Hall, auf der Post am Brenner, am Nagelewirt zu Sterzing, bei Herrn Steger zu Mühlbach, in der Feldkapelle bei Vintl, am Abort in Bruneck, im Bildstöckl bei Welsberg und an den Wänden es Pragser Bades Ihren werten Namen zu finden, hab' ihn auch, weil er einmal zu bedeutend, nie mehr vergessen können, und freue mich unendlich, den Träger desselben jetzt persönlich kennen zu lernen - sollte der Mann dann nicht, ganz gerührt, mich als einen alten Vertrauten ans volle Herz drücken und könnte der Bund der Völker so nicht durch ein neues Brüderpaar verstärkt werden?

Wenn man auch schon viele Tiroler Thermen gesehen hat, so überrascht das berühmte Bad zu Prags doch immerhin noch durch seine Einfachheit. Im alten Bau - denn jetzt ist anstoßend auch ein neuer aufgeführt - finden sich noch, wie aus Albrecht Dürers Zeiten, runde, mit Blei eingelegte Fensterchen. Da ist auch noch die alte Zechstube - Speisesaal würde man jetzt sagen

- mit ihrer alten tirolischen Täfelung aus Zirbenholz. Ein großer geweißter Ofen, viereckig, mit einem kegelförmigen Aufsatz, verstärkt den altertümlichen Duft des Gemaches. Eine Schwarzwälder Uhr pickt leise, vielmehr unhörbar in dem angeregten Gespräch, das zu allen Zeiten durch die dämmernde Halle rauscht. Als Hausrat stehen einige Tische in dem Raum und zahlreiche Sessel der verschiedensten Gestalt, die aus zwanzig verschiedenen Versteigerungen zusammengekauft scheinen. An den Wänden zeigt sich die Geschichte der heiligen Genovefa und noch sonst ein paar fromme Groschenbilder. Auch zwei Gemskrückeln stechen fast anmaßend in den Luftraum herein; das eine trägt einen Stiefelzieher, das andere eine Stallaterne. Übrigens sind die Gäste sichtlich alle in der besten Laune. Die tapferen Männer sitzen beim Kartenspiel und hauen dabei mit Heldenfäusten in den Tisch; die züchtigen Weiber nähen, sticken und stricken.

Außer diesem Salon für die niederen Leute ist jetzt ein neuer für die herrischen entstanden. Auch bei seiner Ausstattung ist zwar jeder überflüssige Pomp mit Ängstlichkeit vermieden worden, aber doch zeigt er einige Photographien und selbst die Bildnisse der Apostel.

Nicht minder überraschend als die Einfachheit ist aber wirklich die Billigkeit. Ein herrisches Zimmer mit Bett, Tisch und Stuhl kostet täglich zweiundzwanzig Neukreuzer, für die bäuerischen, „deren Möblierung aber kaum den Luxus eines Gefängnisses erreicht", denn es fehlt ihnen Tisch wie Stuhl, werden täglich nur zehn Kreuzer erhoben.

Die Badekammern, deren Türen alle dunkelrot angestrichen und mit einem großen J. H. S. geschmückt sind, teilen sich in einschichtige und gesellige. Letztere sind feuchte Räume, vom Tageslicht nur schwach erhellt, und enthalten ein Dutzend Wannen, die allenfalls durch Teppiche oder Bettücher voneinander geschieden sind. Ein solches Bad kostet zehn Kreuzer. Für ein Luxusbad in eigenem Zimmer hat der Badende achtzehn Kreuzer zu entrichten und genießt für die Mehrauslage als Komfort einen Stuhl und einen in die Wand geschlagenen Nagel. Über all den Unbequemlichkeiten aber, denen der Gast hier nicht entgehen kann, schwebt wie ein versöhnender Engel die Pragser Küche, vielmehr die Köchin, welche ungemein liebreich, mild und freigebig ist. Sie bietet vom frühen Morgen an Suppe, Knödel, Würstlein, Schöpsernes, Schweinernes, und dann zu Mittag und abends die regelmäßigen Mahlzeiten dar, deren Tragweite umsomehr überrascht, als wirklich schwer zu begreifen ist, wie diese leidenden, kranken Menschen nach all den gastronomischen Übungen der freien Zwischenzeiten noch die volle Tatkraft für die beiden großen Epochen des Tages erübrigen können.

Das Publikum ist wie in allen diesen Bädern sehr gemischt. Es reicht vom Hof- und Geheimrat herunter bis zur Bauernmagd und zum Taglöhner. „Auf der untersten Stufe dieser Badehierarchie", liest man in Amthor's „Alpenfreund", „bei den weniger bemittelten oder Armengästen wird das Nationalitäts-Prinzip streng aufrecht erhalten, indem sie sich in eine deutsche und eine welsche Fraktion scheiden und erstere,, meist Häusler, Holzknechte und Hirten oder deren Weiber und Töchter, in steter Sonderung mitleidig herabschaut auf das Proletariat aus Cadore und Friaul, welche sich nicht entblödet, eine bettelnde Hand auszustrecken. Eine eigene Kochhütte mit Scheiterholz à discretion wird von den Badegenossen gegen ein geringes Entgelt zur Bereitung ihrer mitgebrachten Vorräte benützt und ihre Unterkunft finden sie, weiß Gott wie, in den Verschlägen des alten hölzernen Hauses, das durch eine Bohlenwand mit dem erweiterten Steinbau zusammenhängt, worin die Magnaten untergebracht sind."

Was die Lage des Pragser Bades betrifft, so ist dieselbe nicht besonders zu rühmen. Die Gebäude erheben sich am Rande einer moorigen Wiese, auf welcher viele Lärchenbäume stehen. Zwei erhabene, wild aufstarrende Dolomiten, der Geisler und der Dürrenstein (9000 Fuß) bilden das Hof-, Haus- und Badegebirge. Außer ihnen und der moorigen Wiese und den Fichtenwäldern an den niederen Berghängen ist aber nichts zu sehen.

Meine Schuldigkeit wäre nunmehr gewesen, nach Innerprags zu gehen und den See zu betrachten, der dort, ein vielbesuchtes Touristenziel, mit schwarzblauen Gewässern zwischen entsetzlichen Felsenwänden flutet, allein dieser Abstecher war auf vier Stunden anzuschlagen, der Tag ging schon gegen Abend und als Nachtherberge hatte ich mir Welsberg ausersehen, was nur auf geradem Weg noch zu erreichen war. So sparte ich denn den Pragser See auf ein andermal, zog mich wieder, nachdem ich mich im Bad beurlaubt, aus dem Tälchen heraus und erreichte nach einer starken Stunde die Pustertaler Heerstraße.

XII.

Welsberg

1870

Bei später Dämmerung kam ich im Dorfe Welsberg an. Auch hier meist neue, feste, stattliche und reinliche Häuser. Beim Löwen, im traulichen Herrenstüber hatte ich mich von meiner Ermüdung bald erholt. Gute Speise und edler Trank, heitere, mitteilsame Herren, eine wohlgestalte, gescheite und witzige Frau Wirtin, wer würde solche Erinnerungen nicht gerne festhalten?

Im Herrenstüber sprachen wir damals auch vom Leben und Streben der Pustertaler. Es soll nicht verheimlicht werden, daß sich in diesem Bezirk ein löblicher Gewerbefleiß wahrnehmen läßt. In Welsberg weiß man Teppiche aus Kuhhaaren zu fertigen, welche nach tausenden in den Handel gehen. Nach Staffler wird hier auch eine große Menge Nägel erzielt, was auf das Vorhandensein von Nagelschmieden schließen ließe, die mir übrigens nicht aufgefallen. In Innichen arbeiten mehrere Handschuhmacher, deren Erzeugnisse die Deferegger und Zillertaler auf die deutschen Märkte tragen. Auch Leinenweberei wird allenthalben betrieben; die jungen Burschen, die sie erlernt, wandern im Frühjahr als Webergesellen gerne nach Südtirol und kommen im Herbst mit vollen Taschen wieder heim.

Die Hauptgeschäfte des Tales sind aber Viehzucht und Holzhandel. Die Pustertaler Ochsen sind berühmt wegen ihrer Größe und der Trefflichkeit ihres Fleisches. Sie wandern zwar meist nach Hesperien, sind aber doch auch in mitternächtlichen Gegenden nicht ganz seltene und immer gern gesehene Gäste. Mehr noch als die Viehzucht regt jedoch der Holzhandel die Gemüter auf. Die Ausfuhr nach Italien soll eine ungeheure Bedeutung gewonnen haben und in die Bauern „eine völlig Wut" gefahren sein. Allenthalben bäumen sich mächtige Holzlager auf, allenthalben erschallt das lärmende Kreischen der Sägemühlen. Die Obrigkeit suchte nach dem Jahr 1848 die Abholzung etwas zu behindern, gab sie aber später, ermüdet durch den unermüdlichen Widerstand der Pusterer, so ziemlich frei. Trotzdem liegen die Waldbesitzer, welche auch die geringste Beschränkung nicht ertragen wollen, in beständigem Streit mit den Forstämtern. Die Bauern haben sich mittlerweile üppige Sitten angewöhnt, legen sich Wein in den Keller und leben wie die Herren. Anderseits werden aber die Wälder, wie schon früher angemerkt, immer lichter, die Bergabrutschungen, die Lawinenstürze, die Überschwemmungen der Wildbäche mehren sich und zeigen sich immer gefährlicher. Das Brennholz steigt auch von Jahr zu Jahr im Preis. In der nächsten Generation werden die Pusterer in Reu und Leid verfallen und sich nach den schönen Wäldern sehnen, die sie jetzt so leichtfertig weghauen. Die Warnungen der Weisen, die ihnen die kommende Not vorhersagen, verhallen unbeachtet. Das Volk will nicht an die Zukunft denken. Der Schulunterricht greift wenig ein; auch ist die Achtung seiner Leistungen bei den Landleuten noch sehr schwach. Im nahen Tauferer Tal geriet der Schulinspektor bekanntlich voriges Jahr in Lebensgefahr, weil die fanatisierten Weiber von einer Reform des Schulwesens nichts wissen und jenen daher erschlagen wollten. Als sie später zur Aburteilung nach Bozen geführt wurden und in Bruneck den Stellwagen besteigen sollten, belehrte sie der schalkhafte Kutscher, man steige da zum Fenster hinein, was sie denn auch auf angelegter Leiter glücklich vollbrachten, während das Publikum über die seltsamen Stellungen und die unerwarteten Enthüllungen, deren Zeuge es war, in lautes Lachen ausbrach.

Unter den tirolischen Bauern gilt der Pusterer so ziemlich als der gröbste, eine Bemerkung, die natürlich seiner Ehrenhaftigkeit, Religiosität und Anhänglichkeit an Fürst und Vaterland keinen Eintrag tun soll. Auch bei meinem Aufenthalt, obgleich er nur acht Tage währte, glaubte ich in diesem Fach so manche kleine Erscheinung wahrzunehmen, die mich anheimelte, weil sie mich an mein engeres Vaterland erinnerte und in der Ansicht bestärkte, welche ich über die Reinheit des bajuwarischen Gebluts im Pustertal früher hier niedergelegt habe. Grobheit ist eigentlich nur ein metamorphischer Stolz - wer dem Nebenmenschen nicht durch seine Stellung, durch Reichtum und Macht imponieren kann, der sucht die innere Größe wenigstens in der Schlagfertigkeit der Zunge, in der Festigkeit des Auftretens durchschimmern zu lassen und dadurch gewissermaßen die Gleichheit herzustellen. Der Bajuware ist nur deswegen der größte der Germanen, weil er auch der stolzeste ist. (Einige neuere Entdeckungen scheinen allerdings anzudeuten, daß der Schwabe und der Oberfranke, namentlich der Bamberger, ebenso - stolz sein können.)

Einen Lorbeerkranz als beherzte Vertreterin jener Stammeseigentümlichkeit scheint mir aber die „Zimmerin", das Stubenmädchen auf der Post zu xy, sonst eine hochgewachsene, gediegene Persönlichkeit von etlichen dreißig Jahren, zu verdienen. Diese ließ mir, so oft sie in das Zimmer trat ganz unaufgefordert ein Wahrzeichen ihrer inneren Größe zurück. Ihr Schatz an solchen Xenien schien unerschöpflich. Ich hielt unverdrossen aus und strich die Gaben dankbar ein, aus ethnologischen Gründen, um mich nämlich zu überzeugen, daß ihrerseits nicht vorübergehende Stimmungen obwalten, sondern daß dieser ihr Herzenszug seinen nationalen Boden und in diesem seine unverwüstliche Wurzel habe. Und sie blieb sich selbst getreu bis zum letzten Augenblick. Noch am letzten Tag begann sie vor sechs Uhr Morgens vor meiner Tür die Kleider auszuklopfen mit so wuchtigen Schlägen, daß sie durch das ganze Haus hallten und mich sofort aus dem Schlaf weckten, den ich ungern aufgab, da ich spät und ermüdet zu Bett gegangen war. Sehr angenehm! rief ich zur Tür hinaus, in der Meinung, daß diese leise Ironie die Sache zu meinen Gunsten wenden würde. Aber die schlagfertige Pusterin erwiderte sofort: „Angenehm oder nit, ischt mir gleich. Schlafen Sie nur zu; dann hören Sie nichts." Etwas gereizt durch meine Niederlage fühlte ich beim Abschied von der Frau Postmeisterin fast Lust, eine kleine Anmerkung abzuschnellen, aber als Freund der Ethnologie hätte es mich wohl bald gereut, eine Stammeseigentümlichkeit beschrien zu haben, die auch ihren Kultus verdient. Wenn ich den Ort xy einmal genannt haben werde, möchte vielleicht noch mancher Forscher einen Abstecher nach der dortigen Post unternehmen, um jene Perle näher zu studieren.

Auf dem freien Platz neben dem Löwen zu Welsberg steht zwischen zwei Pappeln ein ausgezeichnetes Bildstöckl, viel größer, als die gewöhnlichen, auch viel bedeutsamer. Es ist eine dünne Säule, welche vier geräumige Nischen unter einem Zeltdach trägt. Die Nischen enthalten fromme Malereien in den eckigen, aber gemütlichen Formen der alten deutschen Kunst. Sie sind wohl im fünfzehnten, spätestens im sechzehnten Jahrhundert entstanden. Staffler sagt uns zwar, das Bildstöckl sei erst im Jahr 1638 errichtet worden, zur selben Zeit, als die Pest vor der Tür war und die Welsberger ihren Wallfahrtsgang nach Enneberg gelobten, allein diese Angabe ist sicherlich ein Irrtum. Leider sind die Bilder in der unteren Hälfte stark verwischt, aber die Farben der oberen, unversehrten, prangen um so frischer und lieblicher. Ich stand lange vor dem Bildstöckl und hatte meine Freude daran. Die Tiroler waren der Kunst von jeher ergeben und der frühere Reichtum des Landes konnte dieser ihrer Liebe nur förderlich sein. Es ist in jenen Zeiten für Kirchen und Schlösser unendlich viel gemalt und geschnitzt, es ist aber seitdem auch unendlich viel verwüstet und zerstört worden, das meiste durch den hochwürdigen Klerus selbst, der überall, wo er konnte, das Altertum renovierte und den Zopf an dessen Stelle setzte.

In den letzten drei Jahrzehnten taten sich eine ziemliche Zahl inländischer Maler auf, deren Andenken meist durch die Altarblätter der Kirchen erhalten wird. Die einheimischen Kunstfreunde bewahren diesen Landsleuten immer noch einige Anhänglichkeit und Beda Weber wie Tinkhauser vergessen auch bei den Dorfkirchen nur selten die Meister ihrer Bilder zu nennen. Einige derselben gelten für „berühmt", andere werden in die zweite oder dritte Reihe gestellt. Ich muß gestehen, daß ich, abgesehen von Martin Knoller, nie einen Unterschied gefunden habe. Ihre Gewänder sind im Weihrauch der Kirchen alle schwarz geworden, ihre Gesichter, ihre Arme und Beine sehen jetzt alle aus, wie westfälischer Schinken.

Übrigens hat sich auch unser Welsberg einer solchen künstlerischen Zelebrität zu rühmen. Hier wurde nämlich 1698 Paul Troger geboren. Der Vater war ein armer Landschneider, der für des Knaben Bildung nichts erübrigen konnte. Aber eines Tages kamen fremde Herren, deren Name nie mehr zu erfragen war, durch das Dorf, bemerkten den Jungen, fanden an seiner Gestalt und seinen Manieren ein Gefallen und führten ihn mit nach Mailand. Er blieb dann längere Zeit in Italien und kam später nach Wien, wo er als Direktor der Maler- und Bildhauer-Akademie 1777 im neunundsiebzigsten Jahr seines Alters starb. Martin Knoller, sein Landsmann, war, wie schon früher erzählt, sein Schüler. Trogers Kompositionen seien, behauptet Staffler, geistreiche Schöpfungen einer kühnen Phantasie; doch vermisse man die Armut der Formen und den Schmelz der Färbung. - In der Pfarrkirche zu Welsberg hängen drei Altarblätter, welche der Künstler dahin geschenkt.

Ein anderer Welsberger, der früher hier gewohnt hat, wurde im Herrenstüberl auch erwähnt, nämlich Graf Karl von Welsperg. Derselbe lebt jetzt über neunzig Jahre alt in Graz und soll der allerletzte Karlsschüler sein. (Nach dem Gotaischen Kalender ist Graf Karl von Welsperg zu Raitenau und Primör, Erblandesstabel- und Küchenmeister, früher Vizepräsident des illyrischen Guberniums in Laibach, 1779 geboren.)

Noch ein dritter Welsberger ist zu nennen, Jakob Huter, der hier im Anfang des sechzehnten Jahrhunderts zur Welt kam. Sein Name ist eng verbunden mit der Geschichte der tirolischen Wiedertäufer, über welche Herr Professor von Kripp in Innsbruck ein interessantes Schulprogramm geschrieben hat. Es ist wirklich überraschend, wie mächtig damals unter dem jetzt so rechtgläubigen Volk jene Ketzerei überhand genommen hatte. Namentlich in den Gebieten, die der Bischof von Brixen als Landesfürst beherrschte, zählte die neue Sekte ungemein viele und fanatische Anhänger, ja das Lüsental war für den Himmel damals ganz verloren. Wer aus der Geschichte die Ansicht gezogen, daß eigentlich die Regierungen die Revolutionen hervorrufen, der wird auch finden, daß der Zustand der Kirche die Ketzereien erzeuge. Ein ehrlicher gut katholischer Zeitgenosse schrieb damals, daß er den Unflat im Hochstift Brixen seines Teiles nur mit weinenden Augen betrachten könne. Zucht und Frömmigkeit war in der Kirche so tief heruntergekommen, daß dem gemeinen Volk jede Ketzerei ein sicherer Weg ins Himmelreich schien, als das Verbleiben in einer so entarteten Gemeinschaft.

Allerdings waren die Wiedertäufer in jenen Zeiten ganz andere Leute, als ihre jetzigen Enkel, die sich von den gewöhnlichen Christen hauptsächlich nur durch Arbeitslust, Friedensliebe und Haften an den Kleidern abzuheben suchen. Damals stellten die Neuerer immerhin manche bedenkliche Sätze auf. Daß sie keine Kinder taufen, keine Eide leisten, das Abendmahl nur für ein Vorbild und Christus nur für einen Propheten halten, das hat man ihnen längst nachgesehen, aber wenn sie jetzt noch, wie dazumal, Gemeinschaft aller Güter - mitunter auch der Weiber - verlangen, alle Obrigkeit als eine Einrichtung des Teufels verschreien und auf deren Abtuung bringen würden, so möchten wohl auch heutigen Tags die Anstöße mit der Staatsgewalt nicht ganz zu vermeiden sein. Es ist daher um so weniger zu verwundern, daß damals der Landesfürst und die Bischöfe diesen neuen Glauben mit allen Kräften zu vertilgen suchten, nur geschah dies nach der Weise der Zeit mit ungemeiner Roheit. In Tirol wurden damals über tausend Wiedertäufer beiderlei Geschlechts gefoltert, geköpft, gehängt, verbrannt und ersäuft. Außer dem Bistum Brixen fanden sich die neuen Weltverbesserer namentlich im Pustertal zu Lorenzen und Welsberg, dann im Unterinntal zu Hall, zu Rattenberg, zu Schwaz, wie überhaupt in allen Orten, wo Bergwerke betrieben wurden, denn die Tiroler Knappen waren immer ein unruhiges, in Gottesgelehrtheit dilettierendes Volk.

Jener Jakob Huter, der Welsberger, war aber in jenen Tagen eines der angesehensten Häupter der neuen Sekte und allerdings ein Mann von Kraft und Geist. Nachdem er in Lorenzen ein kleines Häuflein zur neuen Lehre bekehrt und erfahren hatte, daß zu Austerlitz in Mähren sich eine Gemeinde in ungestörter Ruhe befinde, begab er sich dorthin, erhielt die Zusage freundlicher Aufnahme und führte dann 1528 seine Glaubensgenossen, um sie der in Tirol verhängten Verfolgung zu entziehen, in jenes „Paradies", dessen Bewohner freilich mitunter auch, und zwar von sehr rohen Engeln, ausgetrieben wurden.

Huter hielt sich von da an bald in Mähren, bald in seinem Vaterland auf und wirkte da und dort energisch für die Ausbreitung seiner Lehre, namentlich auch für Aufrechterhaltung der oft gestörten Eintracht, wie für Entfernung gefährlicher Mißbräuche im Schoß der Gemeinde. Als er einmal wieder nach Tirol gekommen war, wurde er aber bei Klausen ergriffen, nach Innsbruck abgeführt und dort nach grausamen Martern am 18. Februar 1536 verbrannt. Man habe ihn, sagt die Chronik der Wiedertäufer, zuerst in Eis, dann in heißes Wasser gesetzt, in seinen Leib Schnitte gemacht, in die Wunden aber Branntwein gegossen und angezündet. „Seine Fähigkeit, auf das Volk zu wirken, sagt Herr Professor von Kripp, sein organisatorisches Talent, seine Rechtschaffenheit und unermüdliche Tätigkeit wird auch derjenige anerkennen müssen, der mit seinem Streben nicht einverstanden sein kann."

Damit war aber die Sekte in Tirol noch nicht vertilgt. Sie hatte übrigens unter Menno's, ihres friesischen Reformators, Einwirkung mildere Anschauungen gewonnen, hatte namentlich auf gewaltsame Einführung ihres idealen Gesellschaftszustandes verzichtet, ja sogar für sündhaft erklärt, sich irgend einer Waffe zu bedienen -sie war somit so ziemlich auf dem heutigen Standpunkt angekommen und eine ganz erträgliche Kirchengesellschaft geworden, allein der Staat nahm davon keine Notiz und fuhr fort zu köpfen und zu hängen, bis er gegen Ende des Jahrhunderts auch die letzte Spur dieser Ketzerei beseitigt hatte.

Mit der Geschichte der Wiedertäufer ist aber die Geschichte des Protestantismus in Tirol noch keineswegs erschöpft. Auch das Luthertum erwarb sich damals zahlreiche Anhänger, namentlich unter den wohlhabenden Bürgersleuten und den reichen Edelherren, denen die Dogmen der Wiedertäufer natürlich nicht gefallen konnte. Aber auch gegen diese wurde, nachdem sie einige Zeit lang Duldung genossen, mit aller Strenge eingeschritten, sodaß Luthers Lehre gegen Ende desselben Jahrhunderts ebenso ausgerottet war, wie die der Wiedertäufer.

Da der nächste Morgen sehr schön war, so ging ich gern spazieren. Die Landschaft ist voll kleiner Reize und enthält allerlei niedliche Zierden. Über dem Pragser Tal stehen zwei himmelhohe Dolomitenwände. Die Seite, die sie gegen Welsberg kehren, war noch unbeleuchtet und dämmerte in tiefblauem Morgenduft. Diese beiden Ungetüme zeichnen einen großartigen Zug in die

Landschaft. Auf einem Hügel beim Dorf liegt der Friedhof und seine Kirche, deren Bedeutung wir später hervorheben werden. Nicht weit dahinter in einer waldigen Schlucht steht die ehemals vielgenannte, jetzt herabgekommene Veste Welsberg, die dem Dorf den Namen gegeben hat und einen Besuch sehr wohl verdient.

Es ist ein altes graues, doch ansehnliches Gebäude, aus welchem ein starker Turm aufragt. Die Zugbrücke führt in einen Torweg, der die Aussicht in den kleinen Burghof bietet. Links unter dem Torweg öffnet sich eine Pforte, die auf einen Hausplatz geht. Dieser ist mit zerbrochenen Fliesen gepflastert, übrigens krumm, winkelig und finster, ungefähr so, wie alle Vorhallen in diesen Burgen. Eine Stiege, die aufwärts zum Licht leiten konnte, war in der Dunkelheit nicht zu finden, sodaß ich mit lauter Stimme um Hilfe rief, worauf dann oben eine Tür aufging und der Baumann erschien, der mich treuherzig begrüßte und mir Mut zusprach. Ich sei schon auf dem rechten Fleck - ich solle nur aufwärts stapfen - die Stiege finde sich von selbst.

Er hatte auch nicht Unrecht. Ich brauchte nur den Fuß zu heben und wieder zu senken, um eine Staffel zu fühlen, welche die erste mancher andrer war. Der bekannte fette Strick an der Seite, der sich nach einigem Tappen ebenfalls fand, war mir bei dieser Ascension nicht ohne Nutzen. So kamen wir glücklich zusammen und schüttelten uns, wie alte Freunde, die Hand.

Der Baumann, welcher, nebenbei bemerkt, mit elf Kindern gesegnet ist, führte mich ohne Rückhalt in alle Geheimnisse der Burg ein. Aber es ist nichts mit der Romantik, wahrhaft nichts! Ein gebildeter Mensch möchte in diesen ritterlichen Hallen nicht umsonst wohnen, auch nicht um eine anständige Ergöztlichkeit oder „Burghut", wie man's früher hieß, so wenig als die jetzigen Grafen von Welsberg, die ihr unheimliches Stammschloß schon längst den Bauleuten und den Ratten überlassen haben. An Stuben und Gemächer fehlt es keineswegs, aber die zu ebener Erde sind ganz finster und jene im ersten Stock nicht hell. Das tiefgebräunte Getäfel hat sich allenthalben noch aus den „Ritterzeiten" erhalten. Auf diesem hängen etliche fromme Bilder der billigsten Gattung, darunter auch ein altes zersprungenes Ölgemälde aus dem sechzehnten Jahrhundert, eine längst vergessene Gräfin darstellend. Der Raum, wo die Gräfin hängt, wird wohl der ehemalige Rittersaal sein. Außerdem ziert ihn noch ein Hirschgeweih, an welchem verschiedene Jacken und Hosen baumeln, und, was ganz absonderlich, eine moderne Stockuhr unter einem Glassturz, welche einmal auf einer Versteigerung erstanden worden.

Sonst ist der Hausrat, Stühle, Tische und Kästen von maßloser Schlichtheit, vielmehr lauter schmutziges, halbzerbrochenes Gerümpel.

Doch ist der Rittersaal immer noch das eleganteste, best-möblierte unter diesen Gemächern; andere fanden wir ganz leer, oder doch nur mit Dunkelheit gefüllt, in anderen stand ein schmutziges Dienstbotenbett und ein alter Stuhl daneben. Wie-der andere waren nur mit jenen langen Rahmen ausgeziert, auf welchen die dünnen steinharten Zwiebackscheiben aufgereiht sind, des Landmanns tägliches Brot, das alle Jahre nur drei-oder viermal gebacken wird. Wie in allen ehrbaren Burgen ist auch hier eine Schloßkapelle vorhanden, welche aber aller altertümli-cher Reize längst entkleidet worden. Die Aussicht aus den Fen-stern ist ganz hübsch, reicht aber nicht weit, da das Schloß in einer Senkung liegt. Unten stürzt ein Gießbach durch die Wald-schlucht; jenseits derselben ragt aus dem Forst wieder eine alte Ruine - ein fester Turm und wildes zerfallenes Gemäuer um ihn her. Diese Burg, die doch erst 1765 in Feuer aufgegangen, nennt sich Thurn.

Somit hätten wir denn auch das ehrwürdige Schloß Welsberg gesehen. Auf den viereckigen, äußerlich gut erhaltenen Turm kann ich den Leser nicht führen, da die Treppen nicht mehr gang-bar; ebensowenig will ich ihn die Laubengänge, die ums Schloß herumlaufen, betreten lassen, da sie seit Menschenaltern nicht mehr ausgebessert worden und jetzt lebensgefährlich sind.

Schloß Welsberg hat wenigstens den Vorzug, daß sechs oder sieben geräumige Zimmer vorhanden waren und daher immer-hin auch etliche Gäste aufgenommen werden konnten. Es gibt aber sehr historische Burgen, welche nur zwei oder drei finstere Kajüten enthalten, in denen auch zur Tageszeit der Ritter und sei-ne Gemahlin beim Spanlicht saßen, ersterer, um Minnelieder zu dichten, letztere, um seine Strümpfe zu flicken. Wie es da an hohen Zeiten gehalten wurde, wenn die ganze benachbarte Rit-terschaft mit Edelfrauen und Edelfräulein, mit Edelknechten und Reisigen einritt und über Nacht blieb, das ist kaum zu erdenken. Wahrscheinlich wurden dann die Edelknechte und die Edelfräu-lein ganz angezogen ins Heu und zwischen sie ein Schwert gelegt. Wie mögen sie danach geduftet haben! - Es ist nichts mit der Romantik!

Über die Geschichte dieses Schlosses wissen Beda Weber, Staf-fler und ich sehr wenig zu sagen. Früher hieß es Welfesberg und im Jahr 1140 soll es erbaut worden sein. Otto und Heinrich von Welsberg stifteten 1269 den „berühmten" Jahrtag zum Gedächtnis ihrer Ahnen und legten dem Pfarrer die Pflicht auf, alle Glieder des Geschlechts, die dabei erschienen, unentgeltlich zu bewirten. Ich weiß nicht, warum Beda Weber diesen Jahrgang den berühmten nennt, denn er ist schon längst verschollen. So viel und nicht mehr bieten die nächstliegenden Quellen. Es trifft auch hier wieder zu, was ich einmal anderswo gesagt: So lange diese Burgen im poetischen Duft des Mittelalters flimmern, ist wegen Dürftigkeit der Nachrichten wenig Sicheres über sie zu erfahren und vom sechzehnten Jahrhundert an, wo die Schreiberei und die Küchen-, Keller- und Abgaben-Rechnungen beginnen, von wo an alle Geburten, Hochzeiten und Todesfälle verzeichnet sind, von da an ist die Romantik vorbei und sie werden uns gleichgültig. Oder: so lange sie uns interessieren, weiß man nichts von ihnen, und sobald wir etwas von ihnen wissen, interessieren sie uns nicht mehr.

Darum können wir uns nur freuen, daß sich aus der romantischen Periode wenigstens ein Geschichtchen erhalten hat, welches uns ein gewisser Kirchmaier, ein Brixener Chronist des sechzehnten Jahrhunderts, erzählt. Es wird von Regens Tinkhauser zwar als unerwiesen verworfen, könnte sich aber doch möglicherweise zugetragen haben. Graf Albert von Görz - so lautet die Märe - der 1304 zu Lienz starb, hinterließ eine schöne Tochter Emerentia, welche nach dem Willen der Brüder weit drinnen in Welschland den Schleier nehmen sollte. Als Gardedame oder Reisemarschall für die weite Fahrt wurde ihr der Ritter Balthasar von Welsberg mitgegeben. Im Sinne der Brüder war diese Wahl nicht glücklich zu nennen. Von der edlen Mannheit des Begleiters hingezogen, gestand die junge Gräfin bald, daß sie lieber Hand in Hand mit ihm durchs Leben wallen, als dieses in einem welschen Kloster vertrauern wolle. Das Pärchen ließ sich irgendwo einsegnen, was damals viel weniger schwierig war, als heutzutage, kehrte dann heimlich ins Pustertal zurück und hielt sich, der kommenden Dinge gewärtig, zu Toblach in einem Bauernhof verborgen. Die Brüder von Görz waren voller Wut und forderten von den Welsbergern ihre Schwester zurück, allein diese überließen es ihnen, sie zu suchen, denn sie wußten sie selbst nicht zu finden. Da trat endlich der Propst von Innichen als Friedensstifter dazwischen und eine feierlich wiederholte Hochzeit, welcher auch Bischof Emicho von Freising beiwohnte, beschloß auf der Burg zu Welsberg diese verdächtige Rittergeschichte.

So problematisch sie ist, so werden gleichwohl zwei annoch stehende Gebäude auf sie zurückgeführt. Als nämlich Herr Balthasar von Welsberg in dem Bauernhof zu Toblach die Kunde erhielt, daß die Görzer versöhnt seien, sprach er jubelnd zu seiner jungen Gemahlin: Engel, es ist die Gefahr vorbei - und zum Andenken an diese Worte haben die Görzer den Hof unter dem Namen Englös zu einem Edelsitz erhoben. Frau Emerentia aber gelobte in Dankbarkeit für die glückliche Wendung ihres Geschickes der Jungfrau Maria eine Kirche zu bauen und so entstand „die Kirche am Rain", die Friedhofskirche, die wir oben erwähnt. Früher sah man darin auch wirklich das Görzische und welsbergische Wappen - es sind aber beide vandalisch heruntergeschlagen worden. Dem Altarbild traut man eine ziemliche Wunderkraft zu. Mädchen und Jünglinge, welche unter ähnlichen Bedrängnissen seufzen, wie einst Emerentia und Balthasar, wenden sich mit Vorliebe hierher. Das ist so schön in Tirol, daß es nicht nur Gnadenbilder für Kopf- und Bauchweh, für Podagra und Rheumatismus gibt, sondern auch solche, die in den oft viel schmerzlicheren Leiden des Herzens, bei unglücklicher Liebe oder erschwerter Vereinigung hilfreich sind. Ein rotes Herz, aus Wachs gebildet, neben dem Altar aufgehängt, zeigt oftmals an, daß das Flehen der Liebenden erhört worden. Außer der Mutter Gottes zu Welsberg genießt in dieser Beziehung namentlich auch jene zu Absam einen guten Namen und viel Vertrauen.

Die Herren von Welsberg wurden 1539 in den Freiherrn-, später in den Grafenstand erhoben und 1565 mit dem Erblandstabel und Küchenmeisteramt der gefürsteten Grafschaft belehnt. Sie haben namentlich in Welschtirol viele Güter erworben und waren bis in dieses Jahrhundert Pfandinhaber des Gerichtes zu Primör.

Eine Viertelstunde ober Welsberg, am Eingang des Gsießertales, liegt das beträchtliche Dorf Taisten, welches als Tesido schon in jener Stiftungsurkunde Herzog Tassilo's aus dem Jahr 770 vorkommt und damals der Herrschaft Innichen als westliche Grenze gesetzt wurde. Wenn ich auf seinem Spaziergang schon gewußt hätte, was ich eben bei Staffler lese, nämlich, daß die Pfarrkirche zahlreiche, von 1470 anfangende Grabsteine der Welsberger enthalte, so wäre ich gerne hinaufgestiegen, um sie zu besehen. Immerhin behalte ich mir den Gang auf ein andermal vor.

Etwa drei Stunden weiter drinnen im Gsießertal liegt ein Örtlein, St. Martin genannt. Dort wurde im Jahr 1776 unter den Bauersleuten ein Knäblein geboren, welches in der heiligen Taufe den Namen Johann Simon erhielt, später aber in den rotbärtigen Kapuziner Joachim Haspinger auswuchs. Als Jüngling kämpfte der tapfere Pusterer schon im Jahr 1797, wahrscheinlich bei Spinges, gegen die Franzosen und erhielt damals die silberne

Ehrenmedaille. Im Jahr 1802 ging er unter die Kapuziner und diente dann dem Herrn im Kloster zu Klausen. Anno Neun zog er als Feldpater mit den Landesverteidigern aus, erhielt von Andreas Hofer ein Kommando, führt es mit Auszeichnung, begeisterte durch seine feurigen Ansprachen seine Kampfgenossen und erschlug mit seinem eisernen Kruzifix nicht wenige Feinde. So stieg er mit seinem roten Bart, wie der Kriegsgott Thor, gefeiert und ruhmreich über Berg und Tal, bis zum 29. Oktober, wo er der böse Geist seines Vaterlandes wurde. Damals saß Andreas Hofer im Hauptquartier auf dem Schönberg oberhalb Innsbruck und hatte eben die Botschaft erhalten, daß zu Schönbrunn der Frieden abgeschlossen worden. Er zweifelte nicht, daß alles vorbei sei und ließ seine vier Regentenschimmel einspannen, die man dem Obersten von Spaur abgewonnen, um ins bayerische Hauptquartier nach Hall zu fahren, als der Kapuziner vor Wut schäumend in das Haus stürzte, die neue Nachricht für eitel Lug und Trug erklärte, allen Widerspruch übertobte und auf einem Krieg bis zum Äußersten bestand. Hofer ließ sich betören, den Wagen wenden und fuhr aufwärts nach Matrei, die erste Station nach Mantua, zu seinem Tod. Der Kapuziner predigte von neuem den heiligen Krieg; wurde jedoch am Berg Isel sofort aufs Haupt geschlagen. Er wollte sich nun nach Graubünden flüchten, fiel aber den Vinschgauern in die Hände, die ihn nach Passeier zum Sandwirt brachten. Diesen, der sich bereits zur Ruhe gesetzt, hetzte er nun neuerdings zum Kampf auf, und so ging es allerwärts wieder los, ohne die mindeste Aussicht auf Erfolg. Die Gräuel im Pustertal, die Brandstätten um Brixen, Peter Mayrs und Andreas Hofers Tod - alles dies fällt auf des Kapuziners Haupt. Später eilte er wieder flüchtig ins bündnerische Münstertal, aber dort aufgespürt, schlich er sich ins Vinschgau, wo ihn ein Freund neun Monate lang verbarg. Endlich glückte es ihm, in fremder Kleidung auf weiten Umwegen nach Wien zu gelangen. Wenn Dr. Rapp in seiner „Geschichte Tirols im Jahre 1809", welche 1852 erschien, diese letzten Tatsachen, einfach dem Büchlein Bartholdy's, das schon 1814 ans Licht getreten, nacherzählt, so zeigt dies deutlich, wie mühelos man die Erinnerung an solche Heroen behandelte, da ein Brieflein an den damals bei Wien noch lebenden Haspinger genügt hätte, um sich eine Originalquelle zu verschaffen. Übrigens wäre aus Staffler immerhin noch nachzutragen, daß es das Schloß Goldrain im Vinschgau gewesen, welches den Kapuziner in seine schützenden Mauern aufnahm, und daß dieser später als Handwerksbursche durch die Schweiz nach Mailand und von da nach Wien wanderte. Der

Kaiser verlieh ihm dann die Pfarre Hietzing in der Nähe seiner Hauptstadt. Indessen, so viel er verschuldet - man führte auch den wütenden Rotbart in liebendem Andenken fort und im Jahr 1848, als er die Tiroler Studentenkompagnie, welche Adolf Pichler kommandierte, von Wien herauf als Beichtiger begleitete, freute sich das ganze Vaterland, ihn wieder zu sehen.

Es ist uns eigen, daß wir liebe Freunde immer so im Gedächtnis behalten, wie wir sie beim letzten Abschied gesehen und daß wir, sie nach Jahrzehnten wieder findend, uns fast ärgern, daß sie sich verändert haben, gleich als wenn uns das nicht selbst begegnet wäre. So stutzten auch die Tiroler, als damals im Jahr 1848 statt des dreißigjährigen Kapuziners in der braunen Kutte mit dem feurigen Bart ein siebzigjähriger glattgeschorener Greis im schwarzen Priestergewand heranwankte, der von dem Bild, wie es im Gedächtnis hängen geblieben, keine Spur mehr an sich trug. Er zeigte sich sehr zutunlich und gesprächig, ja, wie einige meinten, greisenhaft geschwätzig und befremdete fast durch das ironische Lächeln der Nachsicht, mit dem er Hofers und Speckbachers Taten behandelte, sowie durch die immer durchbrechende Eigenliebe, mit der er so ziemlich die ganze Glorie von Anno Neun für sich allein in Anspruch nahm. Dieser Anspruch, in solcher Ausdehnung ohnedies schon sehr zweifelhaft, erscheint aber noch viel problematischer, wenn man die Enthüllungen nachliest, welche Dr. Streiters „Blätter aus Tirol" (Wien 1868) über den roten Kapuziner mitteilen.

Seine Gebeine ruhen seit dem 12. Jänner 1858 in der Franziskanerkirche zu Innsbruck, ebenda, wo auch Hofer und Speckbacher ihre letzte Ruhestätte gefunden.